U0889685

宁波高手④

——敢死队涨停秘笈

（第二版）

雪 峰　小 美 著

地震出版社
Seismological Press

图书在版编目(CIP)数据

宁波高手.4，敢死队涨停秘笈/ 雪峰，小美著. —2 版.—北京：
地震出版社，2016.1

ISBN 978-7-5028-4669-5

Ⅰ.①宁… Ⅱ.①雪… ②小… Ⅲ.①股票投资—中国 Ⅳ.①F832.51

中国版本图书馆 CIP 数据核字(2015)第 205864 号

地震版 XM3631

宁波高手④(第二版)

——敢死队涨停秘笈

雪峰 小美 著

责任编辑：朱 叶

责任校对：张晓梅

出版发行：地 震 出 版 社

北京市海淀区民族大学南路 9 号 邮编：100081

发行部：68423031 68467993 传真：88421706

门市部：68467991 传真：68467991

总编室：68462709 68423029 传真：68455221

证券图书事业部：68426052 68470332

http://www.dzpress.com.cn

E-mail：zqbj68426052@163.com

经销：全国各地新华书店

印刷：三河市嵩川印刷有限公司

版(印)次：2016 年 1 月第二版 2016 年 1 月第一次印刷

开本：889×1194 1/32

字数：199 千字

印张：10.75

书号：ISBN 978-7-5028-4669-5/F(5362)

定价：30.00 元

目　录

中篇 涨停秘笈财富篇

下篇 宁波高手升华篇

自序　让你的钱包鼓起来

所谓“千里之行始于足下，不积跬步，何以致千里！”你要快马加鞭才可以赶上高手的脚步，任何人都不可能因为模仿别人而超越对手，只有创新才可以超越别人。只有下定决心超越第一高手，比别人刻苦努力，才能成为最会赚钱的股票高手。我们写《宁波高手》系列丛书的目的就只有一个：让所有喜欢读《宁波高手》的读者钱包鼓起来！

只要认真反复研究、学习和感悟本书的实战技法，并且融会贯通应用于实际操作当中，当你看到二十一遍的时候，相信奇迹就会在你的身上发生......

只要你有了明确的目标、详细的计划，加上大量的强化训练，检讨自己的行动，相信你离成功已经不远了。

只有先稳固了你学到的正确知识，才会有迅速致富的速度！只有赚钱才是你股票操作实战技术及格的标准。

《宁波高手④——敢死队涨停秘笈》是一本真正写给每一位热爱追求财富的人看的。它可使你迅速找到成功的关键，并且不断地加强这个关键。任何行业、任何人士只要学习本书的核心技术和解决问题的策略、步骤，都可以快速提升自己的业绩。思想积极，干劲十足，充满激情，热情高涨，始终保持情绪在颠峰状态的人，做任何事情都一定会事半功倍的。

为了让广大读者在最短的时间内赚到第一桶金，我们研究股票市场中最赚钱的机构和操盘模式，同时也把我们自己已经证明有效的方法告诉大家。如何在30岁前就赚到1000万人民币？如何让自己的资产在最短的时间内倍增十倍以上？我们要告诉大家，只有赚钱的人的经验才可以值得借鉴！也就是千万富翁才可以教你如何成为千万富翁；只有第一名才可以教会你如何成为冠军！宁波高手号称："涨停敢死队"已经被全国的投资者默认为股票赢利模式"超短线"运作的第一名，正所谓：决战"涨停黑马"，超短线博弈，超音速赚钱。那么我们是如何做到赢利最快的呢？仔细阅读本书，你将拥有最权威、最快速的赚钱方法。只要你开始使用我们已经被证明正确的操作方法，只需要本金一万元，抓到72个涨停板，你就是千万富翁了。

《富人函授》比较贵，不是人人都学得起的。于是全国每一位投资者都买得起的《宁波高手》系列丛书就面世了，每本都以最优惠的价格全面推出，为了让更多的投资者能最快、最方便、最实惠地学习到世界上最有效的炒股赚钱方法，早一天行动、早一天致富、早一天实现心中的梦想。既然你一定要成功，那为什么不早一天成功？既然你要成为千万富翁，那为什么不赶快行动呢？下定决心！你的人生马上开始改变。书中的内容已经改变了很多投资者的命运，使他们成为百万富翁、千万富翁，笔者相信，这些方法对您同样产生效益。

掌握实战技术、感悟市场节奏，比别人多努力一点，每天检讨自己，每天激励自己，成为技术过硬、信心十足的投资者。行动和速度是制胜的关键。

“在最短的时间，以最快的速度，帮助最多的人赚钱！”这就是笔者的使命。

不断总结和传播世界上一流的、最有效的炒股赚钱模式，帮助深度套牢者东山再起，帮助新入市股民出人头地！这就是笔者的成就。

也许，就是因为你多读了《宁波高手》这本书，你就与财富结缘，就这样轻松地成为了千万富翁。少读了这本书可能一年后你还在继续亏损，多走了很多弯路，还没有找到赚钱的法宝。衷心希望各位热爱学习、努力向上的朋友找到自己的利润“突破口”，让自己的保证金插上翅膀。然后不断地加强自己的知识和胆识，勇往直前，早日实现心中的梦想。

反复阅读本书，反复使用你成功的关键，财富就会与你更近。欢迎广大读者提出宝贵意见和建议，让我们在将来再版时加以改进，服务更多读者，谢谢！

作者雪峰老师电话：

13682220818；13060831783。

实盘冠军：翻倍黑马13688898188(大资金)。

电子邮箱：nbgs@163.com、kx888168@sina.com或者登陆宁波高手网站：www.nbgs.com.cn留言

作者小美老师电子邮箱：nbgs888168@sina.com网站：www.nbgs.com.cn留言，联系电话：13682220898

再一次感谢您对宁波高手系列丛书的厚爱。这就是缘。

小 美

2006年1月

前言　寻找突破口

哪里有钱赚，他们就扑向那里。

他们对于商机的洞察有着一双老鹰般的眼睛，

敏锐的嗅觉不输于猎犬，行动更如豹子一般迅速。

他们，就是誉满全国的宁波游资——“涨停敢死队。”

浙江，是中国经济的一片热土。多少年来，浙江商人以自己的勤劳朴实、敢于冒险、富有创造激情的开拓精神赢得了财富，同时也赢得世人钦佩的目光，形成了令人啧啧称奇的“浙江现象”。几经历史的变迁，蕴藏在浙江人深厚之处的商业精神和商业文化一直连绵不断。浙江人的深厚文化底蕴、浓浓乡情，还有商人特有的商业智能早已深深地刻在了骨子里而根深蒂固。商海风云变幻，浙商英雄辈出，优秀的浙江商人已经成为促进社会发展、推动经济跨越的重要力量。他们，也成为人们眼中创造财富的榜样。在浙江经济再次大步向前跨越的年代，谁是中国股坛的风云人物呢？

对，没错。他们就是——浙江游资。

在从2001年6月开始的四年熊市中，大部分投资者都已经是伤痕累累！但是，就是在这么差的市道里，还是有一支年收益率高达 60%~300%以上的精英团队，保持了四年不败的傲人而辉煌的成就。这是为什么呢？到底靠什么呢？本书将详细把游资的套利绝窍详尽而毫无保留地奉献给本书的读者。

2005 年春季攻势是以宁波解放南路“涨停敢死队”为代表的超级短线游资，快速拉动“超跌”题材股，强势狙击爱建股份、龙建股份和山东巨力连续涨停大幅攀升拉大阳，不断出击涨停黑马！再一次向世人证明：“涨停就是力量!”游资再一次完成了成功激活人气、启动大盘的这一使命。

以生命的激情激发中国股市的投资热情，多次成功挽救低迷的中国股市，上海梅林、天山股份、天山纺织、浪潮软件、道博股份、林海股份、爱建股份、数源科技、秦丰农业等等涨停黑马，无一不是资金实力推动和打造的结晶，给经历过熊市磨砺的投资者留下了深刻的印象。与我们并肩作战的队员们以自己的激情、全力以赴的精神创造属于我们的短线神话！力挽狂澜，一马当先，狙击涨停。没有人可以告诉您明天什么股票可以涨停，只有宁波高手用自有资金推动，直接把价格锁定在涨停板价格上的时候，所有市场的焦点都聚焦在我们的股票上的时候，一呼百应的赚钱效应就来临了。很多投资者开始研究涨停的股票，跟随涨停者的脚步迅速达到自己快速成功的胜利目标。我们相信宁波高手行，你一定也可以做到从亏损的股票废墟中重新站起来，实现自己心中的梦想。

虽然，很多只是某一个时期的阶段行情，但是，游资始终处于市场领涨的股市领袖地位一直没有改变。在基金的规模如此之庞大的今天，游资的力量还有这么强大的号召力，这些都是整整十三年的磨砺和锻造的实力。想成为股票市场的风向标，不是一天两天的事情，当隐形冠军站在前面的舞台上风光无限时，多少英雄想取而代之！“翻倍黑马”依然傲而不骄，锲而不舍，实现利润，追求第一。

什么是专业的投资者呢？除了在股票市场上赚取利润，就没有别的收入来源，所以才会以最高的激情全身心地投入到股市内在动力的深度研究之中，破解股市永久生存密码。再次向经受无数挫折而没有屈服的仍然在拼搏的专业投资者致敬。最终，他们必将找到适合自己的正确赚钱方法并迈向成功，从股票的废墟中崛起！

俗话说得好：“送我一条鱼，只能吃今天一顿，但是教会我捕鱼的方法，一辈子都有鱼吃。”与其总是今天听雷大户、明天听曹大户或者后天又上网看小道消息，莫名其妙地被套亏损，不如狠下苦心，学习过硬本领。

投资者的突破口就在于学习过硬技术本领，强化快速应变技能，锤炼“超人”心态。

对事情的变化我们学会提前做好应对方案，是我们最终取胜的关键。

对天时、地利、人和的深刻理解和分析，你将掌握很多你想掌握的领域里的任何技能。积极思考的人总是第一个找到方法的人。我们需要的就是这种积极思考的观念和态度，也只有这样，我们才可以在未来取得更好的成绩。

浙江人富有创新精神和挑战精神，具备克服困难的勇气和智能，再次叱咤中国乃至全球商界！

恭喜您！您今天找到了帮助您找到突破口的图书。

不要有侥幸心理！不要把自己的资金消耗在没有把握的战役中。我们听到或看到最多的是投资者的亏损和泪水！

失败者永远有不同的借口，而成功者则不断寻求成功的机会。

“稳赢的投资策略+精准的技术系统=成功致富”

缩短你赚钱的时间，加速你的财富积累，你将快速成功。

最具实战经验的老手，向您推荐正确的投资策略。用正确的方法，走对的路。不管您有没有投资成功的背景，相信你都可以轻松快速地掌握股票操作的技术。

把握机会，避开风险，看懂筹码。只有看准机会，敢于决策的人，才会有更大的成功。

雪 峰

2005 年 8 月 18 日

上篇

宁波高手奋进篇

知己知波 百战不殆

只有奋发图强，才会财富倍增

为什么有人比你成功千倍万倍呢？是他们比你聪明千倍万倍吗？是他们比你幸运吗？还是偶然的因素？

笔者相信成功是跟更多的汗水相伴的。

“靠运气；懒得学；股市无专家；知识不一定有用。”这些观点都是要不得的。请彻底把消极思想扔到“垃圾桶”。

机遇总是眷顾有准备的人，股市没有不劳而获！

第一章　发现机会的切入点

任何股票价格的波动都蕴藏着差价的机会和利润，追逐利润是资本的天性。我们在股票投资的行业中了解到的利润机会通常都是变幻的，而且是难以琢磨的，因此，一个心态不是很平稳的人通常都会轻易掉进庄家的圈套不能自拔、无法解套。那么，如何发现股票致富的机会呢？致富的关键是什么呢？发现牛股启爆点是否就能够获利呢？短线技术到底应该把握什么技能呢？

本章详细介绍的短线热点切入技术，挖掘中线黑马买入法，破解超级牛股启爆点，都是非常重要和马上可以拿来使用到自己日常操作中的技巧。相信有一定基础的朋友和已经炒股超过 2 年的朋友们一定会从中有所收益。仅仅看到机会是不会为投资者带来任何收益的，只有牢牢地把握住这些历史机遇，才会给投资者带来实实在在的效益！能够详细阅读的朋友一定会找到你想要的答案。在股票市场没有人可以依靠，唯一可以帮助你摆脱困境的就只有一个人，那就是你自己。本书的智慧只是在协助你建立自己的操作模式时有一点借鉴和启迪而已，任何人的成功都不是偶然的，唯有分秒必争、拼命努力、全力以赴的人才可以迈向成功。

第一节 短线热点切入技术

短线操作是回避风险的方法，经常保持自己的持股结构和比例，在针对个人小资金运作的过程中我们学习先进的量化投资，以化解投资风险，通过频繁的操作，把自己手中股票保持和当前热点相一致。当然，手续费的成本也是高昂的。为什么还要这样保持短线操作呢？因为大盘的大趋势决定了自己的操作模式，而不是你想短线操作就短线操作。牛市来临的时候当然要注意保持一些中线仓位，如果还是一味快速操作短线热点，肯定没有把握住那些像深赤湾A(000022)、中集集团(000039)、盐湖钾肥(000792)等那种中线不断创历史新高的中长线利润。短线操作是属于比中线长线更加要求高的操作技术，如果没有过硬的看盘操盘技术是很难获得成功的。究竟是什么决定了短线的成功和失败呢？我们经过长期的研究，发现想获取短线的利润必须研究短期的热点，并且把握住可以继续短线冲高的热点，抓住介入的时机，这样就可以快速短线获利了。但是，如果你的操作心态还没有准备好，当失误的时候你不懂得快速止损，就不可能成为一名合格的短线操作投资者。很多人失败了，没有相信自己的判断和操作原则。看的书也不够多，所以不了解庄家的骗术；知识面不够丰富、不够广，不能看清楚庄家用心的本质。不愿意思考和阅读的人常犯错误，也愿意接受自己的方法错误。改变命运和宿命的唯一捷径就是奋发图强，增加自己的知识。

股票市场多数人亏钱的事实之所以一直没有改变，不是简单地因为行情的客观因素不好，还有很多是不明白熊市的熊到底有多凶残！当保证金不断缩水，到达了亏损 70%以上时才猛然醒悟：股市不是自己想的那个样子。错误的方法必然会导致不好的结果。我们作为现代人要以结果为导向。谁的结果比较好，肯定他做对了什么，或用对了什么方法。

合适自己的短线操作技巧是最有用的技巧。而我们的短线热点切入技术的核心就是在你知道自己的短线把握能力及成功率的时候使用专业的热点导航方法。把最新的结果统计出来，最近三天涨幅排名榜用电脑排列出来。这样用“三 D 原则”确定那些价格比较适合大众跟风，主力正要大幅度拉升，目前还有很大后劲的股票。

当然，我们所说的是注意超短线的介入时机，如果没有发现庄家活动的迹象则不要轻易出击，一旦出击就要像狮子一样凶猛。做到看对行情。一定要赚大钱！大家都知道，没有一个人是每次都那么好运气，每次操作都获利几乎不是很现实。但是，当你看错的时候，快速回避风险，相信你是可以在可控制的范围内停止亏损的。当你分析准确、看对行情的时候，大胆获取巨大利润。这就是长期、胆大、心细的投资者给大家分享的成功经验。

精选出“黑马池”是非常重要的功课，如果没有事先做好充分必要的准备，不管多么聪明的人都不可能在个股行情启动的时候第一时间做出正确的决策。如果你还没有设定自选股的习惯，相信你一定不是短线高手。所有操作模式当中，超短线操作是最高的技法。很多读者问，为什么老师您不长线持有呢？笔者认为既然两天就可以赚到的钱，为什么还要一个星期或者一个月呢？任何事情以最短的时间采取最大量的行动，才会有最好的结果。如果你想获取比别人多的收益，那么只有你比别人有更多正确的分析和操作次数。股票操作和做生意一样“薄利多销”，采取稳健而且低风险获利方式财富才可以不断增加。如果不够稳健，过于急进只会使自己处于不稳定状态，今天抓了涨停赚了，明天又碰到了瞎马摔了跟斗赔回去了。不要看自己的保证金本金增长太慢，只要不断在增长就证明你的方法正在产生效果。不断缩水的资金或者市值只告诉我们一件事情，那就是你的方法不正确。你需要再学习新的赚钱方法，而且要彻底改变让你不断亏钱的不良习惯。

良好的习惯产生良好的结果。因此，想抓住瞬间的机会并且把握住最佳的切入点，就一定要养成提前准备的良好习惯。相同的行动产生相同的结果。我们不断成功抓住涨停黑马的结果说明我们的方法正确。跟随成功庄家的脚步，骑在庄家的马上，我们将与庄家同时快速获利、迈向成功！

下面介绍几只具有代表性的黑马给大家作为研究短线切入点的经典战例。对着股票图形与你自己的电脑，分析为什么要这样思考和操作，为什么要选在这个时间短线出击？如果经过不断地分析和思考，我们相信你一定可以深刻认识股票在什么切入点最好、最容易赚钱。想成为别人不可能想像的“涨停之神”，你必须用比别人刻苦十倍的努力来研究曾经涨停的股票走势和具体地感受当时的市场气氛。这才是进步的开始，而只要你每天进步，任何目标都是可以达到的。我们结合图形带领大家分享高级会员切入的精彩回顾。把握市场的短线机会，你能够把握的就是此时此刻。

【看图分析解密】(图1、图2)

浙江医药 (600216)是一只让所有投资者都记忆最少几年的经典短线飙升牛股，该股的这次经典战役让不做短线的人眼红，在券商自救的带动下，该股十大流通股东当中排名第一位的流通股东是天一证券有限公司，而天一证券的前身就是宁波证券。在2005年3月23日该股出现见底十字星，最底探到2.75元之后就停止下跌趋势，开始了横盘的走势，在第二次回档洗盘后形成“见底组合信号”K线形态，与前面2.75元形成双底信号，突破5日移动平均线后股价就开始突破向上了。跳空突破24日“生命线”和72日“决策线”之后一路狂涨。启动第一个涨停的当天分时图是我们发现黑马后跟踪到最佳切入点的盘面走势。“开盘切入点”就是均线价格与分时价格一起跟上，说明均价跟上可以大胆切入。分时图两波上攻后回落均线，“锯齿”形态洗盘后突破均价放量攀升，与均价平行向上，“加码买入”信号出现，就在这时主力发力了。该股底部放量起步后连续缩量涨停，直到第四个涨停才出现放量的动作，然后高位大幅度震荡，总体短线14个交易日大涨60%以上，完成第一冲击波的行情。启动的第一个涨停换手率高达13.92%，充分的筹码换手之后出现缩量涨停连续大单封死，很多短线机构响应，主力也竭力推动股价，就出现我们看到的一飞冲天的景象。流畅的突破出现井喷爆发的个股行情。在到达第一个高点后出现了巨大的换手，2005 年 4 月 8 日换手率为 26.54%，4 月 11 日换手率为 20.52%，4 月 12 日换手率为 12.10%，三天换手共达到 59%。主力机构可以说是成功在高位套现，市场的注意力都在这个股票上。当成为热点当中的焦点时就出现了短线上涨受到压力的表现。这个时候就是短线高手顺利出局的最佳时机。对于短线操作的投资者来说要求更加严格的是对风险的控制，对于什么时候出局是制胜的关键。

【实战技术精要】

（1）底部“十字星”后不再下跌，开始关注。

（2）出现“见底组合信号”，要密切关注，随时介入。

（3）突破“生命线”第一个涨停，大胆买进。

（4）“横行霸道”开盘缩量涨停可以持股不动。

（5）高位出现“避雷针”并且换手率特大，坚决出货。

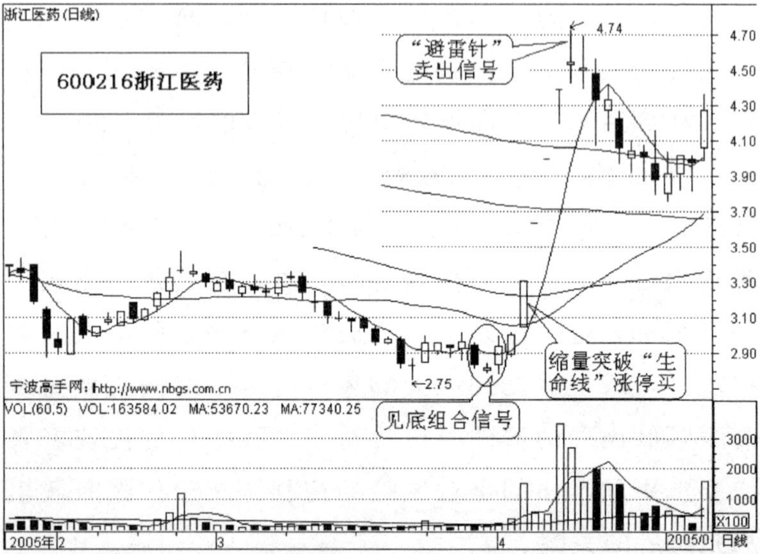
浙江医药(日线)
600216浙江医药
“避雷针”卖出信号
4.74
缩量突破“生命线”涨停买
见底组合信号
←2.75
宁波高手网：http://www.nbgs.com.cn
VOL(60,5) VOL:163584.02 MA:53670.23 MA:77340.25
2005年2
3
4
日线

图 1

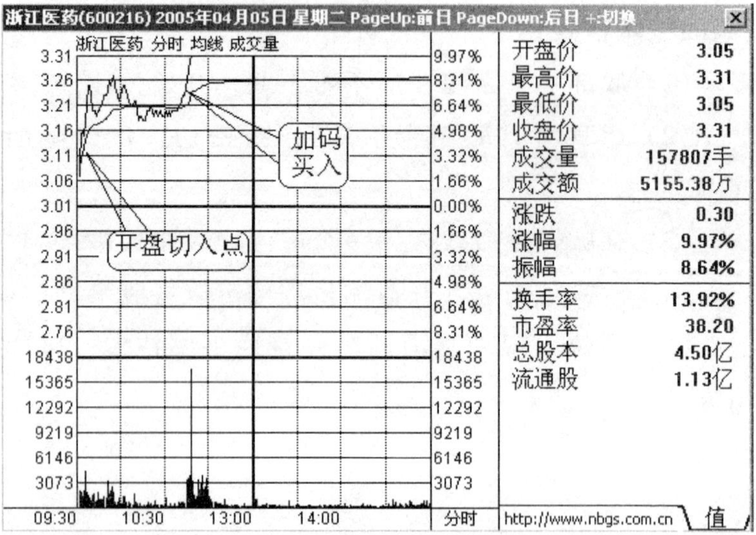
浙江医药(600216) 2005年04月05日 星期二 PageUp:前日 PageDown:后日 +:切换
浙江医药 分时 均线 成交量
加码买入
开盘切入点
开盘价 3.05
最高价 3.31
最低价 3.05
收盘价 3.31
成交量 157807手
成交额 5155.38万
涨跌 0.30
涨幅 9.97%
振幅 8.64%
换手率 13.92%
市盈率 38.20
总股本 4.50亿
流通股 1.13亿
09:30
10:30
13:00
14:00
分时
http://www.nbgs.com.cn
值

图 2

【看图分析解密】(图 3、图 4)

深物业 A (000011)是一只典型的短线活跃股票，在深圳本地股票当中，该股是可操作性非常强的一个。在 2005 年 3 月 22 日~3 月 24 日形成“见底组合信号”K 线形态之后，最低又下探到了 3 月 28 日的 3.83 元，在 2005 年 3 月 29 日出现了最关键的一个带上影线的“十字星”K 线，2005 年的 3 月 30 日最低 3.83 元与 28 日的最低价形成双底，中间又是一个“十字星”。这样明确的信号被短线火枪手中午复盘时发现后，“下午开盘出击”就快速封住了涨停板，在严重超跌的情况下，抛压很少，总体只用了 2.93%的换手率就成功锁住涨停板，这个就是《涨停战法》典型的“缩量涨停龙头风范”。第一个涨停同时突破 24 日“生命线”和 72 日“决策线”，涨停反转是转势的重要标志。突破整个盘整了 8 天的平台，上升趋势就此形成。2005 年 3 月 31 日以 6.69%的换手率就锁住涨停，并且一举突破 200 日和 133 日半年线。牛股飙升龙头风范表现得淋漓尽致。2005 年 4 月 5 日与浙江医药并肩联手锁住涨停，而且深物业 A 率先启动，第三个涨停开盘就以最牛的气势“横行霸道”涨停法封住涨停，只用了 5%的换手率。后面再次跳空高开向上形成上影线中阳攻击型，4 月 7 日又是一个涨停，4 月 8 日换手率高达

16.05%，经过三天高换手率的上涨，主力已经达到边拉高边出货的完美动作。4 月 12 日出现高位上涨无力见顶“避雷针”信号，短线快刀手必须做出当天收盘前最后一分钟清仓的操作。

【实战技术精要】

（1）出现“底部突破涨停”的信号，要果断买入。

（2）换手率小于 4.5%的第一个涨停突破生命线，买。

（3）形成龙头的风范后，冲击的力度更高，持股待涨。

（4）高位换手率超过 15%以上提高警觉，随时准备开遛。

（5）高位出现“避雷针见顶信号”第一时间全部卖出，一股不剩。

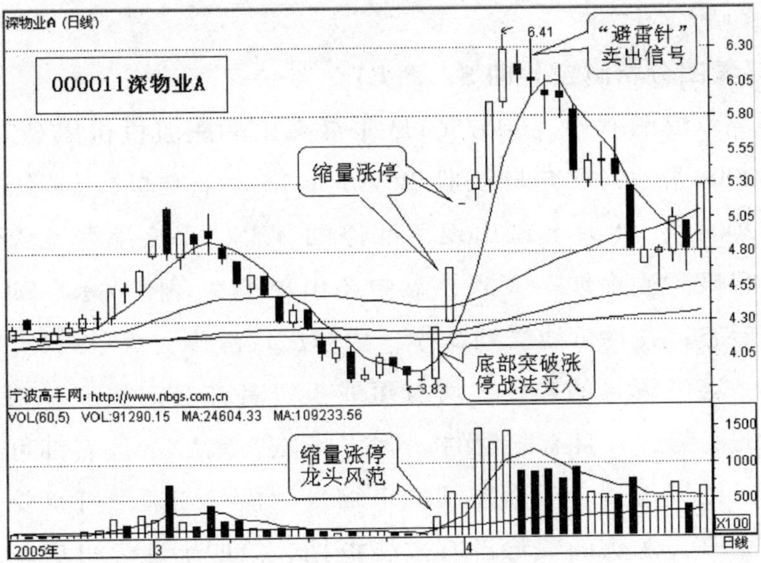

深物业A (日线)
000011深物业A
6.41
"避雷针"
卖出信号
缩量涨停
底部突破涨
停战法买入
3.83
宁波高手网：http://www.nbgs.com.cn
VOL(60,5) VOL:91290.15 MA:24604.33 MA:109233.56
缩量涨停
龙头风范
2005年
3
4
6.30
6.05
5.80
5.55
5.30
5.05
4.80
4.55
4.30
4.05
1500
1000
500
X100
日线

图 3

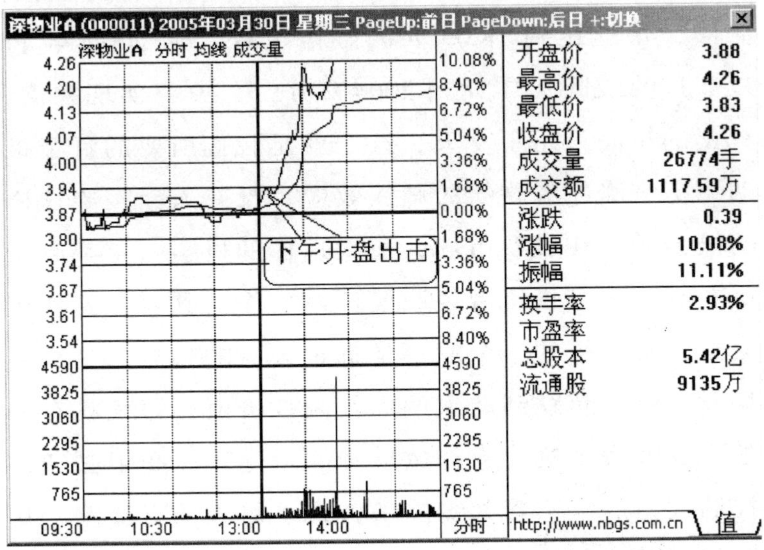

深物业A (000011) 2005年03月30日 星期三 PageUp:前日 PageDown:后日 +:切换
深物业A 分时 均线 成交量
下午开盘出击
09:30
10:30
13:00
14:00
分时
开盘价 3.88
最高价 4.26
最低价 3.83
收盘价 4.26
成交量 26774手
成交额 1117.59万
涨跌 0.39
涨幅 10.08%
振幅 11.11%
换手率 2.93%
市盈率
总股本 5.42亿
流通股 9135万
http://www.nbgs.com.cn
值

图 4

【看图分析解密】(图 5、图 6)

浪潮软件 (600756)是非常突出的庄股投机黑马。2004 年 11 月 5 日该股出现了底部“十字星”信号，2004 年 11 月 8 就出现了涨停的开幕，平底缩量涨停突破“生命线”买入，盘中还出现了“开闸放水”的形态，在均价线受到支撑，快速反攻涨停，大单封死。一连串流畅的操作，所有短线投资者都会记住那一刻的走势，并且有胆量的、学过《涨停战法》的读者都可以把握得到。后面连续两个缩量“横行霸道”开盘就涨停，龙头的气势没有人能抵挡，第四个涨停过后调整不过三天，在 5 日线的推动下再次涨停拔起，连续涨停，快速达到 18.05 元的翻倍里程。从 2004 年 11 月 2 日的最低 9.01 元到 2004 年 11 月 19 日实现翻倍，真正的拉高只用了 9 天，这个就是我们所要的资金推动型 7 个涨停就翻倍的赚钱效应。没有人会拒绝这样的机会的。在股票市场，每次这样的机会一年都有十次左右。很多投资者说股票不好炒作，其实，有些机会是非常公平的，个股不是都跟大盘的趋势，这么多只股票已经超跌到严重偏离其内在价值，短线具有非常巨大的表现机会，释放反弹能量是短线高手必须寻找的攻击点。不管大盘涨跌，几乎每天都有涨停，每天都有赚钱的机会。关键是你是否掌握这种缩量涨停的龙头战法。在我们认为必胜的“火凤凰狙击”形态出现的时候，毫不犹豫，该出手时就出手，大胆去攻击涨停。因为龙头是非常瞩目的，所有市场的短线资金都会涌向它，所有投资者都看到涨停的股票。不管是用惯“61”还是“81”的投资者都会看到最牛的股票冲锋在前，只是很多人只是看，没有行动，没有把握，只有专业的短线高手才会看到就马上采取行动去买去追。

【实战技术精要】

（1）平底涨停突破 24 日“生命线”，该大胆出手买进。

（2）连续缩量锁住涨停大单封住，坚决持有。

（3）上涨途中震荡，收盘不破 5 日线，持股待涨。

（4）高位出现“避雷针”快速卖出手中筹码。

（5）高位放量跌破 5 日移动平均线，必须赶快清仓离场。

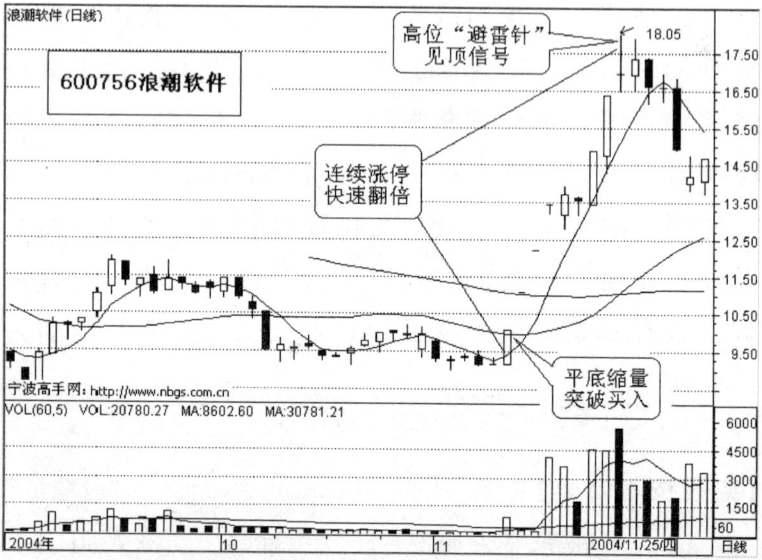
浪潮软件 (日线)
600756浪潮软件
高位"避雷针"见顶信号
18.05
连续涨停快速翻倍
平底缩量突破买入
宁波高手网：http://www.nbgs.com.cn
VOL(60,5) VOL:20780.27 MA:8602.60 MA:30781.21
2004年
10
11
2004/11/25/四
日线

图 5

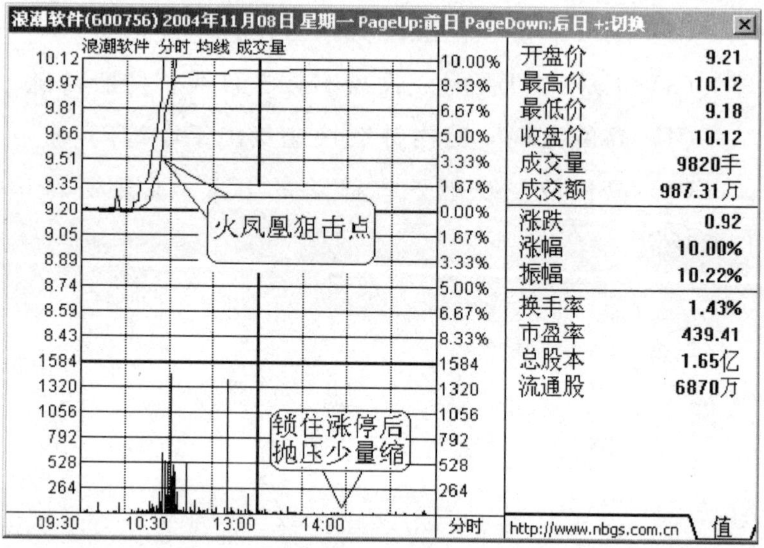
浪潮软件(600756) 2004年11月08日 星期一 PageUp:前日 PageDown:后日 +:切换
浪潮软件 分时 均线 成交量
火凤凰狙击点
锁住涨停后抛压少量缩
开盘价 9.21
最高价 10.12
最低价 9.18
收盘价 10.12
成交量 9820手
成交额 987.31万
涨跌 0.92
涨幅 10.00%
振幅 10.22%
换手率 1.43%
市盈率 439.41
总股本 1.65亿
流通股 6870万
09:30
10:30
13:00
14:00
分时
http://www.nbgs.com.cn
值

图 6

第二节 挖掘中线黑马买入法

在实际投资当中，由于要考虑到股票操作是一件非常具有风险的事，资金安全是一定要放在第一位的。如果说只经历过牛市的投资者对于安全可能认识不够，那么，已经有过三年多熊市煎熬的投资者一定已经深深感受到“生存第一，赚钱第二”这句话的重要性。短线操作对于投资者的素质要求比较高，不是所有投资者都适合的。有时性格原因可能会在追涨杀跌操作中直接影响到收益。集中优势做专做精，是个人投资者可以做的事。对于机构投资者来说，做大做强也是一种很好的方法。我们首先要在思想上学习庄家的判断，不是所有大庄家都是赚钱的，因此，我们要研究的是赚钱的庄家的想法。对于亏钱的庄家我们也要分析他失败的原因所在，让我们尽量避免犯错。我们必须提前做好充分、足够的准备工作，只有这样，我们成功赚钱的机会才会更加多一些。

挖掘中线黑马自然要从中线的角度去分析和挖掘会被市场主力炒作的股票或者板块，提前做好研究。大家都知道这个是比较难的，特别是对没有太多真实信息的个人投资者。因此，我们考虑的中线股票是已经被主力相中，并且已经启动，后面还可以被市场认同的、能够继续上涨的股票，这才是我们主要研究的目标。要分析股票是否具有中线的上涨潜力，关键就在主力的意愿和资金实力，要从盘面去分析主力的实力和操作风格。不要跟实力小的短庄，因为很多为了谋求短线利润的短期资金运作失败的可能性也是挺大的。关于技术分析方面的股票图书已经很多了，我们不一定要再重复写得太多，实战技术和分析依据才是是否会赚钱的关键，如果掌握了这些，应该至少可以立于不败之地。

在中线牛股的判断上，第一个重要的条件就是是否符合现阶段市场大机构或者中等机构进场的时机。当底部形态走出来之后，特别是上涨16%之后不回调，这是主力坚决做多的表现，在移动平均线多头排列的推动下股价稳健上涨的股票最容易出现加速上涨。这是很好的一个发掘中线黑马的方法，在稳健的战略思路下，我们主张回档到24日“生命线”的时候坚决介入。如果周期更长一点的黑马一般回到72日“决策线”的时候就可以操作了。

在大盘平稳不是暴跌的情况下，可以从长期趋势线判断个股行情的延续性上涨以及多头放量推动股票价格的暴发力。中线上涨的股票必须是脱离主力建仓成本区16%以上的股票，如果股票的价格没有站在72天决策线之上，就说明该股只是短线行为，不是中线牛股。我们发现所有牛股，特别是有超级大机构关照的股票，都是移动平均线多头排列的，经常使用的选股器就是用这样的方法选出我们认为有潜力的中线牛股的。配合成交量的温和放量是最好的攻击形态。当形态和主力意图都配合的时候，大盘平稳就是操作的时机。当出现大盘跳水的时候就要注意短线风险的出现，特别是强势股票的补跌，中线股票也会进入深度的回档，让人怀疑自己的判断。当自己都开始犹豫的时候价格却反而上去了。除了要回避强势股补跌之外，还要注意创新低的股票再次破位。很多散户投资者都是在没有及时止损的情况下出现了巨额亏损的，随后发出消极的感叹："死猪不怕烫！"而不是主动积极地寻求解套的方法。不断地创新低的股票最容易再创新低，经常上涨的股票最容易出现上涨。我们主要研究的对象集中在少数经常涨停的黑马短线股票当中。如果资金量比较大，就需要成功精挑细选中线潜力黑马。特别是经过选股公式的粗选，然后对股票进行深入的分析，对基本面、大股东情况、财务状况、业绩的成长性等进行详细分析。中线投资主要依据就是股票的未来价值的增长性，业绩的大幅度提升一般都会有大的基金或者实力机构进行长线运作。

【看图分析解密】(图 7、图 8)

飞乐音响 (600651)是非常具有性格的股票，该股经常有出人意料的表现。我们看到在 2004 年 11 月 9 日该股突破 72 日“决策线”，并且 5 日移动平均线金叉 24 日“生命线”，随后两天在决策线上面小幅度上涨，形成带上影线的 K 线形态，第三天攻击涨停后回落到 3.35%收盘，这次是非常有效的最后洗盘动作，非常多短线客在封不住涨停的时候出来了，结果当天有近 7%的上影线，当天卖出的人是不会再买进的。结果 2004 年 11 月 15 日该股跳空高开，开盘后快速拉升，直奔涨停。自从突破前面长上影线阳线之后就连续出现“井喷式”缩量涨停走势，经过半个月左右的飙升，快速完成翻倍的动作。高位出现长上影线的阴线，这个时候就要注意风险开始增加，到后面 2004 年 12 月 9 日出现长下影线的锤头阳线，与前面 2004 年 11 月 12 日的长上影实体阳线启动点对应。股价短线已经走到了尽头，大幅度震荡的目的就只有一个，把底部的仓底货卖出去，实现拉升最后的兑现利润。

【实战技术精要】

(1) 出现 5 日线连续“金叉”24 日“生命线”和 72 日“决策线”，可以重点关注。

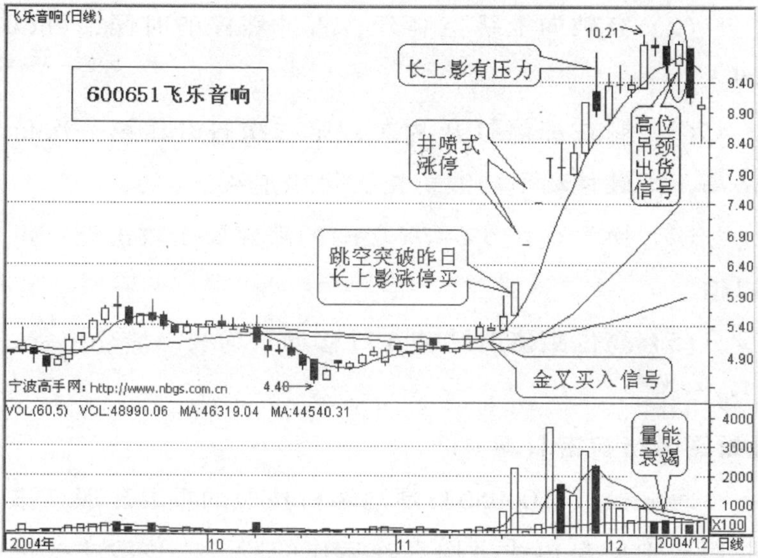
飞乐音响(日线)
600651飞乐音响
10.21
长上影有压力
井喷式
涨停
高位
吊颈
出货
信号
跳空突破昨日
长上影涨停买
金叉买入信号
4.40
宁波高手网：http://www.nbgs.com.cn
9.40
8.90
8.40
7.90
7.40
6.90
6.40
5.90
5.40
4.90
VOL(60,5) VOL:48990.06 MA:46319.04 MA:44540.31
量能
衰竭
4000
3000
2000
1000
X100
2004年
10
11
12
2004/12
日线

图 7

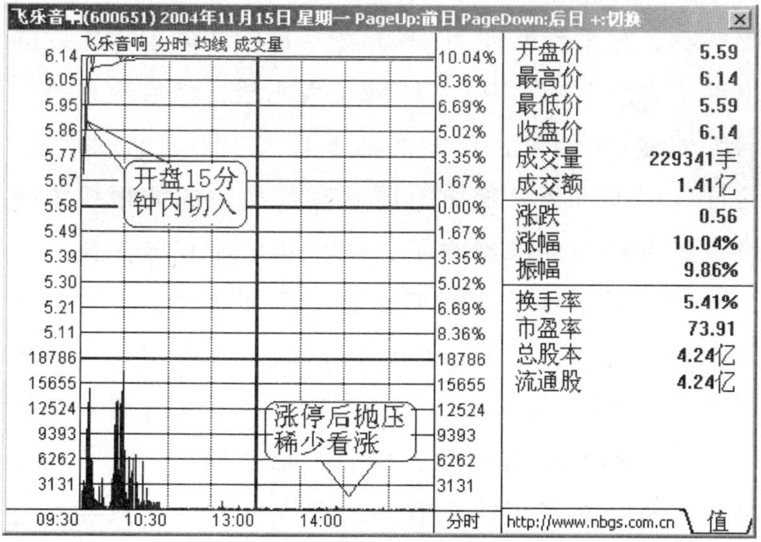
飞乐音响(600651) 2004年11月15日 星期一 PageUp:前日 PageDown:后日 +:切换
飞乐音响 分时 均线 成交量
开盘15分
钟内切入
涨停后抛压
稀少看涨
开盘价 5.59
最高价 6.14
最低价 5.59
收盘价 6.14
成交量 229341手
成交额 1.41亿
涨跌 0.56
涨幅 10.04%
振幅 9.86%
换手率 5.41%
市盈率 73.91
总股本 4.24亿
流通股 4.24亿
09:30
10:30
13:00
14:00
分时
http://www.nbgs.com.cn
值

图 8

（2）突破向上跳空高开，直冲涨停的时候，可以切入。

（3）封住涨停打开两次，第二次打开比第一次价格高，不破移动平均线价格，可以追买。

（4）换手率在5%~7%之间的涨停属于攻击型，可以追。

（5）高位翻倍后跌破5日移动平均线，清仓出货。

【看图分析解密】(图9)

海虹控股（000503)是网络科技股的重要庄股，该股历史上就是短线机构喜欢运作的股票，该股主要的特点就是群众基础好，非常容易受到市场的追捧。如图所示，在平台整理20多个交易日后在向上攻击之前出现了大跌7%点多的实体破位大阴线，然后次日跳空向上大涨7%回落，形成回抽5日线无力上涨的假象，这样巨大的洗盘“挖坑”震仓动作使该股的短线中线投资者都被完全洗出来了，就算套牢没有出，在第一个涨停之前就跑了，好不容易亏损又解套了，多数人都选择了套现，结果，股票价格以实体大阳线涨停来突破这个20多天的平台，一气飙升，龙头气势，势不可挡，直到大涨80%之后高位大幅度震荡，这个就是超级大资金对于短线庄股的主要出货伎俩。只要看过宁波高手丛书任何一本的读者都知道，高位出现“避雷针”第一时间清仓出货。回避股价见顶后调整回落的风险。由于海虹控股在很多时候都是市场人气的焦点，第一时间根据行情进行波段和短线操作机会的捕捉，都可以得到很好的收获。对于经常可以让你赚钱的股票值得重点关注。机会一旦来临的时候，相信你一定会先知道的。

【实战技术精要】

（1）横盘时间出现破底的挖坑大阴线，然后出现平底大阳吞并前面的阴线，这种形态可以重点关注，可能是转折。

（2）突破 24 日“生命线”第一个涨停，可以大胆介入。

（3）突破平台是短线启动的表现，要重点关注。

（4）主升段不破 5 日“苗头线”可以大胆持股待涨。

（5）高位宽幅震荡要小心主力出逃，出现实体长阴，必卖。“避雷针”信号高位出现，一股不剩。

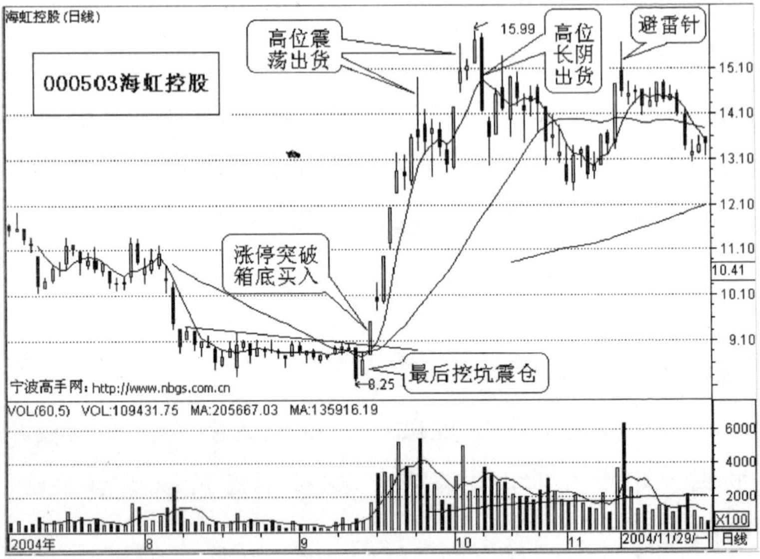

图 9

【看图分析解密】(图 10、图 11)

望春花 (600645)股价在 3.73 元出现一个小阳线，这根阳线是对前面 2004 年 8 月 19 日“单针探底”形态的一次确认，形成双底，回升之后连续出现很多个窄幅波动的底部“转折星星”，在 2004 年 9 月 9 日出现回抽三重底之后，以 9 月 10 日平底阳启动，在周末过后，大家还没有投入的时间，选择了星期一突然以实体大阳线突破“生命线”涨停，很多投资者还没有反应过来就已经攻击到涨停了。流畅的分时图三波上涨攻击到涨停价格，再打开涨停以弱势封不住的感觉

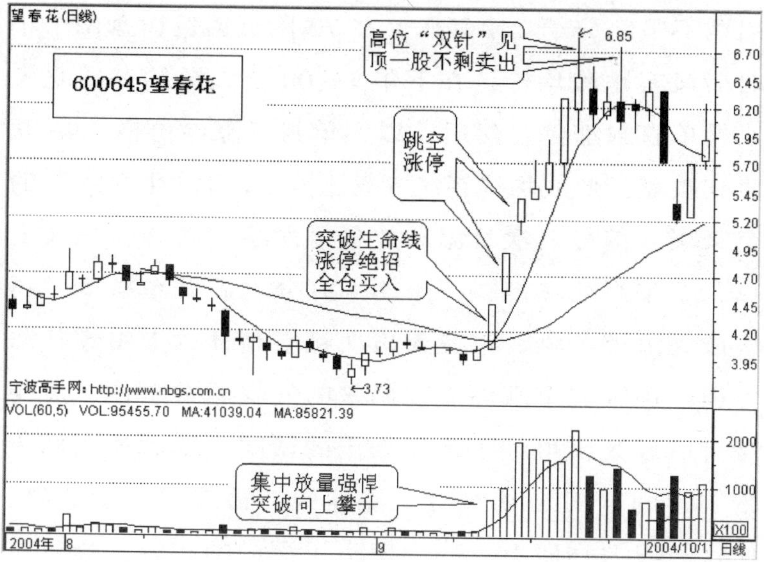
望春花(日线)
600645望春花
高位"双针"见顶一股不剩卖出
6.85
跳空涨停
突破生命线涨停绝招全仓买入
3.73
宁波高手网：http://www.nbgs.com.cn
VOL(60,5) VOL:95455.70 MA:41039.04 MA:85821.39
集中放量强悍突破向上攀升
2004年 8
9
2004/10/1
日线

图 10

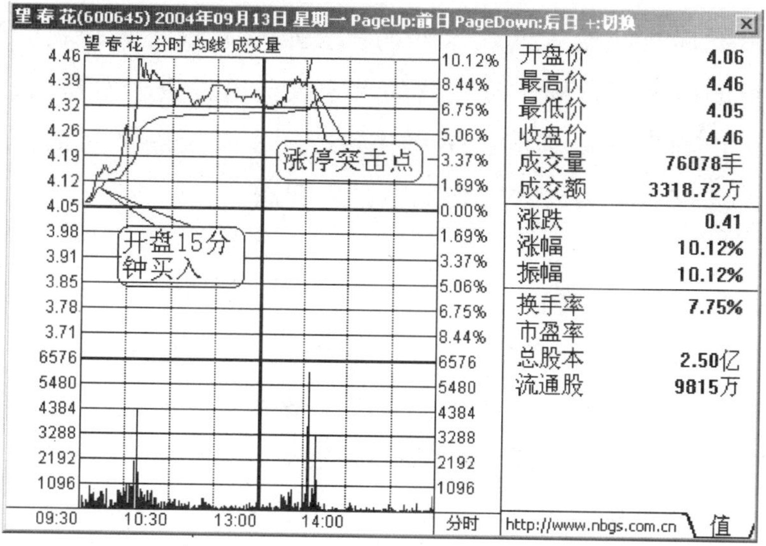
望春花(600645) 2004年09月13日 星期一 PageUp:前日 PageDown:后日 +:切换
望春花 分时 均线 成交量
涨停突击点
开盘15分钟买入
开盘价 4.06
最高价 4.46
最低价 4.05
收盘价 4.46
成交量 76078手
成交额 3318.72万
涨跌 0.41
涨幅 10.12%
振幅 10.12%
换手率 7.75%
市盈率
总股本 2.50亿
流通股 9815万
http://www.nbgs.com.cn
值

图 11

引诱不坚定分子卖出筹码，在7%附近震荡横盘两个小时后没有跌破均价，在下午14:00分大单扫荡通吃大小抛单直封涨停，然后，以大单封死涨停价格4.46元直到收盘，形成均线系统5日上穿24日“生命线”的金叉买入信号。次日温和放量再次跳空高开，三波上攻，下午封死涨停，下午14:00分之后抛单减少，再次成为涨停英雄。第三天再次跳空高开，上午锁住涨停板，连续三个涨停表现出来的气魄非常宏伟，成交量有所放大，得到了市场人士的认同，随后连续两天带上影的长阳K线过度上涨途中，再来了一次涨停，使这只股票在所有人心中留下了深刻的印象。连续拉出八根阳线之后，出现了我们所熟悉的“避雷针”信号，而且还给了两次这样的机会给专业投资者轻松走货的机会。这样干脆利落的大家风范给投资者看得到、买得到、赚得到的完美操作过程。8天大涨73%的巨大涨幅，给买入者实现了不错的利润。

【实战技术精要】

(1) 注意底部形态的完美组合，闪闪星光。

(2) 突破“生命线”涨停，坚决果断买进。

(3) 快速上涨过程中重点看成交量的配合，心态稳。

(4) 高位出现“天量”，就要注意主力对倒出货。

(5) 出现两个“避雷针”信号，坚决卖出。

第三节 破解超级牛股启爆点

没有不可以复制的成功，更加没有注定的平庸。

一挂鞭炮，只要你点燃一个，就会引发一串轰响，那时，你想制止都办不到。财富就是这样聚焦的。

让我们来破解超级牛股的启爆点，抓住这个重点，你将从此迈向辉煌的人生。一个人不管取得多大的成功，关键之处往往都只有几步。只要抓住了那几次机遇，你就会像踩中跳板一样腾空而起，成功将令你难以置信。

经过提前分析的阶段，对于目前的热点以及大盘情况相信已经有一个非常详细的了解。那么怎么样能够分析透彻哪些牛股还可以继续上涨，那些特别牛的超级牛股的启爆点如何把握呢？如果你没有任何疑问，那么你就不可能成为专业的逻辑分析师。首先，本节要告诉大家的是如何从“分时图”判断介入点位，介绍我们经常使用的成功的关键：“分时量价启爆战法”，如何发现牛股的启动，在最短的时间内做出决策。大胆在股价上涨启动的那一瞬间切入，以获取丰厚的利润，享受介入后马上拉升的快感与乐趣。

我们经过长时间统计研究，分析超级牛股大黑马的启动特点，总结出一套目前行之有效的方法，紧紧盯住即将起飞的黑马，一旦突破重要的颈线价格，马上果断介入，这是赚钱最快最稳的一种方法。当我们用“均线多头排列”的方法找出所有向上的候选股票的时候，很多投资者还以为这么简单，其实，真正的牛股都是多头排列清晰向上的，而且都是突破年线的牛股，这是牛股趋势的问题，我们要掌握的正是最大的上涨趋势。

不断地训练自己判断的准确性，做到一针见血，抓住问题核心的关键，成为真正赚钱的投资者。大黑马启动的那一瞬间是很需要犀利的眼光和心理准备的。往往真正暴露出超级黑马的其中一个重要判断依据就是价量关系。成交量的突然集中放大，对敲单的增加，快速拉抬股价，使股票在 5 分钟涨幅榜当中出现，吸引短线投资者的眼球。短线超级大牛股的运行一般都是有前奏的，这就是成交量会有节奏地放大，在突破盘局或者加速的那一刹那，会出现点火的成交量，这个就是股票的启爆点。这个时候我向来都是第一时间果断跟进，大小抛单通吃，直接追随主力庄家发力，向上攻击涨停，当成功达到涨停之后，继续在涨停价格追加买单排队，最好是把整个流通盘都买下来的资金排队在第一档买单位置。这样次日该股冲高出货就有保障了！如果当天不能以涨停的价格报收，则当天的抛压将快速增加，同时次日出货的难度增大。长期研究的投资者可以发现一些黑马启动的兆头，但是能否果断介入呢？这就要看个人的魄力了。投资的经验也是很重要的一个积累过程，但不一定是谁研究的时间越长就越赚钱，因为股票操作最讲究的就是个性化，符合自己的特点。

很多投资机构所谓的“龙头战法”都是没有什么实际应用效果的，能够赚钱的人本来就是很少，能够短线赚钱的投资者更加是凤毛麟角。因此，作为短线操作的秘诀当然就是研究短期波动的因素的变化。当确定了影响股票价格波动的因素当中最重要的资金推动与市场共鸣时，就是有效把握股票价格短期波动的关键了。在人气和资金都达到了完美配合的情况下，短线大黑马就这样诞生了。启动点，抢。上升途中，捂。上涨末端，跑。这样进行股票的良性运作才可以使自己的资产倍增。

完全破解股票运行的密码是非常之艰难的，但是对于每天认真研究的人还是可以从大量的数据和形态当中找到牛股的最佳切入点。

所谓在适当的时候介入适当的品种是非常考人的。在适当的时候就是每一个不同的阶段股票暴涨的类型不是非常相同，需要详细地研究暴涨的股票具体的形态以及成交量的具体比例。

【看图分析解密】(图 12、图 13)

天山纺织（000813)是一直非常活跃的股票，该股以超低的价格快速实现翻倍给大家非常大的震撼力。在超跌股行情当中，该股的成交量配合完美，启动就是“一阳吃两阴”火速涨停的方法。扎空的手法快速从负盘直奔涨停，大单封死涨停价格，由于最低的价格，所有人都没有解套，没有什么抛压。轻松就以1.78%的换手率封住第一个涨停。凡是大牛股都会连续跳空攻击涨停。该股一跃跳过 24 日“生命线”，下午 14 点 00 分封住涨停。次日再次跳空高开，在 10 点 30 分之前实现第三个涨停，并且突破 72 日“决策线”。该股已经成为当时市场的风向标，人气非常充足，攻击年线的成交量才释放出来，经过 12 个交易日的横向整理，消化获利盘之后，再次以闪电的速度拔地而起，锁住涨停，突破横盘格局，再次拉开第二轮攻击浪，次日尾市再次攻击涨停，14 点 35 分锁住涨停价 4.58 元收盘。二次放量龙头风范一目了然，在连续上涨之后出现高位带长上下影线的 K 线才有出货的迹象，股价已经到达 5.28 元。次日高位出现大阴，确定已经阶段见顶，高位大幅度震荡破 5 日线见“十字星”，更是最后的逃命机会。凌厉的上涨和出货风格是大机构的运作方法。

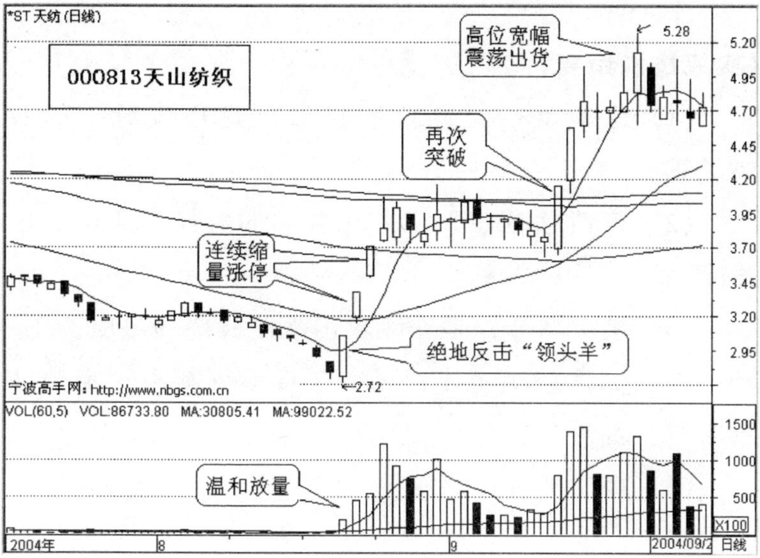

*ST 天纺 (日线)
000813天山纺织
高位宽幅震荡出货
5.28
再次突破
连续缩量涨停
绝地反击"领头羊"
2.72
宁波高手网：http://www.nbgs.com.cn
VOL(60,5) VOL:86733.80 MA:30805.41 MA:99022.52
温和放量
2004年
8
9
2004/09/2
日线

图 12

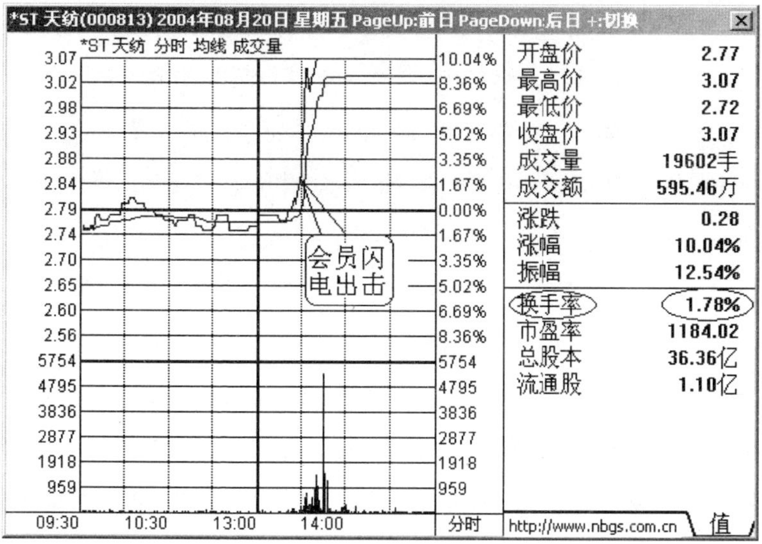

*ST 天纺(000813) 2004年08月20日 星期五 PageUp:前日 PageDown:后日 +:切换
*ST 天纺 分时 均线 成交量
会员闪电出击
开盘价 2.77
最高价 3.07
最低价 2.72
收盘价 3.07
成交量 19602手
成交额 595.46万
涨跌 0.28
涨幅 10.04%
振幅 12.54%
换手率 1.78%
市盈率 1184.02
总股本 36.36亿
流通股 1.10亿
09:30
10:30
13:00
14:00
分时
http://www.nbgs.com.cn
值

图 13

【实战技术精要】

(1) 绝地反击，低价缩量涨停是短线最牛的股票，追。

(2) 行情总是在大家还在犹豫的时候领头羊就已涨停。

(3) 跳空高开，是连续攻击涨停股票的习惯。

(4) 二次放量攻击高点，3日不创新高一定要注意出货。

(5) 高位平台宽幅震荡一定先出，不参与调整。

【看图分析解密】(图14、图15)

天威保变（600550)是非常典型的新锐蓝筹代表，该股市场表现非常突出，每一波行情当中都有资金进行波段运作，气势磅礴，具有非常强劲的龙头气派，实战操作价值极高。如图所示，股价在连续下跌之后，2005年1月20日出现带长下影线的下跌末尾形态，2005年1月21日趁大盘反弹之机，率先上午强攻涨停，等下午大盘上证指数大涨30个点的时候已经领先一个上午突破向上了，这就是强势股的特征，超前大盘启动，时机把握得恰到好处，说明机构对行情的判断是非常准确的。我们就是要参与判断大盘准确而且有资金实力的庄家才可以赚到钱。平底阳实体突破是

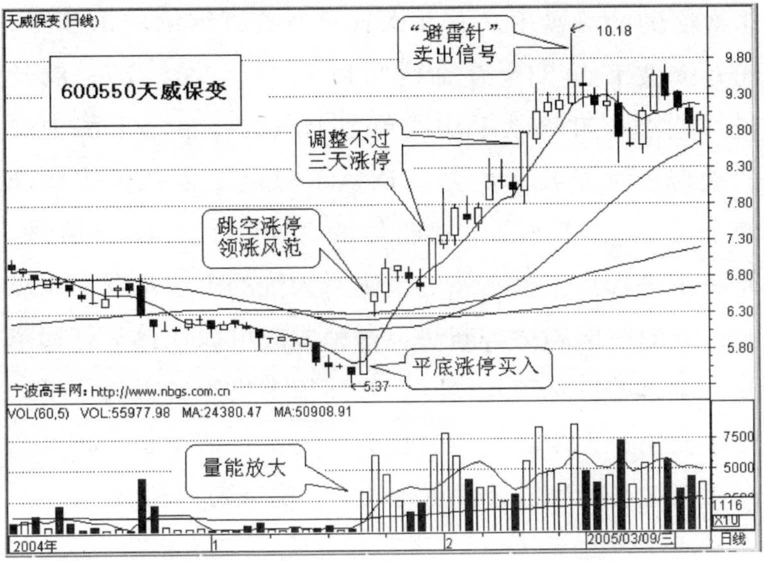
天威保变(日线)
600550天威保变
"避雷针"卖出信号
10.18
调整不过三天涨停
跳空涨停领涨风范
平底涨停买入
5.37
宁波高手网：http://www.nbgs.com.cn
VOL(60,5) VOL:55977.98 MA:24380.47 MA:50908.91
量能放大
2004年
2005/03/09/三
日线

图 14

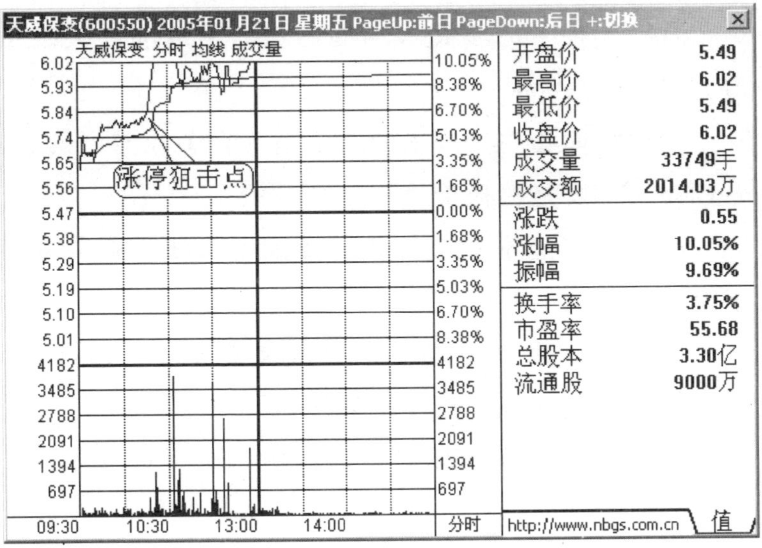
天威保变(600550) 2005年01月21日 星期五 PageUp:前日 PageDown:后日 +:切换
天威保变 分时 均线 成交量
涨停狙击点
开盘价 5.49
最高价 6.02
最低价 5.49
收盘价 6.02
成交量 33749手
成交额 2014.03万
涨跌 0.55
涨幅 10.05%
振幅 9.69%
换手率 3.75%
市盈率 55.68
总股本 3.30亿
流通股 9000万
http://www.nbgs.com.cn
09:30
10:30
13:00
14:00
分时

图 15

非常稳健的操盘手法，在次日跳空高开继续攻击涨停，同时突破了24日“生命线”和72日“决策线”，展开新一轮沿5日移动平均线单边上涨的行情。上涨中途的表现更加是技术娴熟，调整不超过三天就长阳突破向上，一直到高位出现明显的“避雷针”卖出信号，才结束波段的上涨行情。清晰、大气的手法是我们重点要研究的股票趋势判断法，这种方法可以让你买好回家睡大觉，等待见顶才抛空。然而很多投资者害怕涨了的股票而错过大牛股的飙升机会。每次行情来临，把握清晰、大气必赚的机会，重磅出击，实现超额利润。

【实战技术精要】

（1）在长下影线K线后面站稳，出现涨停突破是强力买进信号。

（2）有连续三天放量的股票是具有中线潜力的股，一旦介入不要轻易松手。

（3）对于经常涨停的股票要重点关注，强势性格不改。

（4）对于沿5日线上涨的超级黑马，一旦跌破5日线3天不创新高，要注意风险。

（5）高位出现明显的宽幅震荡“避雷针”见顶信

号，要坚决果断卖出。

【看图分析解密】(图 16)

文山电力（600995）是一只很容易就把握住的典型移动平均线多头黑马股，该股出现启动前的连续下影线的探低“十字星”和“蜻蜓点水”见低信号。对于职业高手来说一定会参与一些市场提供的必胜机会，对于这些机会只有专业投资者才会集中精力去介入获取稳当当的收益。普通投资者经常在一些不确定的因素下把本金消耗了，而真正机会来临的时候就会发现自己的资金套在别的股票上了。文山电力出现四线粘

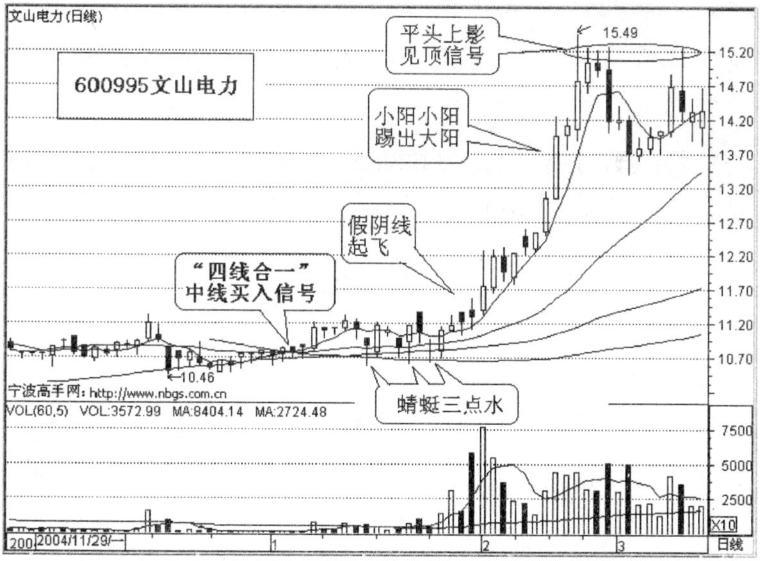

图 16

合在一起之后，张口向上的加速信号，我们第一时间要把握稳赚的机会。以跳空高开收出阴线来洗盘，同时突破盘整区域，5 日移动平均线已经翘头向上了。这个时候是最佳的介入时机，当发现这样的动作时要果断决策，坚决行动，最强的股票都是沿 5 日移动平均线向上突破的。因此，要注意短线黑马就一定要分析 5 日苗头线是否已经向上提示，放量实体大阳突破阴线。成功的短线高手都会抓住这样的必胜机会全力以赴，重拳出击，实现资金 K 线的实体大阳。连续小阳线沿着 5 日移动平均线的支撑向上助跑之后拉出大阳线，这个时候是利润实现最快、也是最难控制自己的心态的时候，通常投资者对于上涨的时候比下跌更加难把握自己。过早地卖出继续上涨的股票是散户投资者经常犯的错误，因此，在主升段还没有出现见顶信号的时候是不需要恐慌而自乱阵脚的。当股票价格大涨 40%之后出现长上影信号和高位停滞的时候就可以获利出局了。如果在高位跌破 5 日移动平均线的时候卖出全部仓位也是短线高手经常做的事。二次见顶出现高位长上影线的图形与前面的上影线形成对称见顶信号的时候更加坚定短线阶段性行情已经结束，要卖出股票。任何股票在你没有卖出之前，是有风险的。

【实战技术精要】

（1）底部出现“四线合一”粘在一起的时候，注意突破可能已经到来。

（2）连续出现“蜻蜓点水”的长下影十字星信号要敢于进场。

（3）价量配合均线发散向上要重点把握主升段，不可轻易放松。

（4）沿5日线已经连续大涨的强势股如果三天不创新高注意是否见顶，注意控制风险。

（5）高位出现长上影线坚决减仓操作。

第二章 暴利驱动热点

在市场中可以激发投资者的激情的只有短期内出现大幅度上涨的热点，带动一批黑马快速启动，形成赚钱效应，市场才会有行情。热点是主力机构根据经济信息或者重大事件制造出来的题材，这些题材有真实的一面，也有夸张的一面，主要的原因是资金优势和资讯优势决定了不被普通投资者知道的暴利所在。正因为这些信息的不平等，导致了少数机构或者知情者出现内幕交易，这些都是很难避免的。开始有庄家就一定会有策划和题材。但是，失败的庄家就是没有能力调动群众参与的本事。当股票市场出现连续四年的低迷时期，进来的资金买什么套什么，没有赚钱效应。股票市场像一潭死水，没有活力。因此，热点是市场非常重要的信号。有热点就有行情，没有热点就没有行情。

利润是驱动资金的重要根源，因为资金都是追逐利润的。只有巨大的利润才会出现暴利效应。驱动股票市场的热点，由于不同的阶段会出现不同的热点，在不同时期人们关心的事情是不一样的。唯有在人们最关心的事情上挖掘适合的亮点加以炒作，才会更加容易成功。

大盘曾经一度跌破1200点，为了挽救大盘，宁波敢死队通过狙击深物业A（000011）、浙江医药(600216)，连续超级大单封涨停，给危在旦夕的大盘以强劲的生存动力。市场终于再次站在了1200点之上了。每一个行情的启动或者阶段性行情的诞生都离不开强势龙头股票的领涨，没有这些短期暴涨的赚钱效应是很难激起低迷的股票市场的热情的。暴利驱动热点不断涨停的力量是伟大的，也需要得到市场的认同才可以走得更高更远。除了长线走强的基金或者大机构重仓的股票以外，非常需要一些短线暴涨的股票来冲击一下人们的视觉。短线投资者在这种绝地反击战当中当然要全力以赴！把精力和资金集中在这些品种上，才可以有出众的业绩。因为只有业绩才可以说话，没有实战业绩的大师最后一定会被醒目的投资者所取笑的，就像那些没有实际内容的“伪书”，最后一定会被读者识破和像抛弃死老鼠一样，决不犹豫的。

第一节 快速集中火力

所有的投资者想要获得巨大的成功必须学会一招：

在最短的时间集中优势。个股激烈的阶段火暴行情通常的时间都是两周到三个月之内就完成快速拉升的过程。因此，我们要学会以最快的速度集中火力狙击超短线黑马，这样才可以做到资金所追求的利润最大化。

真正懂得市场规律的人都是很会控制自己心态的人，当机会在你面前出现的时候，就是要排除一切困难，紧紧抓住这个赚钱的机会。否则，很难进入更高的台阶。正如国际投机大师索罗斯所说的："当你看准的时候，请尽可能把你的投入再加大一些。"国外通过融资放大资金介入炒作的比较多。但是中国很多投资者余下的资金不多，没有机会的时候也在无度地浪费自己的本金，结果真正机会到来的时候却没有资金介入，只有股票套牢一箩筐！要做出卖出所有股票、买进机会最大的黑马的决定不是所有的人都能够做到的。正因为挫折太多，对自己的自信却留下不多了。如果不能快速集中自己的资金，做股票投资一定会以失败告终。把握机会在于果断，但做出决定之前必须具有很好的技术和非常高的概率与把握。否则，本金也是会不断缩水的。

我们发现一些私募基金为什么比一些正规基金的发展速度还要快的时候，就很想深入了解其原因。私募基金的操盘手都是比较需要有口碑和诚信的才可以胜任，特别重要的一点是操盘手有没有赢利的能力。

最关键的地方是能否赚钱跑赢大盘。灵活的运作决策系统比正规基金把握机会要多很多，而且没有这么多这样那样的数据公告和决策约束，因此在短线买卖方面具有很大的优势。但是，很多投资者对于短线和中线、长线分得太执着了，不以赢利为目的股票投资都将出现问题。

我们看到有些高手可以重仓在很短的时间内集中到几只黑马上，给本金带来了质的飞跃。大资金翻倍的口碑和力量是非常巨大的。一般成功赢大利的人都是由少数几只好的品种跑出大涨的行情，而且是这些人重仓的股票。这就说明了一件事情，把所有鸡蛋集中在一只安全的篮子里，可以集中精力进行跟踪研究，且操作方便。这是在牛市中的方法，但是，在熊市中就不是这么好了，当你有资金撤出的压力的时候，卖出股票的时候，你就会体会到很难，流通性的弊端，大资金卖出股票会导致抛压快速增加，卖盘增多又会使股价下一个台阶。这样毕竟不是最好的方法，我们建议资金比较大的投资者可以在熊市中做一种组合投资。在大牛市来临的时候集中火力轰炸一只大黑马。

如何才能把自己的利润最大化呢？很多投资者过分分散投资，结果没有时间和精力顾及，看不过来，最后导致满仓的股票被套，不断阴跌，沦为垃圾大王。“破烂王”其实非常难听，但确实是很多散户的现状，只是选股不对，不管是多股票还是少股票，亏钱是很自然的事情。

在这个市场上，没有人会在乎你是谁？也没有人会理会你的背景。只有懂得无论在什么时候，抛开一切思想的约束，把全部的资金快速地集中到一只可以连续涨停的黑马身上，这样才可以扭亏为赢。这也是大智慧者与普通投资者最大的区别，这就是专业投资者所要求具备的果断性格。你只有习惯果断的性格，才可以总结和检讨自己哪些地方可以进步！哪些地方做得不够？习惯了每天对自己的操作进行反思的人，一定是进步最快的人。一个每天不断进步的人，做什么事情都一定可以成功的。没有做不到的事，只有做不到的人。所以，成功与失败只是人的观念不同或者方法的正确与否所决定的结果。当一个人开始用正确的方法来操作的时候就开始交上好运了。

市场是以成败论英雄的，我们能够做到今天，是与广大的短线投资者认同我们的观念分不开的。没有广大的会员和朋友们的支持，就没有今天的“涨停敢死队”。没有资金的推动，也不会有那么多股票坚决封死涨停的价格。集中火力猛打涨停，在最短的时间以最快的速度全力以赴，这个就是敢死队的思想作风。“简单、可靠”是所有技术精要的所在。如果你知道AK47枪的设计者的设计原则，你可能就会像爱惜生命一样爱护你的金钱，不会随便乱操作亏损，同时学会应用最简单、最有效的方法来赚钱。那么，这一设计原则是什么呢？是“简单、可靠”。当战争出现的时候，人们掌握的技能不一样，这和队伍的素质有关，但是，在越战期间，美军很多拥有精密武器的士兵就是被那种简单的，具有冲击力的AK47步枪所消灭的。当一个人在面对生与死的决策的时候，都会应用自己最习惯的方法来做，而这种习惯的方法就是人们脑海中认为最有效、最可靠的。如果你热爱看军事战略，你一定可以掌握很多股票上的战术和战略思想。当你明白什么方法对你来说是最直接、最简单、最有效的，并坚持使用它时，你将快速成功致富。还有一种对任何人都有效的方法就是：要成功，与成功者合作。这个就是快速成功的秘诀。要抓住涨停黑马，与封涨停的人合作。这样的观念也许很多人会认为这是与庄家合作。其实，我们不是要成为什么庄家，庄家的目的只有一个就是赚钱。因此，不需要做庄，只要短线能成为市场关注的焦点，成为涨停的先锋，就可以达到赚钱的目的。迅速集中火力，瞄准即将涨停的黑马，闪电出击，这就是短线高手经常做的事。如果你要相同的结果，就要学会如何迅速集中火力，瞄准能够给你带来利润的目标全力出击。

【看图分析解密】(图 17、图 18)

春兰股份（600854)是非常具有代表性的阶段性黑马品种，该股经常在别人不注意的时候有惊人的表现。作为专业投资者要把握住这只股票的股性。我们可以看到这个股票在连续下跌之后，大阴线后出现底部带上影“十字星”，随后出现中阳，形成“反转信号”，这个走势表明，空方力量已经到达了衰竭，多头正在增强。这么一个多空力量转换过程之后，行情就慢慢展开了。突破 5 日移动平均线的压制之后，机构已经掩饰不了最后的吸货使股票价格上涨的迹象，抛压不多，大盘也开始启动，结果 2005 年 2 月 18 日以阴线洗盘，不让其他机构发现，周末没有人推荐。结果周一开盘跳空快速锁住涨停，缩量封住，投资者还没有反应过来就已经展开了快速而强劲的攻势，次日再跳空锁住涨停，成交量依然处于正常范围，换手率 5.48%。第三天涨停，成交量快速放大，早盘一直在涨 5%附近横盘，下午 1 点半封住涨停，但是有几次打开过，换手率高达 17.11%，一般换手率高位超过 15%都是出货行为比较多。高位连续三天出现大换手率，不涨收高位“十字星”，还要在 2005 年 2 月 25 日出现明显的见顶信号“避雷针”。此时，就是最后的胜利大逃亡最佳时机。

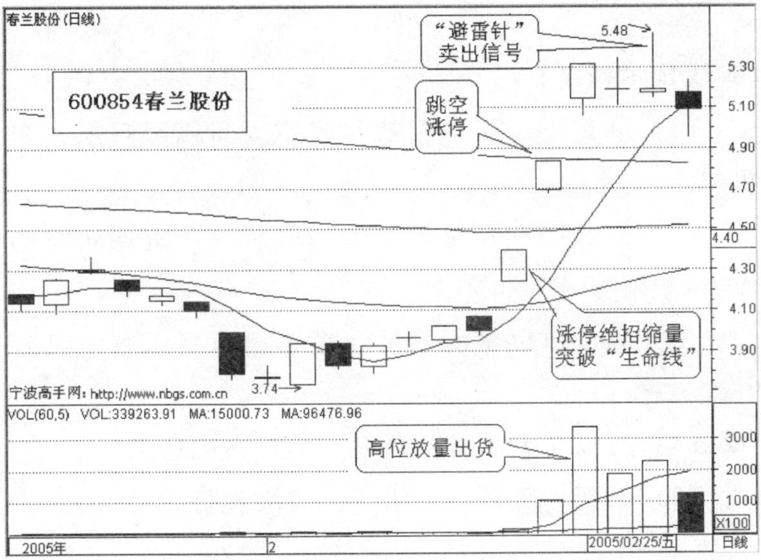

春兰股份(日线)
600854春兰股份
"避雷针"
卖出信号
5.48
跳空
涨停
涨停绝招缩量
突破"生命线"
3.74
宁波高手网：http://www.nbgs.com.cn
VOL(60,5) VOL:339263.91 MA:15000.73 MA:96476.96
高位放量出货
5.30
5.10
4.90
4.70
4.40
4.30
4.10
3.90
3000
2000
1000
X100
2005年
2
2005/02/25/五
日线

图 17

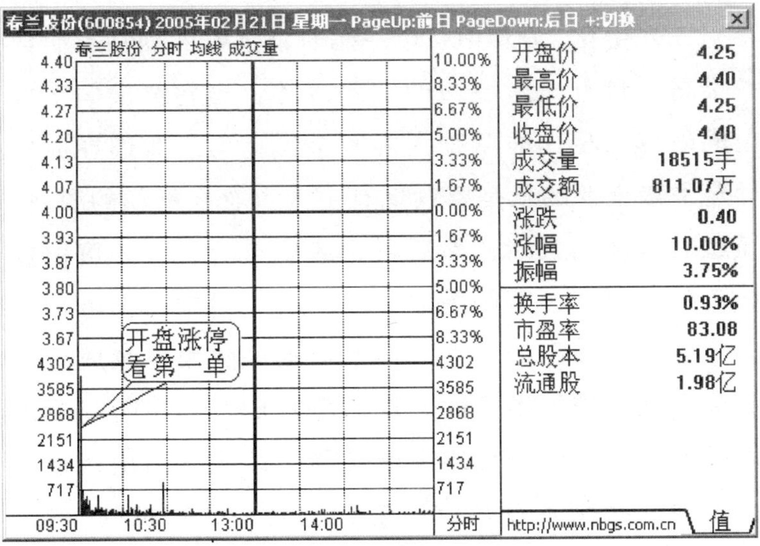

春兰股份(600854) 2005年02月21日 星期一 PageUp:前日 PageDown:后日 +:切换
春兰股份 分时 均线 成交量
开盘涨停
看第一单
开盘价 4.25
最高价 4.40
最低价 4.25
收盘价 4.40
成交量 18515手
成交额 811.07万
涨跌 0.40
涨幅 10.00%
振幅 3.75%
换手率 0.93%
市盈率 83.08
总股本 5.19亿
流通股 1.98亿
09:30
10:30
13:00
14:00
分时
http://www.nbgs.com.cn
值

图 18

【实战技术精要】

（1）底部形态形成可能是多空力量已经转换，密切关注。

（2）开盘第一张单封涨停的股票，要重点研究和关注。

（3）高位放巨量涨停要注意不可盲目乐观，慎防庄逃。

（4）高位“十字星”是多头力量衰竭迹象。

（5）出现“避雷针”信号，坚决卖货。

【看图分析解密】(图 19)

三九生化（000403)是一匹非常强悍的烈马，底部一堆量，展开非常凌厉的涨停攻势，当它突破向上攻击的时候表现出非常强大的资金推动力。我们在股票操作中最重要的就是要发现有主力资金在推动的股票。经过对行情的判断，然后对个股重点分析，才可以进行实际的操作，否则是非常危险的。股票的上涨一般都是需要成交量的，在底部刚启动的时候连续放量是资金大规模进场推升的表现，是我们在第一时间攻击的对象。三九生化在连续飙升 50%以上之后出现很多十字线，特别是在高位出现，这是一个转折的信号，从底部 3.15 元攻击到 4.90 元，出现长上影见顶“避雷

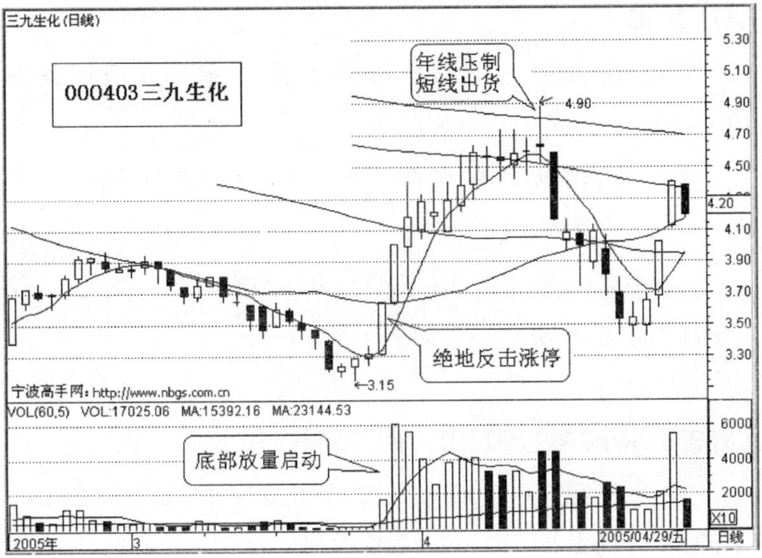

图 19

针”信号，受到年线强力压制，行情就结束了。这个时候最主要的就是卖出手中的持股。当明确股票短期要跌的时候，你不卖出就是送钱给庄家，而且庄家还不会对你说声“谢谢！”。市场时常表现出来的就是这样的残酷。有很多东西是不可能公平的，与市场趋势做对不管你有多少资金都会被消灭的。

【实战技术精要】

（1）该股在连续下跌之后出现“探底十字星”转折信号，要重点关注。

（2）底部转折，股价突破向上，第一时间介入，与庄共舞。

（3）底部第一个缩量涨停，换手率小，可以排队追买。

（4）行情就是在大众不相信的时候起来的，要果断决策，大胆持股待涨。

（5）高位滞涨，出现明显的“避雷针”见顶，第一时间清仓离场。

【看图分析解密】(图 20、图 21)

江苏琼花（002002)是波动非常巨大的股票，第一个涨停启动的时候，分时图连续三波上涨之后出现攻击涨停，我们要第一时间介入。一般股票价格在一段横盘整理之后，主力机构进场吸筹到末端，或者大盘行情已经要启动，凶狠的主力会使出一招，打压长阴线收盘，使不坚定分子全部卖出。如果对股票的分析不够彻底，就很容易中了机构的圈套。因此，我们对盘势的运作要非常注意主力的意图。在 2004 年 9 月 13 日最后一次洗盘动作之后，出现了向上的攻击行情。经过了洗盘后的平底阳带上影线的过度，次日 2004 年 9 月 15 日快速飙升，锁住涨停。这个过度形态给人一种反弹受阻的无量无力的假象。主力最想表现出来的意图越是隐蔽，往往是专业投资者展开捕捉的信号。该股从底部第一个涨停突破向上之后，马不

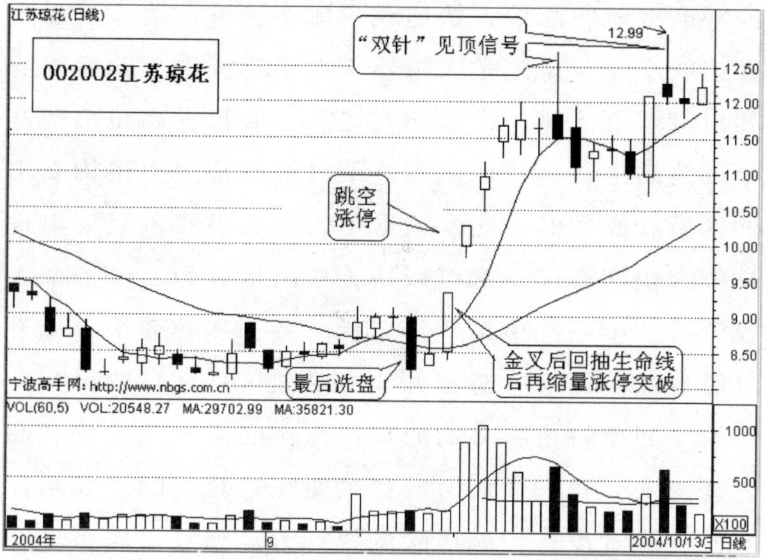

江苏琼花(日线)
002002江苏琼花
"双针"见顶信号
12.99
跳空
涨停
最后洗盘
金叉后回抽生命线
后再缩量涨停突破
宁波高手网：http://www.nbgs.com.cn
VOL(60,5) VOL:20548.27 MA:29702.99 MA:35821.30
2004年
2004/10/13/三
日线

图 20

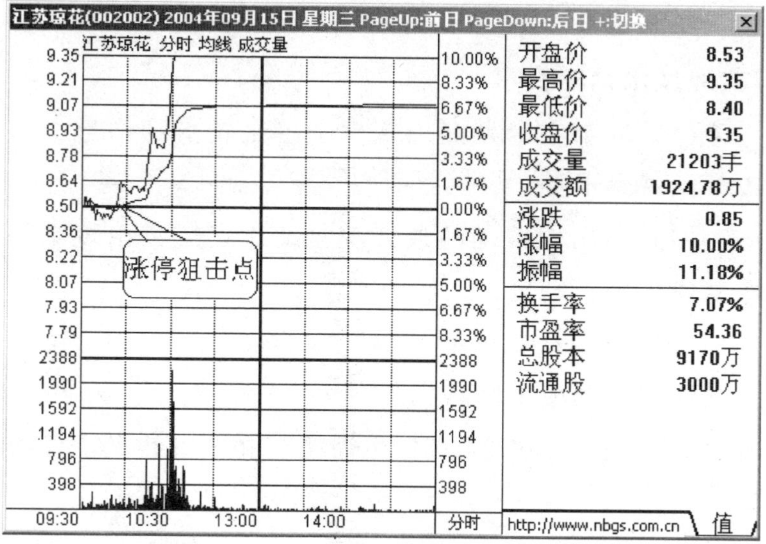

江苏琼花(002002) 2004年09月15日 星期三 PageUp:前日 PageDown:后日 +:切换
江苏琼花 分时 均线 成交量
涨停狙击点
开盘价 8.53
最高价 9.35
最低价 8.40
收盘价 9.35
成交量 21203手
成交额 1924.78万
涨跌 0.85
涨幅 10.00%
振幅 11.18%
换手率 7.07%
市盈率 54.36
总股本 9170万
流通股 3000万
09:30
10:30
13:00
14:00
分时
http://www.nbgs.com.cn

图 21

停蹄向上跳空涨停，快速脱离成本区域，给人以强大无比的感觉，认定是大机构、大手笔操作，给后面顺利出货埋下伏笔。大涨60%之后，股价在高位出现宽幅震荡的走势，我们认为这个时候就是主力机构卖出的区域和操作的手法。通常不管什么牛股，只要出现高位大幅度震荡，都可以认为是出货行为。作为个人投资者，第一件事情就是卖货。特别在连续快速飙升过后，任何出现“避雷针”的见顶信号都是要果断出局的。回避盲目看多的心理误区，回避风险，把利润入袋为安。我们任何时候都是要注意套现的，如果没有警觉或者没有控制风险的执行力，则亏损居多。有危机感才会小心翼翼，才可以更好地在市场生存下来。

【实战技术精要】

（1）底部吸筹期间出现十字星是转折的信号，可以开始观察走势。

（2）当出现启动前最后洗盘动作之后，出现第一个涨停突破，则可以大胆介入。

（3）速度是制胜的关键，在拉高的过程中，强庄都是快速拉离成本区域的。

（4）同时突破24日“生命线”和5日线的涨停要追买。

（5）双针见顶“避雷针”信号，一股不剩，果断卖货。

第二节 追击领涨焦点

牛股其实很多的时候都会出现，但是追什么股票比较安全呢？一定是领涨龙头。热点股票当中有1~3只股票是焦点所在，它们之所以成为市场公认的龙头，是因为它们具有领涨领跌的效应。当一个热点启动的时候，总有一个信号，就是有一匹黑马不断出现大涨，通常龙头都要涨60%以上的涨幅才会带动整个板块的运动。

所有成功赚钱并且大幅度跑赢大盘的投资者都是那些非常自信，而且参与那些领涨品种的投资者。当你的注意力可以自己控制的时候，恭喜你，可以快速应用你的特点关注市场上具有领导地位的股票，相信很快你就可以快速抓获黑马群里的“风向标”，羊群当中的“领头羊”。只有第一名的黑马可以给你第一名的收益率，所以主动追击领涨焦点是非常重要的一种赢利模式。通过长期的跟踪和分析研究，任何投资者都可以发现领头涨停的黑马具有什么相同的特点。也只有你非常清楚地了解涨停黑马领涨先锋的具体特征和习惯动作，才可以迅速逮住它。

追击领涨黑马要点：

（1）行动速度要快，发现时间要早，当你坚信自己有很大把握的时候要全力以赴，这样可以迅速扩大战果，巩固自己的资金实力。

（2）必须是之前做过研究的股票，这是防止一时冲动而失误的保障，做好功课再操作是前提。

（3）领涨的特点要非常明显，而且具有持续性，如果不能持续，热点不会有很好的量度升幅。我们认为，领涨黑马必须有30%以上的上升空间。

（4）谁先涨停就追谁，缩量涨停重点追，越难买到越要买，低价超跌股是短线的黑马摇篮。

（5）大盘的转折和启动时机，配合成交量的增加，是推动股票往上拓展空间的保障。没有大资金参与的股票必然不会成为领涨黑马。

始终使用毛泽东的军事战略思想来领导自己的操作策略。坚持采取灵活的作战战术，恰当的时机出击恰当的品种，该采取运动战的时候就要采取运动战，该采取游击战的时候就采取游击战，对于中线翻倍大牛股该采取持久战的就坚决不动，抱住牛股获大利。

涨停敢死队的风格完全是为了自己的投资利润最大化，而不是所谓的私募基金的战略部署。领头羊的风范是在实战中展现出来的。不是为了某些机构活着而被消灭，靠自己的自身力量改变环境，达到一呼百应的壮观。短线狙击的目标多数都是没有恶庄在里面的，而且要有一定的题材。为了配合主力机构的冲击，采取重要的启动点狙击涨停的领涨品种，特别是某板块上涨最快、具有领导者风范的黑马就是我们所注意的焦点。

面对市场的焦点，太多太多的人不敢行动，更加不敢相信自己的行动可以改变一切。当一只股票缩量第一次涨停的时候，很少人愿意次日开盘就以涨停的价格强行排队竞价抢进。其实很多时候开盘竞价是可以排队到下午成交的。很多人没有这个耐心，早早就撤单了，没有坚持住。而我们却坚信自己一定要买，等到最好的一只股票市场的焦点井喷黑马被自己买到的时候，就像中了彩票。明天又是一个涨停，后天又是一个涨停。10 万元买进，一个晚上后就是 11 万元，再过一个晚上就是 12.1 万元。这种快乐的感受对于一些胆小的、没有策略的投资者是不可能体验到的。

有些投资人一味地回避风险，却没有把握住短线赚钱的机会。很多人都会告诉你，大盘不好呀，不能操作呀！我们认为，大盘不是一个人可以说了算的。不能把握住黑马只是一种没有技术的分析师对市场没有信心的借口。只有具有过硬的实战经验和实际操作的顶尖高手可以坚定地告诉你，个股还是可以做的，因为，现在的股票市场比较大了，不同的股票处于不同的运行周期，只要做那些正要转折向上或者正在上涨途中的股票，就一定可以赚到钱。

股票市场每天都有新的机会，因为，每天都有股票处于转折的临界点上。一旦资金推动，就会出现海啸般的快速封住涨停的领涨焦点。作为专业股票投资者，你不能埋怨行情不好，因为确实存在还在上涨的股票。只要把握住这个机会，就可以成功。因此，更多的没有赚钱的投资者要总结和思考，为什么有股票逆市翻倍而自己没有买？有时候买了却过早就换股了。其结果正所谓“调仓换股”割肉后换来的依然不是很理想，一路下跌。只有少数牛股走势与大盘有很大区别，大盘跌，它盘整或者少跌；大盘盘整它就涨；大盘上涨，它的表现突出。这些就是牛股。我们主要研究的对象就是最牛的股票，因为有资金在运作，而且是有能力推动股票价格上涨的资金，那么，你盯住这些股票就一定有获利的机会。

【看图分析解密】(图 22)

中捷股份（002021)是中小企业板块里的强势股，随着大盘的一度大跌，中捷股份底部放量涨停，确定了底部反转，之后出现了顽强的上涨行情。这个股票的趋势完全强于大盘，而且从主力运作的手法来看都是比较成熟的机构，稳健当中透出远见和毅力，同时资金也是非常充裕的。我们可以看出走势的波动基本

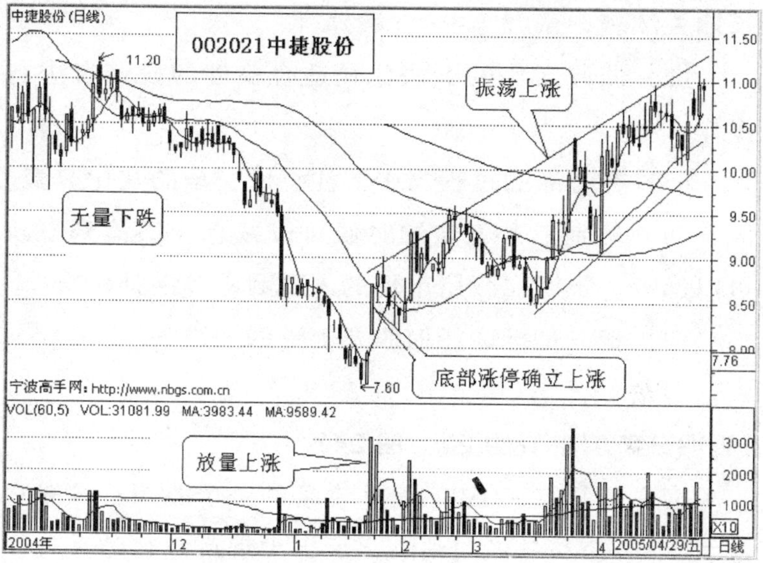

图 22

是按照波浪的原则循环推进，股价稳步上涨，不在乎短期的形态，每次都是顺应节奏地上一台阶，我们可以看到背后的实力机构完全有挑战历史新高的冲动。但是，从总体形态来看，确实是一波一波的上涨趋势。在上轨画趋势直线可以看到更加清晰的轮廓，在下轨也可以看到有波段运作的延续。成交量则是放量上涨，缩量回调，进二退一的上攻模式。对于这样的股票可以跟随主力一起进出，高抛低吸，完全可以跑赢大盘。

【实战技术精要】

（1）底部出现转折吞并线后涨停突破，强势初现，长期关注。

（2）波段运作的手法比较适合稳健的投资者进行操作。

（3）在上涨的过程当中要注意成交量的变化节奏。

（4）碰到上升上轨的时候可以减仓，回落到下轨可以低吸。长期在股票市场的人要耐心等回补机会。

（5）量能是推动任何股票上涨的关键。

【看图分析解密】(图23、图24)

南京化纤（600889)是非常猛的一个股票，该股在连续15个交易日横向整理之后，出现跳空突破并且快速上涨，股价一过5.40元就不断放量上涨。第一个涨停也是中午成功锁住涨停价格5.74元。我们需要把握的就是第一个以涨停突破的趋势。当行情启动的时候，以涨停开始的都是强壮庄，对于投资者来说不可犹豫，马上买进，做多就是最好的策略。涨停过后连续收出7根大阳线，惯性冲高后出现高位“避雷针”信号，就是最好的卖出信号了。通过清晰的观察，可以发现，几乎所有沿着5日移动平均线上涨的股票都是表现强劲的。底部一堆量的手法是比较多出现的，从研究的股票当中可以发现，这些股票一旦出现高位严重量价背离，就会出现量能不足，卖出股票的实战时机就是在出现这种情况的时候。

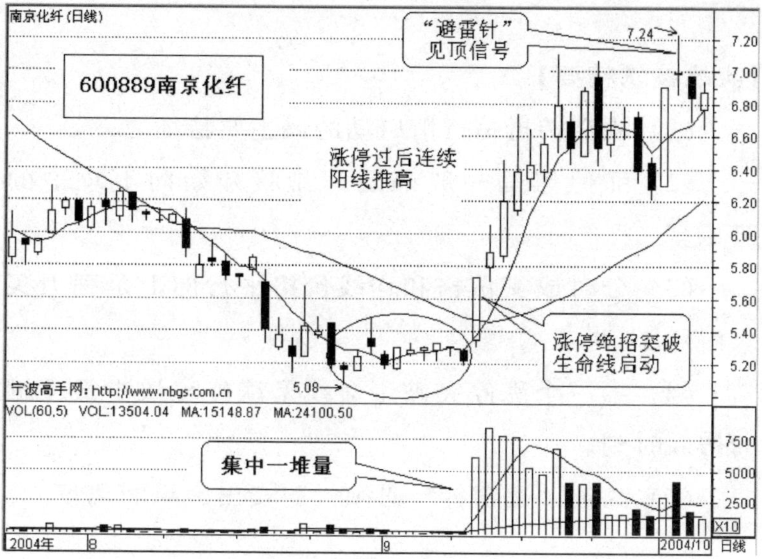
南京化纤 (日线)
600889南京化纤
"避雷针"
见顶信号
7.24
涨停过后连续
阳线推高
涨停绝招突破
生命线启动
5.08
宁波高手网：http://www.nbgs.com.cn
VOL(60,5) VOL:13504.04 MA:15148.87 MA:24100.50
集中一堆量
7.20
7.00
6.80
6.60
6.40
6.20
6.00
5.80
5.60
5.40
5.20
7500
5000
2500
X10
2004年
8
9
2004/10
日线

图 23

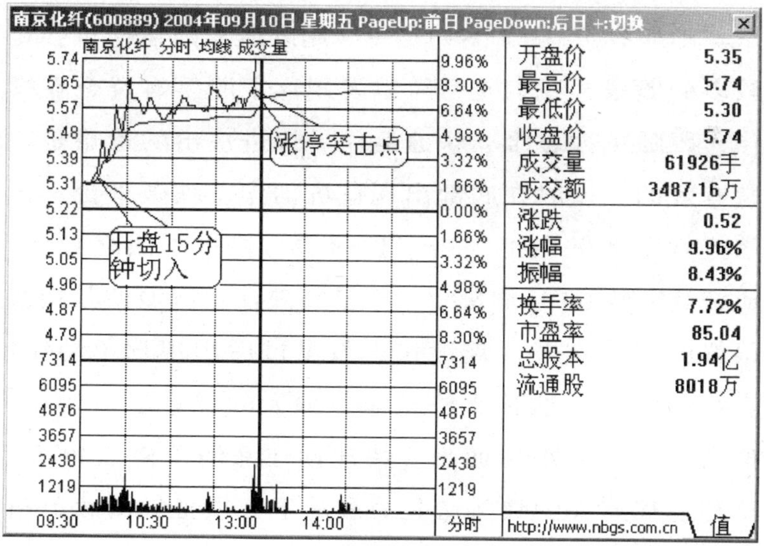
南京化纤(600889) 2004年09月10日 星期五 PageUp:前日 PageDown:后日 +:切换
南京化纤 分时 均线 成交量
涨停突击点
开盘15分
钟切入
5.74
5.65
5.57
5.48
5.39
5.31
5.22
5.13
5.05
4.96
4.87
4.79
7314
6095
4876
3657
2438
1219
9.96%
8.30%
6.64%
4.98%
3.32%
1.66%
0.00%
09:30
10:30
13:00
14:00
分时
开盘价 5.35
最高价 5.74
最低价 5.30
收盘价 5.74
成交量 61926手
成交额 3487.16万
涨跌 0.52
涨幅 9.96%
振幅 8.43%
换手率 7.72%
市盈率 85.04
总股本 1.94亿
流通股 8018万
http://www.nbgs.com.cn
值

图 24

【实战技术精要】

(1) 跳空转折是行情启动的最主要特征之一。

(2) 涨停黑马一般都是开盘就开始向上攻击的股票。

(3) 分时成交价格和均线价格平行向上是强力买入信号。

(4) 第一个涨停突破生命线是涨停秘诀中最关键的切入时刻。

(5) 高位“避雷针”必须大胆卖出，果断离场。

【看图分析解密】(图 25、图 26)

林海股份 (600099)是短线超跌股实战运作机会比较多的股票，我们经常可以发现这个股票有资金在操作，跟随主力思维，快速运作、快进快出的策略是非常有效的。该股在底部出现挖坑动作，跌破平台，再涨停吞阴线并向上攻击，显示主力机构手法之毒辣，成交量突破 60 日均量线，放量突破盘整区域就是短线很好的买入点位。连续快速放量过后出现扫单动作，直线封涨停，这种手法是非常强大的资金运盘动作，抢先一步，大小单通吃，快速锁住涨停价格 3.40 元。这种速战速决的战斗法是短线高手必须把握的大好机会，在大涨 5%~7%之后快速涨停是非常容易得手的。

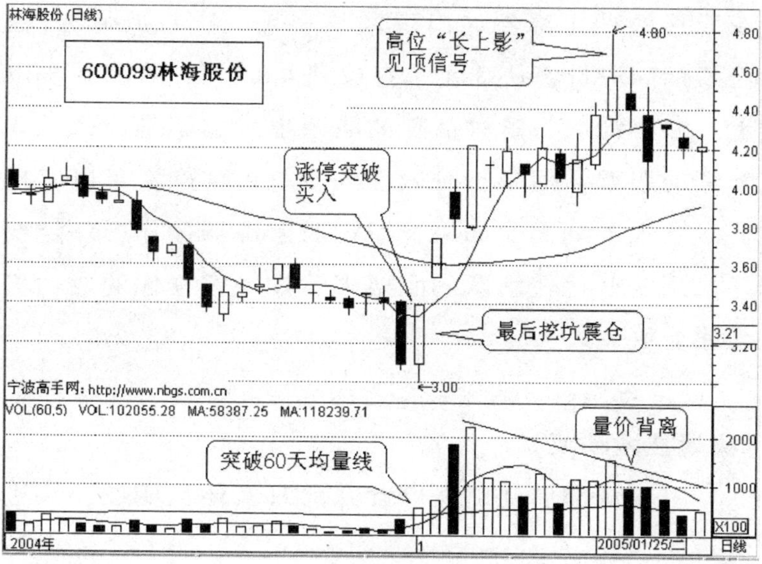
林海股份(日线)
600099林海股份
高位"长上影"见顶信号
涨停突破买入
最后挖坑震仓
宁波高手网：http://www.nbgs.com.cn
VOL(60,5) VOL:102055.28 MA:58387.25 MA:118239.71
突破60天均量线
量价背离
2004年
2005/01/25/二
日线

图 25

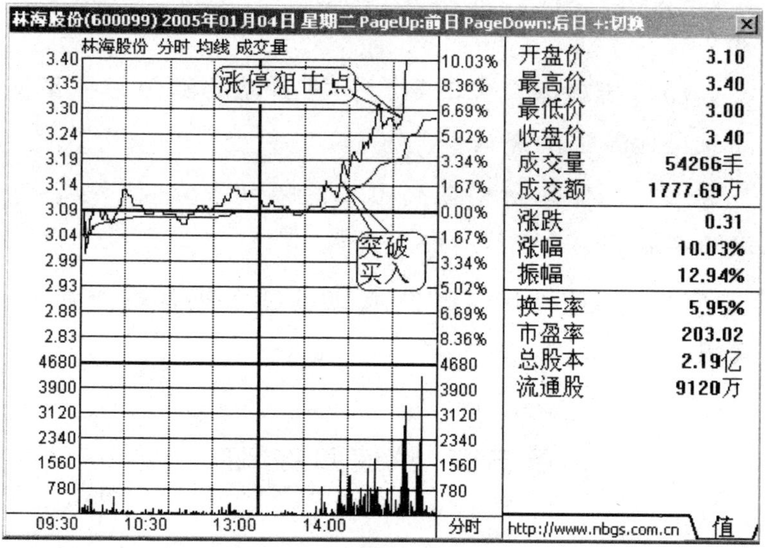
林海股份(600099) 2005年01月04日 星期二 PageUp:前日 PageDown:后日 +:切换
林海股份 分时 均线 成交量
涨停狙击点
突破买入
开盘价 3.10
最高价 3.40
最低价 3.00
收盘价 3.40
成交量 54266手
成交额 1777.69万
涨跌 0.31
涨幅 10.03%
振幅 12.94%
换手率 5.95%
市盈率 203.02
总股本 2.19亿
流通股 9120万
http://www.nbgs.com.cn

图 26

该股连续两个涨停后出现调整一天，次日放量涨停，连续推高股价，从3元一直拉到4.80元，大涨60%以上。象林海股份这种活跃的股票也许它不是什么长线上涨的股票，但是，阶段性的波段机会确实可以实现非常巨大的利润。如果长期在股票市场操作，一定要寻找到一些比较活跃的股票来运作，这样你的成功机会才会更大。

【实战技术精要】

(1) 低部启动以涨停吞并前日实体大阴线，买进信号。

(2) 突破盘面的横盘是介入的最好时机，启动点买入。

(3) 注意成交量的配合，刚启动的涨停是缩量涨停就是比较强的黑马。

(4) 当股票价格在高位震荡幅度很大时，要注意风险来临。

(5) 高位“避雷针”成交量过大或者量能减少，卖出。

第三节 快速回避风险

回避风险其实是资金管理的重要原则，当出现我们不可预料的行情时坚持资金管理原则，一定可以把我们的风险降到最低。做股票是一定有风险的，资金之所以一直在我们身边，是因为我们控制风险能力比较强。忍耐和不出手操作是控制自己情绪冲动的关键。当你的意志可以控制你的操作的时候就是你迈向成功的开始。很多投资者失败的原因之一就是没有办法控制风险，没有控制自己的情绪和操作的冲动。当风险失控的时候就是庄家吞没你保证金的最佳时机。

如果你没有能力快速回避风险，请马上离开这个股票市场，因为，这里的诱惑太多，陷阱太多。当然，如果你决心、而且是下定决心要在股票市场上赚钱，以实现你的人生价值的话，那么，相信你一定可以学会快速回避风险的方法和技巧。

“留得青山在，不怕没材烧。”这就是应对一些特大风险的主要策略，当个股出现高位死叉，跌破“生命线”的时候，短线是不应该参与的，这个时候风险是非常大的，见顶进入是一种错误的操作。很多人不注意这点，给自己的保证金安全留下了祸根。

在一般情况下，股票在破位下行跌破重要关口或移动平均线时，要快速止损出局，否则后果不堪设想。日常与很多读者交谈当中发现，大部分投资者都是长线持有下跌股，以致不断出现亏损失控。一只股票跌去50%以上是非常平常的事情。也许看了太多的“长线是金”的理论，导致了不愿意割肉、杀跌和止损。好像看不到正在不断下跌的市值一样。我们认为在熊市的时候只有少数股票能够逆市跑出独立个股牛市行情，其余都是下跌为主，而且，熊市不言底，破底之后还有底！任何利空消息都可能被放大很多倍，影响着投资者的决策。理性地看待市场、平稳的心态，是投资者综合素质的体现。在知识经济的今天，财富不是只靠体力劳动获取的，需要的是知识的掌握程度和应用能力。我们只有不断地学习，不断地吸取别人的精华为我所用，才可以跟上市场变化的节奏。

高位放量跌破“生命线”坚决清仓离场。盘跌后出现破平台坚决出货。操作失误三次后马上空仓，停止操作，休息两周以上，心态调整之后再重新操作。因为下跌是有周期的，当下跌之后出现向上周期的时候，赚钱就会容易一些。

投资者心理因素是干扰自己成功的重要因素。一般来说，随着股价的不断上涨，人的心理就越来越乐观；随着股价的不断下跌，人的心理就越来越悲观。因此，只有少数人能用平常心，在市场上保持常胜不败。多数投资者看了很多完美的理论，结果都是初期小有收益，最终几乎人人惨败。关键是什么呢？没有跟上市场的变化和节奏，没有及时抽离市场保护自己的利益。特别是在弱市的时候，经常空仓是保护自己权益的唯一途径。我们不相信大多数人都处于严重亏损的市况下谁能独善其身，唯有空仓躲避跌势的风口浪尖，然后，追击反弹强势黑马，才是熊市中比较合乎理性的操作原则。长线持有大牛股的人是少有的绝顶高手，能在熊市依然满仓抱住独立上涨的翻倍牛股的人是真正的顶尖高手。他们甚至不怎么看盘了，平时悠闲地和好友喝茶、下棋，或者欣赏音乐什么的，好像完全看到了未来的个股走势，完全掌握了主力的内心世界。笔者对这类高人非常敬仰。对于每一位身经百战而不死的职业投资者，我们都认为该尊称为职业操盘手。有一句刻骨铭心的话：不懂避险，只会拖延，必败！因此，面对风险，第一时间快速回避。快速控制风险和回避风险是成功递增的关键。明白和贯彻“生存第一、赚钱第二”的原则，你将快速步上成功。

股票市场不是来游戏的地方，而是金钱实力与智慧综合素质较量的地方，与你为对手的是私募基金的操盘高手、资金雄厚的基金管理公司和券商的精英分子，还有外国的游资。你敢说你的智慧和专业知识能够战胜他们吗？当然，风险的控制权是掌握在每一个投资者自己的手里的，没有必要要求自己每一次机会都能够抓住，只要在看准自己能力范围内能够有比较大的胜算几率的时候才出手，实际上你的风险是非常之小的。

当然，股票操作可以说是条条大道通罗马，不走弯路是捷径。要快速突破自身技术的瓶颈，找到最佳的捷径，我们认为是在控制低风险的前提下大量地重复赚钱的操作，实现利润的倍增，这就是成功致富的方法。

【看图分析解密】(图 27、图 28)

宁波东睦 (600114)是非常典型的一种杀跌出货的范例，在一只股票被主力机构连续拉高之后就会只有一个目的，就是套现获利。这是所有做股票的庄家思考的问题。坐庄其实收集筹码的方法和策略有很多种，但是，套现获利是非常简单的重复。出货的策略才值得大家更加认真思考。因为只要你知道主力什么时候在出货，就永远高位套不住你。当股票跌下来之后，有资金你就有说话权。防止被套就要研究典型的出货。我们看宁波东睦从底部收集筹码完毕之后，出现挖坑的最后一次洗盘动作后，出现跳空连续大阳，脱离成本区。上升中途又出现了“打桩”的信号，继续向上攻击。第三波上涨出现了加速，然后就在 2004 年 11 月 23 日跳空 13.05 元，开盘后一路急跌。这种分时图是主力机构不管怎么样只要有接盘就打压出货的手段，其欺骗性很大，连续急挫之后又出现缩量快速上涨，当出现接盘比较多的时候又快速打压卖出。这种方法

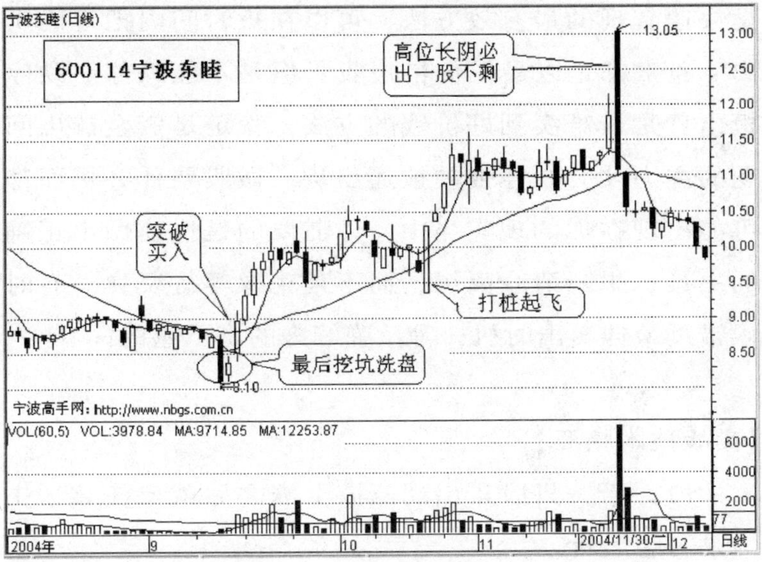

宁波东睦(日线)
600114宁波东睦
高位长阴必出一股不剩
13.05
突破买入
打桩起飞
最后挖坑洗盘
8.10
宁波高手网：http://www.nbgs.com.cn
VOL(60,5) VOL:3978.84 MA:9714.85 MA:12253.87
2004年
9
10
11
2004/11/30/二
12
日线

图 27

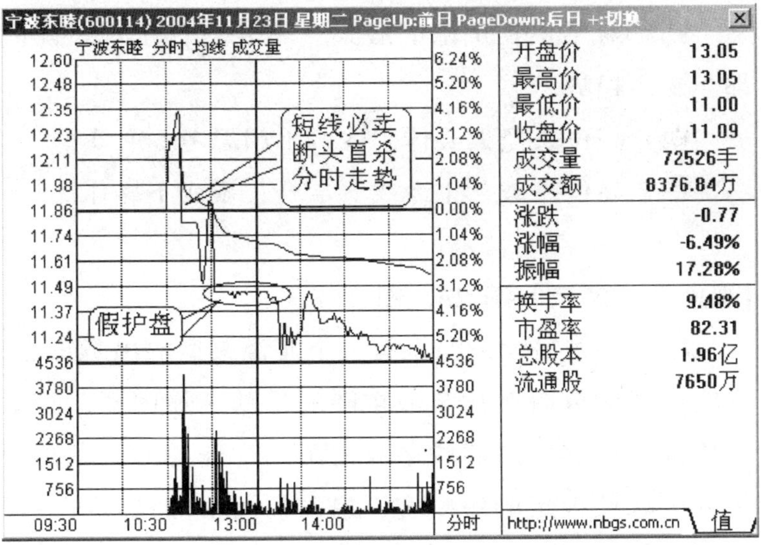

宁波东睦(600114) 2004年11月23日 星期二 PageUp:前日 PageDown:后日 +:切换
宁波东睦 分时 均线 成交量
短线必卖断头直杀分时走势
假护盘
开盘价 13.05
最高价 13.05
最低价 11.00
收盘价 11.09
成交量 72526手
成交额 8376.84万
涨跌 -0.77
涨幅 -6.49%
振幅 17.28%
换手率 9.48%
市盈率 82.31
总股本 1.96亿
流通股 7650万
09:30
10:30
13:00
14:00
分时
http://www.nbgs.com.cn
值

图 28

是快速套现的最有效方法，可以在短时间内把筹码卖出。通常都是以最低价格报收，但是不能跌停。跌停板出货是最难卖到好价钱的方法，肯定是资金链出问题的主力才会跌停强硬被逼出货。做股票什么场面都可能出现在你的现实当中，你需要的是快速做出正确的决策，果断清仓离场，而不是犹豫等待反弹。有时候错过最佳卖出时机，等反弹等来的是严重的深套。

【实战技术精要】

（1）当一只股票出现三波上涨之后就要注意，主力是否想出货。

（2）当股票高位放量，要注意是否应该减仓操作。

（3）对于正在上涨的股票，不要盲目乐观，随时都会变换趋势。

（4）高位长黑大实体阴线，不用思考，必卖。

（5）高位跌破“生命线”空仓，短线不操作。

【看图分析解密】(图 29、图 30)

东方宝龙(600988)也有一个非常典型的出货形态，该股出现的分时图比宁波东睦的暴跌更加凶猛。该股从连续三个涨停过后跳空攻击第四个涨停的假象迷惑了一些赌性很足的短线客，追高的人全部被这种“断头直杀”的走势狠狠地钉在了跌停板上，次日再次钉死在跌停板。主力借助市场的冲动快速地暴跌出货，这种跌停套现是因股票多头受到很大的打击，通常很长时间都不会有表现了，剩下的是散户，没有庄家，一路盘跌。没有资金推动的股票是不会上涨的。如果没有连续的强力的资金推动，股票价格只会逐波下跌。这种高位连续巨量跌停出货的杀伤力是非常强的。当出现这种分时形态的时候，一定要当天内快速杀跌卖出，以免招致更大的损失。当你知道股票的价格要暴跌的时候，你只能做一件事，就是赶快以最快的速度把股票卖出。保住你的本金，是回避风险最重要的方法。停止操作，放弃等反弹的错误逆市想法，要顺势而为。空头占据优势的时候，我们要避开其锋芒，等到空头释放过后进入衰竭的时候，多头就会重新占据主动。这个时候采取进攻是比较容易获得成功的。买卖股票跟打仗是一样的，市场就是这么残酷和现实。没有半点人情味，只有孤独和专注思考的操盘手才可能领会其中的奥秘。

【实战技术精要】

（1）连续涨停过后出现巨大的实体长阴线，就要第一时间作出决断，卖出股票。

（2）高位第一个跌停是逃命的最后时间，通常都会有连续的暴跌。

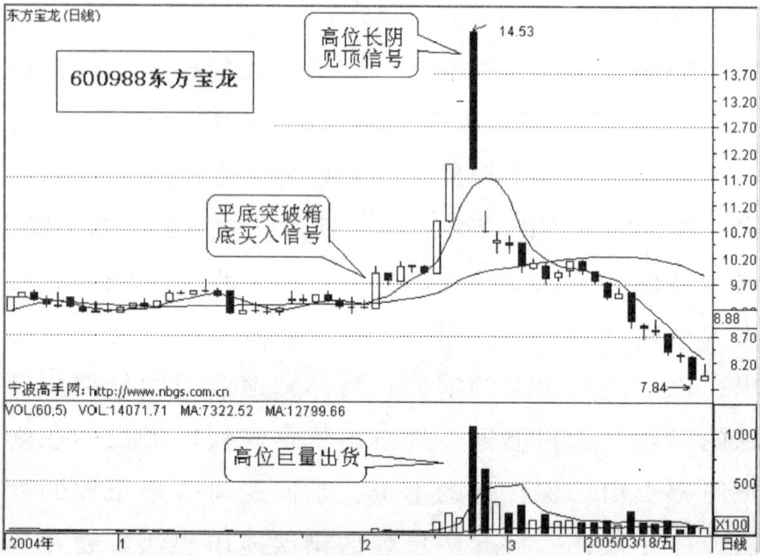
东方宝龙(日线)
600988东方宝龙
高位长阴
见顶信号
14.53
13.70
13.20
12.70
12.20
11.70
11.20
10.70
10.20
9.70
8.88
8.70
8.20
7.84
平底突破箱
底买入信号
宁波高手网：http://www.nbgs.com.cn
VOL(60,5) VOL:14071.71 MA:7322.52 MA:12799.66
高位巨量出货
1000
500
X100
2004年
1
2
3
2005/03/18/五
日线

图 29

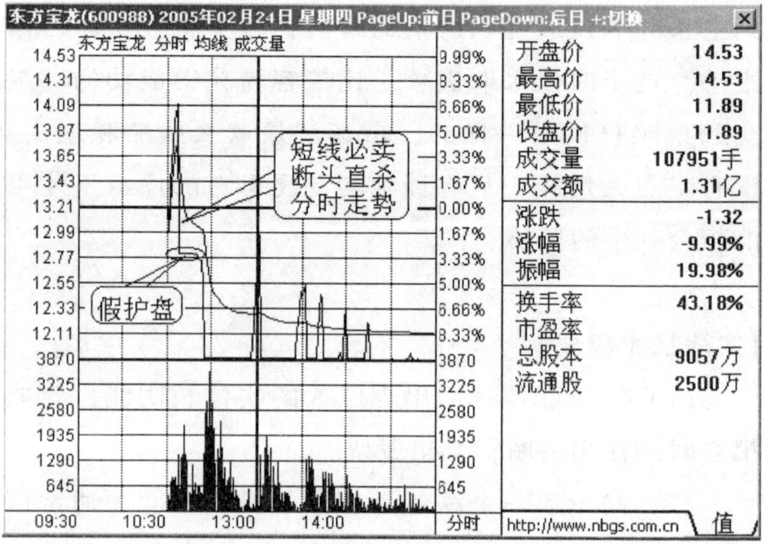
东方宝龙(600988) 2005年02月24日 星期四 PageUp:前日 PageDown:后日 +:切换
东方宝龙 分时 均线 成交量
短线必卖
断头直杀
分时走势
假护盘
开盘价 14.53
最高价 14.53
最低价 11.89
收盘价 11.89
成交量 107951手
成交额 1.31亿
涨跌 -1.32
涨幅 -9.99%
振幅 19.98%
换手率 43.18%
市盈率
总股本 9057万
流通股 2500万
09:30
10:30
13:00
14:00
分时
http://www.nbgs.com.cn
值

图 30

(3) 不要以为股票价格跌去一半就是安全，在跌的趋势没有改变之前买进都是错误的。

(4) 跌破 24 日“生命线”，果断空仓。

(5) 跌破 72 日“决策线”，短期内坚决不买。

【看图分析解密】(图 31)

巢东股份 (600318)连续上涨之后出现了加速的涨停，成交量大幅度放大，同时股票价格已经偏离 5 日移动平均线很远，这个时候就是要注意风险的时候。“小阳慢推”是股票价格稳步飙升的典型图形，如果把握住这个形态，就可以很轻松地把握住短线的获利机会。股票价格突破 24 日“生命线”之后就有可能出现加速。当突破决策线之后就更加趋势明朗，一放量就出现了跳空涨停的快速飙升。通常很多股票出现两个涨停之后就会有很多获利盘要套现出来，这个时候最好就是在涨不动的时候把股票卖出。高位出现实体大阴线要第一时间减仓操作，跌破 5 日均线空仓。只有这样才可以最有效地保护你自己的保证金。只有在本金不受到伤害的情况下才可以取得更多稳健的收益。

【实战技术精要】

(1) 出现“小阳慢推”信号可以短线参与。

(2) 5 日均线形成对股票价格的支撑，可以持股

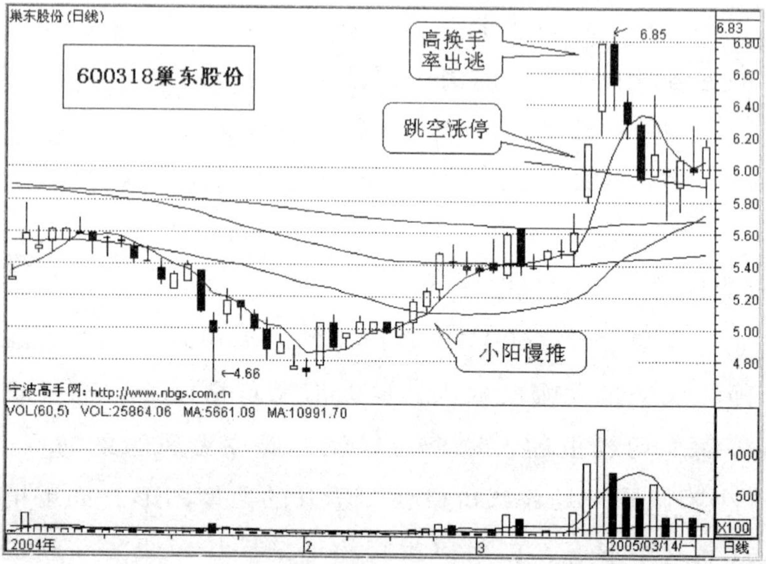

图 31

待涨。

（3）上涨趋势没有改变就可以持有。

（4）当出现加速过后，涨不动了，就要卖出。

（5）高位放出巨量，换手率过大，坚决卖出。

第三章 游资操作揭密

很多投资者对短线操作频繁的超级活跃“游资”感到非常神秘！其实，在中国证券市场上活动的“游资”基本上是属于一种私募基金性质的资金。对于这类“敢死队”私募基金的操作模式、收益情况、资金背景等问题都是广大投资者非常想知道的秘密。当然，特别是游资是如何操作的，到底是一种什么样的模式？这种运作模式适合什么人操作？这些资金的凝聚力到底是靠什么？本章除了详细给大家介绍游资的具体操作模式和方法之外，还详细讲述一些非常实用的宁波高手的“超短线”理论和实战技法。希望可以帮助大家更加深刻认识股市，了解自己，从容操作，轻松赚钱。

简单的操作方法，重复地使用，直到修正到没有缺陷为止。相信任何一种赚钱的方法都是可以复制到你的身上的。目前中国已经出现很多的地方游资，这些资金出现联动的风格非常明显。当一种模式被另一机构研究透彻之后，很可能这种运作模式的资金会被别人代替或者成为别人的套牢目标。

第一节　满足市场的热点需求

作为市场所关注的焦点是需要引导的。我们虽然不能够知道未来的事情，但是如果我们有自己的监测系统，了解最新的变化，我们依然可以分析出市场变化的趋势。所有的热点都是资金引导的结果，人们看到的都是结果和过程。在变化之前有预测的人是很少的，有预测的人在预测准确的时候又有行动的人更是非常少的。因此，预测和行动是分开的。我们所做的股票一定要满足市场热点的需求，当人们在某一阶段需要热点的时候，引导的方向就是目前没有人知道或者知道得不详细，或者低估信息的价值，但只要投入资金来引导就会有效应出现。但是只靠资金不一定能够成功，只有在综合条件具备的时候，成功的机会才更高。

当我们深入研究市场的时候，发现这四年的熊市当中有少数股票却创出了历史新高。这给我们的思路带来了很大冲击，对于中线强势股的分析让我们得到非常好的收益。短线热点的产生都是为了满足市场的需求。市场有其自己的规律，当一些市场过滤出来的机构高手在运作超级大牛股的时候，一定要抢点筹码。

借助庄家的力量，借助人气的力量，借助市场自身的力量，平衡自己的买卖节奏，短线快进快出。特别是一些题材股、××概念的短线热点，对于人气的激发有很大的作用，但是运作的时间也是非常之短暂的。当热点出现退潮的时候，任何价格都先要平仓出局，因为这些股票只有短线投机价值，而没有中线潜力。如果理解了这些观点，就应该更加稳健地操作。这个理念启示我们选择具有中线潜力的股票进行短线狙击。这样，万一主力反手打压也是可以继续持有的，毕竟中线趋势不会有很大的改变。即使短线被套，也可以安心持有，等待中线上涨的延续成功解套获利。这样就能确保自己的保证金安全、稳健、高效地增值。

股票市场不是一个为安分的人而准备的，只有少数人赚钱的原因是这少数人具有与大多数人不同的性格和操作方法。只要这些方法是正确的，就会出现正确的结果，赚起来就不会有什么不可理解了。非常认真、疯狂地热爱做股票的人才可以成为股票的真正高手。如果你没有花时间去研究股票，那么，这样做股票是非常危险的事情。因为你不熟悉市场，不知道股票是怎么一回事。只有找这个市场上最专业的高手才可以帮助你做好股票。自己不行，找做股票行的人的脑袋来为你工作，也是一种很好的方法。但是，前提就是你一定要找到最好的老师来指导你的操作。如果你只随便地跟一些二流的老师，甚至是不入流的老师，那么你的结果肯定是很悲惨的。特别是一些没有专业知识或者没有实战经验的假老师，实际上是某些投资顾问公司的电话业务员，即所谓的助理在指导你的操作的时候，你就更加快地完蛋了。擦亮自己的眼睛，不要只用自己的耳朵来听，要用心来观察、发现哪个是真正的高手，是真正想帮助你成功的老师。

我们在与读者长期的交流中不断总结出投资者经常犯的错误，这些错误的原因是什么？当我们遇到同样问题的时候，就会改变自己的想法，突破心理的障碍。对于盘面的分析，没有每天研究市场的人是不可能抓到市场的短线热点的。这些市场的热点一定要满足市场的需求，股票才会一骑绝尘、迅速飙升，成为领导市场热点的方向标。注意这些方向标性质的黑马就是股票市场赚钱的最主要源泉。

当你成功迎合了市场需求点的时候，你就领先看到了近期的热点所在。通过自己的分析和研究专家的策略，可以更进一步了解整个市场的演化进展和领涨股票。正因为能够最后做到全胜的人不多，资金和分析实力一般都是成正比的，因为没有分析准的人很快就被市场所消灭了。庄家研究市场中哪个是阶段性的热点，观察市场的需求点在哪里，然后，介入那些未来会领涨的股票，等待机会的来临，实行快速拉高的动作。这个时候就是我们最好的机会，如果你不会把握这个机会，那就很难成为非常优秀的操盘手了。

【看图分析解密】(图 32、图 33)

吴忠仪表 (000862)在连续下跌之后出现了长下影线的“单针探底”信号，我们就可以开始买进操作了。跳空高开突破 5 日移动平均线之后快速放量拉升，出现 10 万股以上的扫单动作就是最好的“火凤凰狙击点”强烈买入信号。分时价格和分时的均价快速跟上、平行向上是短线最好的机会，这个时候是主力做多意愿非常明显的时候，而且出现扫单动作是最好的短线赚钱机会。所谓的“扫单”就是大小抛单全数照收，以快速的买进吃掉市场的所有抛单，形成排山倒海的涨停力量。以迅雷不及掩耳之势把股票价格在 10:30 之前封住涨停，给人以强势涨停的强庄介入感觉，为后面出货埋下伏笔。涨停之后要以巨大的挂单在“买一”处，这样就不会有太多的抛单，有助于股票价格的进一步向上。连续的上涨，没有出现回调是股票价格最大的强势特征，这个时候是赚钱的有利时机。当股票价格不断攀升，同时配合成交量不断增加的时候，就是行情要到来的时候。特别是底部出现“单针探底”的信号，然后展开横盘一两天的蓄势，一旦启动就是短线快速跟进的机会，把握了趋势，就是适应市场。

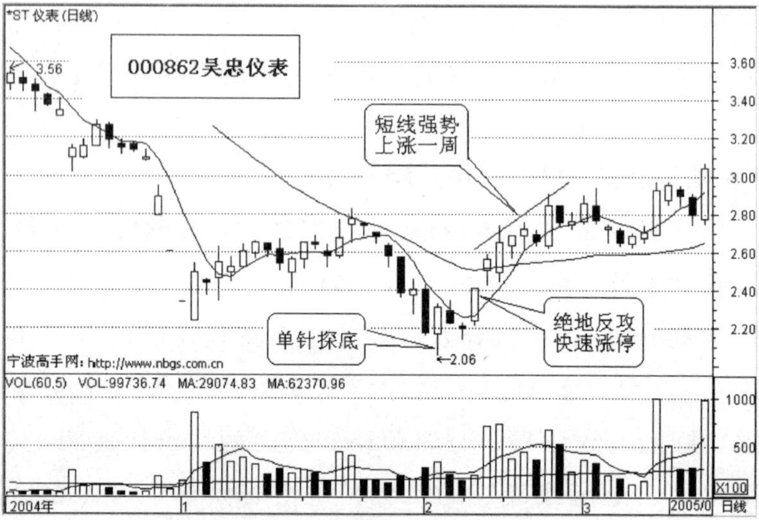
*ST 仪表(日线)
000862吴忠仪表
3.56
短线强势
上涨一周
单针探底
绝地反攻
快速涨停
←2.06
宁波高手网：http://www.nbgs.com.cn
VOL(60,5) VOL:99736.74 MA:29074.83 MA:62370.96
2004年
2005/0
日线

图 32

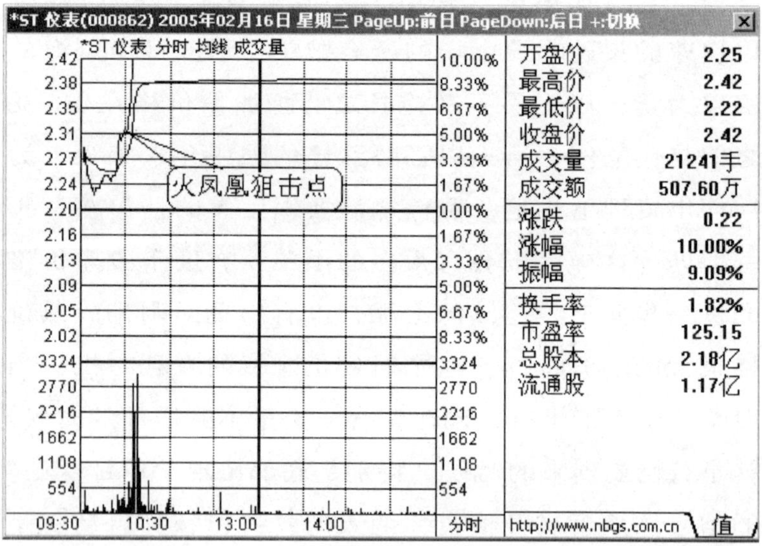
*ST 仪表(000862) 2005年02月16日 星期三 PageUp:前日 PageDown:后日 +:切换
*ST 仪表 分时 均线 成交量
火凤凰狙击点
开盘价 2.25
最高价 2.42
最低价 2.22
收盘价 2.42
成交量 21241手
成交额 507.60万
涨跌 0.22
涨幅 10.00%
振幅 9.09%
换手率 1.82%
市盈率 125.15
总股本 2.18亿
流通股 1.17亿
09:30
10:30
13:00
14:00
分时
http://www.nbgs.com.cn

图 33

超跌反弹不能长线持有，只有快进快出才可以实现利润。因为既然股票大幅度下跌，肯定基本面不是很理想，之所以会反弹是因为严重偏离均线和市场成本，当力量出现平衡的时候就会恢复原来的趋势。吴忠仪表是超跌反弹运作最好的研究对象，模仿这样的操作相信也可以成功。

【实战技术精要】

(1) 底部出现“单针探底”的信号是买进的机会。

(2) 当出现突破5日均线后的第一个涨停时，短线买进。

(3) 上涨趋势一旦形成，不破5日线可以持股待涨。

(4) 当股票价格在高位成交量不断减少时，要注意减仓。

(5) 当价格已经上涨很多并且没有再创新高时，就是见顶。

【看图分析解密】(图34、图35)

力诺工业 (600885)是一个非常典型的短线运作黑马，这样的股票所有的人都可以发现，但是不一定敢参与。那么，原因是什么呢？就是自己能否精确判断。当你明确必涨的时候，你就知道什么价格一定要买。我们刚开始看到第一个涨停的时候，觉得不是很强。

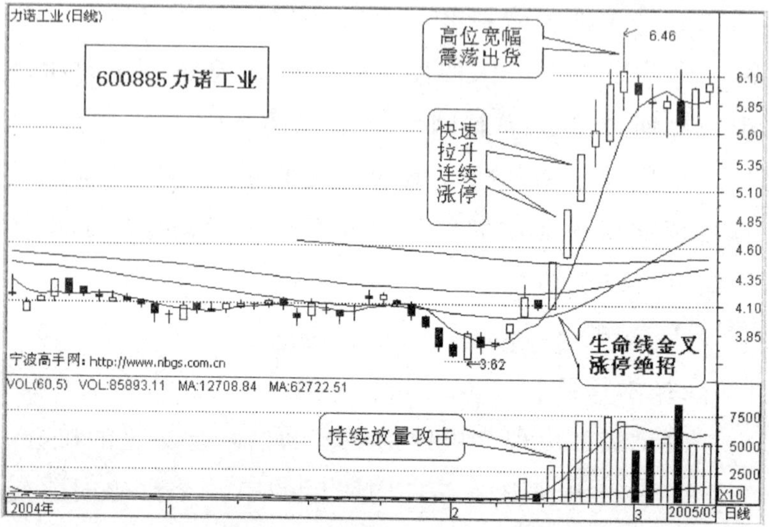
力诺工业(日线)
600885力诺工业
高位宽幅震荡出货
6.46
快速拉升连续涨停
生命线金叉涨停绝招
3.82
宁波高手网：http://www.nbgs.com.cn
VOL(60,5) VOL:85893.11 MA:12708.84 MA:62722.51
持续放量攻击
2004年
2005/03
日线

图 34

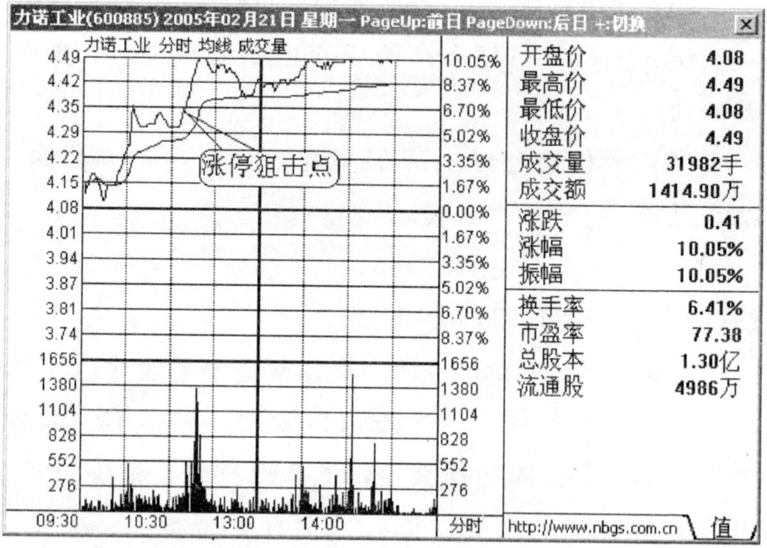
力诺工业(600885) 2005年02月21日 星期一 PageUp:前日 PageDown:后日 +:切换
力诺工业 分时 均线 成交量
涨停狙击点
开盘价 4.08
最高价 4.49
最低价 4.08
收盘价 4.49
成交量 31982手
成交额 1414.90万
涨跌 0.41
涨幅 10.05%
振幅 10.05%
换手率 6.41%
市盈率 77.38
总股本 1.30亿
流通股 4986万
09:30
10:30
13:00
14:00
分时
http://www.nbgs.com.cn
值

图 35

但是，当它第二天继续放量攻击涨停时，就已经证明它有非常强大的资金在运作，或者有人先知道市场的某些别人不知道的题材。结果第三个涨停很快就看到了，连续向上突破飙升，六根大阳线之后就出现了高位宽幅震荡，成交量跟不上，不能推动股票继续上涨，就会出现做多能量转换成做空能量的变化。我们一定要第一时间采取行动，就是卖出股票。股票的启动初期是介入的最好时机；当股票保持稳健而强势的上涨状态的时候，就是实现利润的最好阶段。不管什么题材、什么消息，只要股票价格涨幅过大，就是下跌的原因，获利盘的套现是股票价格不涨的原因。当下跌的趋势形成的时候，恐慌盘杀跌就是快速回落的原因。只要保持股票价格不跌，就会形成平衡的状态，抛压就会自然减少。股票连续大幅度下跌之后，中途如果没有反弹，通常连续 8 天阴跌的行情就会出现反弹的机会，连续六根大阳就可能会出现回档。这些经验经常让我们看到了机会和回避了风险。对于股性比较活跃的股票要经常复盘，发现赚钱的机会。对经常涨停的股票要重点关注。只有这样做你才可以跟上强庄，成功获利。

【实战技术精要】

（1）底部持续放量是股票上涨的重要特点。

（2）5 日移动平均线上穿 24 日“生命线”，短线关注。

（3）股价生命线上方出现第一涨停买进的赚钱几率大。

（4）股价在高位宽幅震荡是主力想出货的迹象，提高警觉。

（5）股价涨不动了说明行情要跌了，趁早离场了结。

【看图分析解密】(图 36、图 37)

巨轮股份（002031)是中小企业股票中比较活跃的股票之一，我们发现该股在 2005 年 1 月 31 日形成最低价格 7.76 元后，第二天出现上影平底阳的十字线对应，这是跌不下去的形态，空头的力量已经消耗完，多头准备卷土重来。我们可以发现一点，就是转折的时候经常会出现带上影线的小阳作为转折点的过度。2005 年 2 月 2 日该股出现平底大阳突破向上，此时行情已经展开。我们要重点关注在低部刚启动的股票，后面会有一定的机会。该股突破 5 日线压制之后就一路震荡盘升，顺利突破 24 日“生命线”，再突破 72 日“决策线”，行情就这样展开了。每一次四五天的平台突破都是一轮新的上涨行情，这种步步为营的方式是稳健投资者要特别研究的一种方式。短线买入的机会

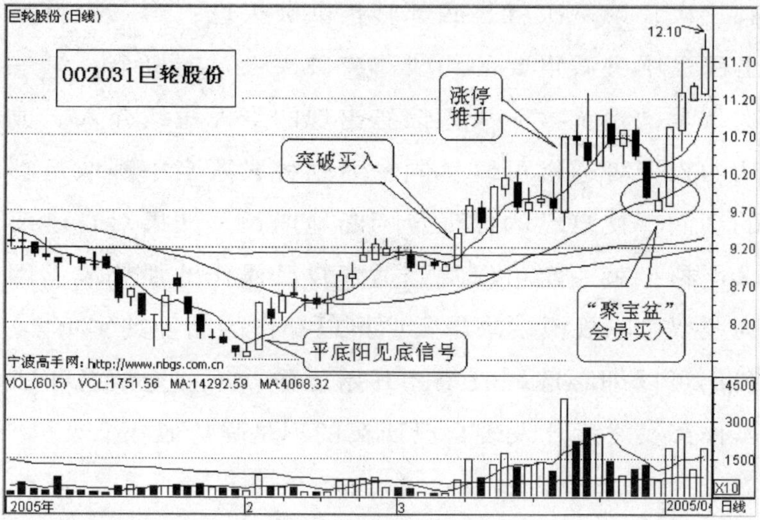
巨轮股份(日线)
002031巨轮股份
12.10
11.70
11.20
10.70
10.20
9.70
9.20
8.70
8.20
涨停推升
突破买入
平底阳见底信号
“聚宝盆”会员买入
宁波高手网：http://www.nbgs.com.cn
VOL(60,5) VOL:1751.56 MA:14292.59 MA:4068.32
4500
3000
1500
X10
2005年
2
3
2005/04
日线

图 36

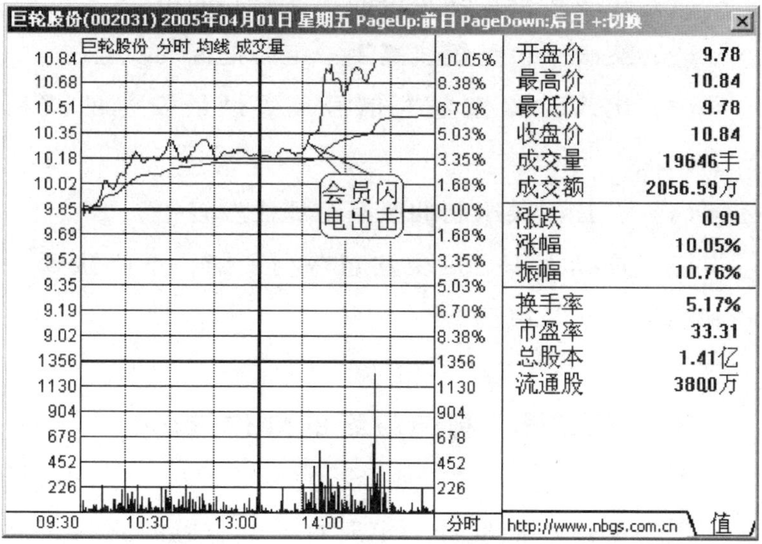
巨轮股份(002031) 2005年04月01日 星期五 PageUp:前日 PageDown:后日 +:切换
巨轮股份 分时 均线 成交量
会员闪电出击
开盘价 9.78
最高价 10.84
最低价 9.78
收盘价 10.84
成交量 19646手
成交额 2056.59万
涨跌 0.99
涨幅 10.05%
振幅 10.76%
换手率 5.17%
市盈率 33.31
总股本 1.41亿
流通股 3800万
09:30
10:30
13:00
14:00
分时
http://www.nbgs.com.cn
值

图 37

有三次，第一次就是底部转折突破买进；第二次就是上涨途中突破重要的均线“突破买入”的机会；第三次就是“聚宝盆”买入信号出现的当天短线介入。成功的投资者通常可以从同一只强势股票当中赚取足够的利润，使自己的保证金不断地增长。如果对自己要求严格，就一定可以找到适合自己操作的强势股。因为股票市场规模越来越大，可以操作的品种其实很多，我们可以细心选好股票才开始运作，不一定要急于去操作买卖之后才发现自己所买的不是强势股票。

【实战技术精要】

（1）短线转折点是买进股票最有利的机会。

（2）突破平台是短线高手一定要把握的机会。

（3）出现“聚宝盆”信号是买进最安全的获利机会。

（4）没有均线压制的股票上涨比较轻松。

（5）连续大阳之后要注意获利了结，不要让到手的利润又还给了市场。

第二节　制造最好的炒作借口

黑马的爆炸性飙升一定要有一个震撼的题材，这个题材是大家知道后会愿意在目前价格翻倍之后还愿意买入的理由。这就是炒作的借口。这个借口是庄家资金运作成败的关键，如果这个题材或者炒作原由得不到市场的认可，就一定会出现进去容易出来难的尴尬局面，高度控盘后没有跟风，到最后市场的筹码都在自己的手上自弹自唱。

前几年的资金运作都是应用了那种巴菲特的价值投资理念，长线持有，最后的结果是资金链断裂，股价崩盘，高台跳水。已经有很多这样的例子了，我们当然相信中国有那么一天，一定会出现100元以上的股票，但是前题是出现超级长线大牛市。如果大盘出现几年以上的牛市行情，相信经济会更加发达，所有外国经济的发展总是伴随着大牛市的出现。

对于短期股价的波动来说，特别是超短线波动激烈的股票研究的结果是题材。庄家或者短线机构制造最好的暴炒借口，结果被大众所认同了，就会出现海啸般的威力。这是市场外在的动力。如果按照内在的动力，是多数时间股价按市场认同的价值而波动。

每天股评家们在电视上对涨停黑马的点评，通常都是事后“诸葛亮”，总会为短线大幅度上涨的股票找题材和上涨的理由。而这些理由又是主力机构有意泄露或者早就策划好放风出来的消息，通过重要的媒体扩散出去的，当群众被调动起来的时候就是一股强劲的力量。当然，一般的投资者是不会很团结的，当股票价格上去的时候，套现的需求是庄家也很难控制的。只要有利润在手，股民就随时可能跑，只有把股民深套了，才可以让他们不能操作，免费为主力锁定浮动筹码。当股票出现反弹而又弹不上来的时候就到了该卖的时机了，很多人为了“没有解套就不割肉”这句话而付出惨痛的代价。

带领高级会员干掉一个个涨停黑马的精彩操作过程相信大家都可以经过查询交易记录或者看次日刊登的活跃股信息就知道宁波地区券商上榜的情况。实战分时图是最重要的盘中判断依据和实战技法。

一般来说，要狙击当天涨停牛股龙虎榜才会使自己的股票成为热点当中的最热的焦点 。使股票封住涨停的意义在于激发市场的人气，让自己的股票成为当天晚上全国的所有证券媒体点评的重点，从而深度发掘最特别的题材或者预期远景，给投资者创造出最好的借口。

股票市场的容量越来越大，每天都有涨停的黑马，关键就是你有没有掌握把握这些股票的技能。股票的上涨是由于短期供求关系严重失衡，当买方不断增加，很多人要买的时候，股价也就一下子上去了。如果上档的抛压不大，就会出现连续小单买进，就已经越过了所谓的压力位了。涨跌是会转换的，而其中奥妙就在于买卖单的变化。对于短线绝对要涨的股票来说一定是机构已经掌握了一定的信息，这些信息就是炒作的重要题材，是主力机构出货的关键之一。如果没有像 IP6 之类的题材，当初启动的浪潮软件 600756 和道博股份 600136 就不会顺利暴炒和成功出逃了。任何股票都有可能成为被别人挖掘和炒作的题材。如果这些题材被市场所认同，则运作成功的机会特别大。

【看图分析解密】(图 38、图 39)

陕国投 A（000563)是一只经常被炒作的金融股，激烈的股票价格波动使短线操作具有非常大的获利空间，熟悉短线投机的投资者可以从短线巨大的波动中把握到几次机会。盘中启动的速度非常快速，当你发现第一时间放量上涨的那一瞬间就可以短线介入。2005 年 4 月 1 日的突破就是最典型的涨停，通过三波放量就出现了这样的快速攻击涨停，并且在涨停之后大单锁住，不再打开。换手率 2.3%就足够推动股票价格的上涨。经过第一个涨停之后股性开始活跃，次日拉高长上影出货。第三天又打压下来长长的下影线重新收出阳线，次日再次拉出阳线，又在高位套现。这种宽幅的波动使股票的差价利润比较丰厚，同时达到激活股性、震荡洗盘、赚取差价的目的。2005 年 4 月 26 日出现了底部缩量涨停的突破，连续涨停的方法突破了长达一个月的宽幅震荡走势，突破了 4.10 元的平

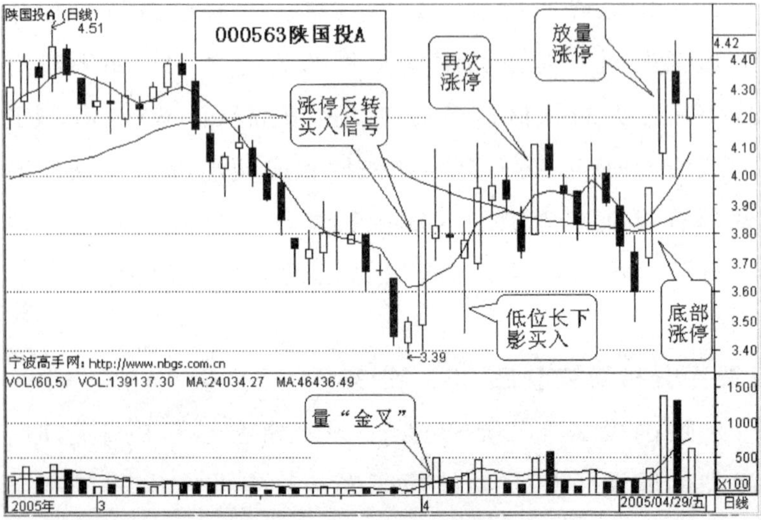
陕国投A (日线)
4.51
000563陕国投A
涨停反转买入信号
再次涨停
放量涨停
低位长下影买入
底部涨停
3.39
宁波高手网：http://www.nbgs.com.cn
VOL(60,5) VOL:139137.30 MA:24034.27 MA:46436.49
量"金叉"
2005年
3
4
2005/04/29/五
日线
X100
4.42
4.40
4.30
4.20
4.10
4.00
3.90
3.80
3.70
3.60
3.50
3.40
1500
1000
500

图 38

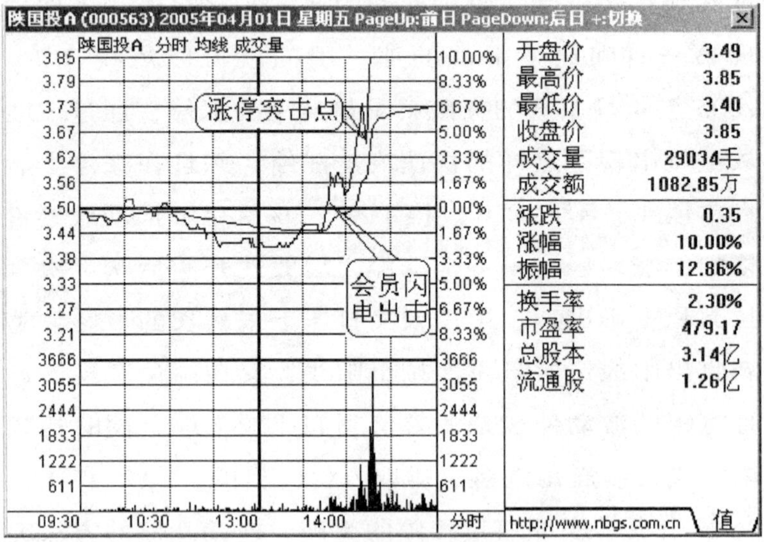
陕国投A (000563) 2005年04月01日 星期五 PageUp:前日 PageDown:后日 +:切换
陕国投A 分时 均线 成交量
涨停突击点
会员闪电出击
3.85 3.79 3.73 3.67 3.62 3.56 3.50 3.44 3.38 3.33 3.27 3.21
10.00% 8.33% 6.67% 5.00% 3.33% 1.67% 0.00% 1.67% 3.33% 5.00% 6.67% 8.33%
3666 3055 2444 1833 1222 611
09:30 10:30 13:00 14:00 分时
开盘价 3.49
最高价 3.85
最低价 3.40
收盘价 3.85
成交量 29034手
成交额 1082.85万
涨跌 0.35
涨幅 10.00%
振幅 12.86%
换手率 2.30%
市盈率 479.17
总股本 3.14亿
流通股 1.26亿
http://www.nbgs.com.cn
值

图 39

台。该股在2005年6月9日达到了5.05元的高点，从底部计算有42%的上涨幅度，对于短线来说是相当成功的获利了。其实，股票的运作主要考虑的是如何套现的问题，如果股票越活跃，就越有人气，同时也是主力拉高之后，为后面的出货做准备。所以不要以为股票会一直上涨，也不要恐慌股票会一直下跌，这都是资金和能量的一种转换而已。当接盘踊跃的时候，任何主力都会做一件事情，就是卖出套现，实现利润。

【实战技术精要】

（1）股票活跃就是波动比较大，注意短线买入点。

（2）底部涨停是很好的机会，通常次日都有获利的空间。

（3）不要害怕波动，有波动才有差价，把握节奏。

（4）分时图是超短线必需看懂的工具，是短线决策的依据。

（5）底部提前活跃的股票通常在大盘涨势最猛的时候就要卖出。

【看图分析解密】(图40)

中信证券（600030)是非常具有代表性的金融股，该股在市场的地位举足轻重，通常都是机构用来调控大盘的工具。这个股票的短线机会也是非常巨大的。

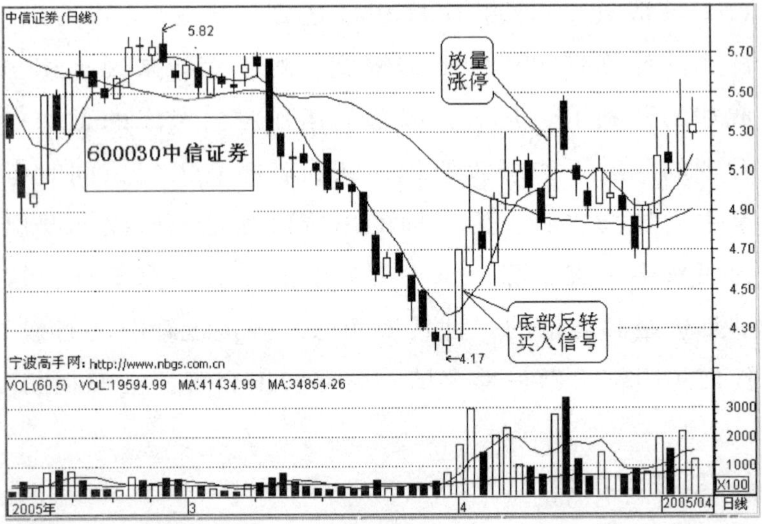

图 40

该股在 4.17 元之后，2005 年 4 月 1 日出现涨停突破，行情一路向上，经过反复的震荡，达到了 6 月 10 日的 6.56 元，大涨 45%以上。对于大盘股来说一般有 30%的上涨幅度已经非常不错了，该股强势的特点非常明显。大资金通常都是利用大盘股票进行运作，这样实现利润的机会就更加大，套现也比较方便一点。如果小盘股运作不好，就很难成功高位套现了。如果资金比较少，还是可以关注一些必赚的形态和机会，每一次行情都有一些具有代表性的龙头引导行情的发展，这个龙头的地位和特点就是领先于大盘启动，大盘下跌了龙头股还比较抗跌，最安全的就是选择每一次行情的龙头进行操作。但是，如何判断谁是龙头，这是要经过长期观察市场的专业投资者才会有这种敏感的市场嗅觉的。一旦抓住了龙头，就不要轻易松手，直到阶段行情已经明显结束，见顶信号出现了才卖出。这是实现波段利润的最好方法。

【实战技术精要】

（1）连续的下跌是培育反弹阶段行情的准备，注意反转信号。

（2）出现底部第一个涨停反转信号，第一时间介入。

（3）能够连续放量不断走强的就是龙头股。

（4）在股票还非常活跃的时候可以继续持有。

（5）当股票出现高位加速过后的“避雷针”信号时，坚决卖货。

【看图分析解密】(图41)

宏源证券(000562)是金融股当中最活跃的一个股票之一，我们以前出版的《宁波高手》都介绍过这个股票的操作，该股一直有实力庄家关照，经常出现阶段性行情，可操作性可以说是非常大的。底部一堆量是该股习惯的启动方法，从底部2005年4月1日3.05元附近启动，一直到2005年6月10日见顶，最大涨幅达到69%，可以说是非常可观的收益。很多投资者

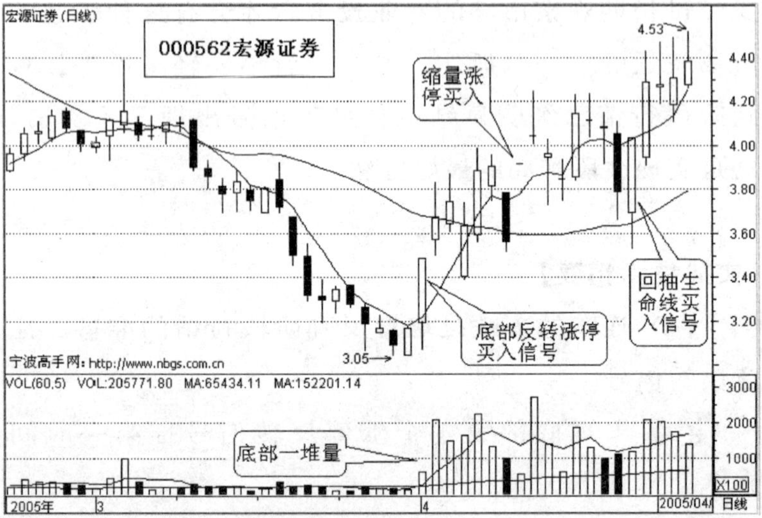

图 41

一年都没有收益还亏损累累，这个股票一次机会就给市场的投资者可以赚到60%的利润。我们认为市场的机会是永远存在的，只是要你具有发现机会的眼光和智慧。单单靠每天看看报纸是不够的，我们需要有默默专注的精神，才可以第一时间发现机会，用最短的时间实现巨大的利润。所有成功都是时间和经验积累的结果，没有人可以轻易地在股票市场上获取利润。成功者都是经历了无数失败的总结和永不放弃的精神才有今天的眼光和经验。宏源证券这个股票是非常好的股票，如果你是稳健的投资者，可以不必看别的行情和什么股评，直接在这个股票启动的时候，在一堆量信号出现、底部涨停之后再慢慢介入，即可以实现

30%以上的收益，一年一次操作就够了。很多人忙忙碌碌一辈子都没有赚到钱，是因为他们使用的方法不正确，或者根本没有在自己喜欢的或者说是感兴趣的方面实现收入。如果想长期在股票市场上获取利润，必须学会休息和掌握节奏。哪怕你一年只操作一次，只要你是赢利的，你就是赢家。

【实战技术精要】

（1）经常关注有阶段性行情的股票，比较容易发现赚钱的机会。

（2）要把每次大盘有行情都有表现的股票列入自选股。

（3）底部涨停转折是强势行情的开始，短线介入。

（4）成交量不减少，趋势没有改变，就可以继续持有。

（5）短线出货的机会就是在人气最疯狂、最鼎盛的时刻。

第三节　利用传媒推动高潮

经过长时间研究知道，当股票最后到达颠峰状态，人们对热点都很清楚的时候，就是阶段性行情结束的时候。几乎每一个成功的机构都暗中控制着一些媒体和网络。经过长时间的运作，这些机构已经资金雄厚，而且再也没有用真实的面目出现，都是用最平常的报纸、网络、电视节目和电台等资源，在别人都不敢相信的地方却有很大的影响力。甚至是每天都推动股票价格的上涨，只是有些人没有在意这些成交量不是特别大的股票，在经过形态形成短期上涨“金叉”的时候，突然放量大涨。然后，恢复平静，下跌的继续下跌，但是，昨日气势逼人的买盘突然间就人间蒸发似的。你也许想不明白为什么。这就是媒体对股票价格影响的作用。

任何事物都会有高潮和低谷的循环，我们坚信对这种循环节奏快慢的把握是人们抓住机会的关键所在。

对于股票价格波动的韵律，笔者经常和一些高手、前辈讨论，得到很多启发，有些机会非常容易把握，如果你专心致志去研究，一定可以看到一些普通人没有看到的东西，这些就是盘口语言和K线语言，还有成交量密码。

在混乱的市场时期，特别是不成熟的股票初期，都会出现这样那样的问题。当我们熟悉之后，很多的冲动也就消失了。新股民很会眼红别人赚钱，但是背后的刻苦和汗水是看不见的。由于科学技术的进步，使我们使用的工具得到了飞跃的发展，我们可以按照自己的需求快速选股，这在以前是比较困难的。在行情已经启动的时候，传媒的力量是强大的，影响力也是不可忽视的。特别是连续涨停之后，股票继续受到大众的追捧，成为短线翻倍的黑马，通常所用的时间也就 9 到 30 个交易日，巨大的榜样作用给后来的机构很大的震撼。一些大盘指标也受到一些超级机构的狙击而出现新的高潮。

我们特别要观察的是市场是否活跃，如果不是很活跃，就意味着行情已经出现很严重的分歧，个股的波动幅度可能要减少，操作股票的时候就要相应把利润降低一点，原来要赚 20%以上才卖出的，现在就赚 3%以上就可以随时卖出。当然，非常活跃的气氛一旦形成，热点将持续发生巨大的波动，这个时候如抓住了龙头就一定要有超过常人的忍耐性，忍住不抛，一直达到利润的颠峰状态。这种机会一定会出现在大部分媒体大力鼓吹之下的。在投资者都认同和大多数机构都已经默认某股票是龙头的时候，就会出现空涨的现象，缩量涨停。这个时候是获利最快的时候。

我们经常发现一些股票突然出现巨大恶毒买单，等一段时间过后，这些黑马通常都是快速上涨的。但是，过后如果没有后续资金的推动就不可能涨停，投资者要注意判断一些股票是不能去做短线操作的，如果你刚好碰到电视节目或者证券报纸有所谓的实力机构推荐的时候，最好的方法就是第一时间在冲高没有动力、就要转折向下的那一瞬间，把你手上的股票卖掉，否则，一个星期后你的股票都不会有什么表现，而且很快就会大幅度下跌。

在强大的媒体面前，股民的个人力量是非常有限的。只有扎堆第一高手，才可以改变这种被动的局面。当你没有竞争对手的实力的时候，你只有借力使力才能不费力。与其与强大的庄家为敌，不如坐在庄家的“成功马”上快速成功。我们提前研究一些具有强大庄家的股票，做好细致的分析，等到时机成熟的时候以恰当的价格介入，等待强庄拉升，这种坐直升机的涨停快感只有少数精英操盘手才能体验到。发现庄家，不是一般的庄，我们需要的是新庄、强庄。因为，老的庄家被套严重，没有资金实力推动新的行情，只有新的强庄具有强大的力量，推动股票价格的飞速上涨。

然而，这一切都需要这些强庄具有非常娴熟的操盘技巧和对市场节奏的把握。当媒体开始为龙头推波助澜的时候，就是你疯狂赚钱的时候，前提就是你知道哪一只股票短线一定被新的强庄狙击。这样快速介入正在加速上涨的股票，甚至是刚刚涨停的股票，你才可以分享到庄家利用媒体推动高潮的激情和快感。

【看图分析解密】(图 42)

山西汾酒（600809)一直有资金在运作，我们可以发现形态比较规则，下影线和上影线比较多。通常在波动的幅度中如果没有超过3%左右的上下震荡幅度都是正常的。当行情开始走强的时候就是加速的时候，我们可以在突破生命线的第一个涨停板时买进，如K线图2004年2月2日山西汾酒放量攻击涨停，在上午11:00就完成了涨停的任务，我们可以当日在上涨5%附近不回调的情况下快速跟进，实现涨停。第二天2004年2月3日再次攻击涨停，封不死的情况下第一时间卖出获利。这就是涨停卖货的最好方法。通常股票的第二个涨停封不住都会有短线的回档，回避风险就是要第一时间高位套现。很多投资者有一种误解，就是刚才涨停价格我都没有卖，为什么在跌下来一毛钱了还要卖出呢，其实，很多人要求太高而不够圆滑，股票操作卖出的只是一个区域，买进的也是一个区域，而不是一个绝对的价格。因为要回调所以才卖出，而不是因为价格怎么样。我们操作的依据一定是股票波动的方向，也就是趋势。当短线趋势要向下了就是要卖出；当短线趋势要向上了，就是要买进。很多投资者都不是以这个趋势来做操作的方向，都错误地以价格来做买卖的依据。股票价格在连续上涨之后出现卖出信号的长上影线，就是短线卖出的机会。

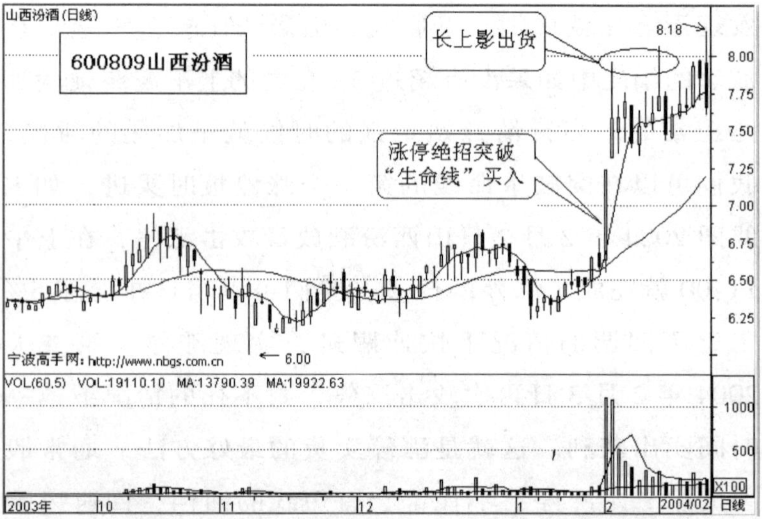

图 42

【实战技术精要】

（1）在5日均线向上的时候买进股票比较安全。

（2）在第一个涨停加速的时候买进，短线获利比较快。

（3）价格在震荡上涨的过程当中可以持有股票。

（4）当成交量在高位放量过大时要注意回避风险。

（5）当价格继续上涨，成交量不断萎缩，同时上涨速度减慢时，短线卖货。

【看图分析解密】(图 43)

东方集团(600811)是节奏非常明快的大双底形态，

以涨停突破颈线为最佳短线买入信号。我们认为操作的目标要走势清晰，以没有太多的异常波动比较适合，越是明朗的形态就越有机会赚钱。短线追进的目标在获利5%到15%之间为成功。如果达到目标了就可以卖出了。在大盘股当中，很少有连续三个涨停以上的股票，通常都是中等盘子的股票比较容易成为连续攻击涨停的对象。成交量是判断短线机会的最重要指标，当成交量比前面一周平均成交量放大三倍或者六倍的时候，很可能有资金正在推动，短线具有机会。短线的操作原则是精确选股，启动点出击，快进快出，获取差价利润，积小胜为大胜。如果你认为自己的性格适合做短线，那么成为职业投资者是非常好的选择。上班一族很少时间看盘中的变化，因此，最好的操作是波段操作。盘后分析是做波段的重要方法，而追击短线涨停是短线职业炒手的重要获利途径。我们认为，第一个涨停比较安全，而且具有很大的获取利润的机会。因此，研究这种短线启动的成交量和分时图形是非常必要的。像东方集团(600811)这种大盘股，连续放量过后一开始横盘就很容易出现获利盘出货，因此，要特别注意在股票价格出现横盘调整的时候快速卖出。特别是对于大盘股，不要参与盘整。

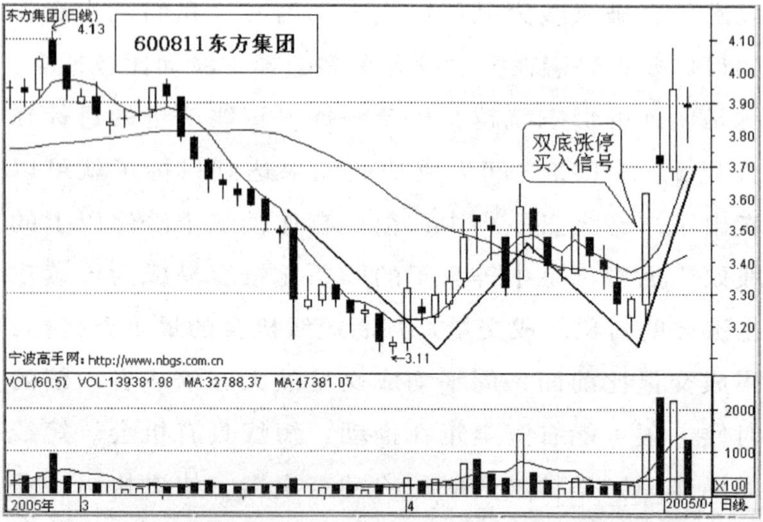

图 43

【实战技术精要】

(1) 短线形成双底形态，要重点关注。

(2) 当出现突破颈线的涨停的时候，是短线的最好机会。

(3) 凌厉的上涨不用害怕，只要还有成交量的配合就可以持股。

(4) 当高位出现巨大的成交量后不再超过这个天量时，则提高警觉。

(5) 连续上涨之后出现阴十字星，要注意回调风险，减仓卖货。

【看图分析解密】(图 44)

中国重汽(000951)在出现大阳突破 5 日移动平均线后确定了上涨的行情，在回抽 5 日线受到支撑的时候可以短线介入，缩量第一个涨停来突破 24 日“生命线”的信号是最好的短线买进信号，成功率非常之高。当行情比较好的时候，可以持续地追击这样的第一个涨停，次日冲高就卖出。这个方法可以很快地获取短线的利润。如果持续地操作，相信所有的投资者都可以成为一个短线的赢家，关键就是对风险的控制。如果能够严格地控制自己的风险，短线操作其实比长线持有还要好。因为熊市当中最好的股票也是阶段性行情，因此，只有短线才可以回避风险。甚至经常空仓，不要以为空仓是浪费时间，其实只有错误地操作才会出现损失，这才是真正的浪费时间。当出现长上影线的时候，就是短线卖出的最佳时机。当股票价格出现横盘之后回调到 24 日“生命线”不破并出现单针探底的信号时，就可以短线再次介入，获取差价利润。高位连续上涨、出现第一个放量阴线的时候就是卖出信号。如果投资者都能够在高位第一个大阴线收盘前卖出，一定可以回避很多风险。虽然当天已经下跌很多，但是后面还有更大的下跌空间，这是刚刚开始下跌，这个时候第一时间卖出是最好的选择。只要遵循这个

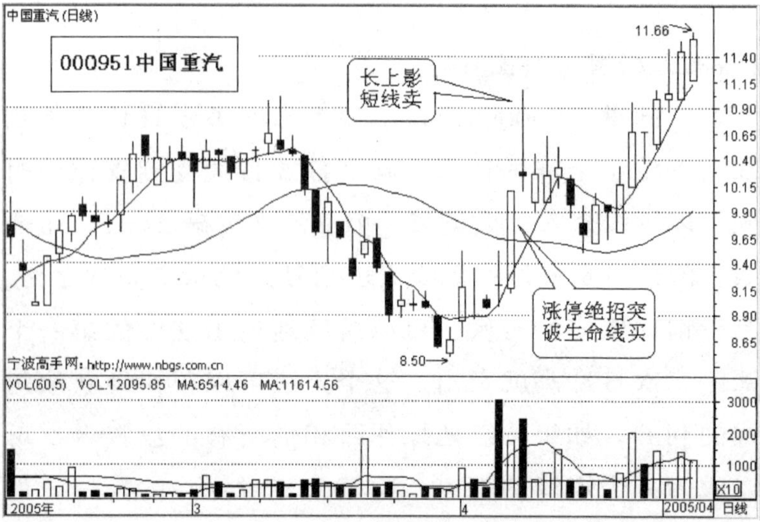

图 44

高位大阴卖货的原则，就不会被长期套牢。

【实战技术精要】

（1）在经过底部探底成功之后，出现第一个跳空突破5日均线的缺口，可以认为转折已经开始。

（2）突破大幅度震荡的区域是买进的信号。

（3）行情进入另一个上涨阶段时要大胆决策，买进。

（4）长上影，短线整数关口要注意能否成功突破，如果不能突破则先卖出。

（5）回抽生命线是最好的买入点位，但是跌破生命线是最重要的卖出信号。

第四章 把握领涨先机

把握时机是成功者之所以成功的重要技能，做股票重要的就是天时、地利、人和，当三者都具备的时候，就要看你是否有魄力和胆量去执行了。当很好的机会到达你的面前的时候，就要看你是否有强烈而坚定的信念。如果你炼就出这样的本领，相信你很快就可以成为少数赚钱的人士。把握领涨先机非常非常的重要，有经验的投资者都是知道的。每一个阶段性的行情必然是由一个股票或者一个板块带动起来的。而龙头的地位在市场中不断地被认同才会有惊人的表现。因此，在刚刚启动的时候，快速果断地建仓领涨品种，这是职业股票投资者的能力体现。顶尖的高手不是说每一次领涨的股票都抓住了，但是，大的机会出现时一定能够判断出谁是龙头。最短的时间内分析出谁是龙头是抢占先机的主要手段。所谓机不可失，当你真正看懂的时候，你一定要赚到大钱。但凡成功的投资大师，都是抓住了少数几次大机遇而成功获利的。不在于操作的次数多少，而在于对机会大小和把握的成功率。在目前这个时代，很多领域都有巨大的空白，只要你先发现，抢先行动，只要领先半分钟介入黑马，庄家发动涨停之前介入，就会成为最早涨停的一个领涨品种。只要你是最好的，就一定有人追随着你。只要你是第一名，财富就自动向你靠拢，你就是市场短线游资的领航者，你就是风向标。

第一节 彻底分析潜在机会

彻底分析潜在的机会，对于股票市场的操作来说是非常重要的，因为很多机会都被很多投资者所忽略，而庄家却挖空心思去寻找这些潜在的机会，准备炮制一个绝妙的题材。

低价股的超跌反弹行情成为熊市当中比较显眼的市场机会。每个阶段性见底之后的第一波反弹行情都是以低价超跌股为主要战场的。波动激烈，短线机会凸显。

在行情低迷的时候，就算非常好的股票、成长性很好的股票同样要被投资者抛弃。就在行情达到极度绝望的时候，行情又开始启动了。为了更加好地实现利润目标，一定要比别人更加努力研究个股基本面和技术面，把支持我们买进和卖出的理由列出来，这样就可以清楚地衡量到底自己该如何去做了。当特别巨大的赚钱机会到来的时候，职业投资者和业余投资者的区别就体现出来了。业余投资者不会马上关注到情况已经发生了很大的变化，而职业投资者却集中精力于如何挖掘这次难得一遇的机会，迅速行动，立刻展开深入细致的研究，把利润最大化建立在深入研究的基础上。

一般来说，新庄股比老庄股“猛”。另外，短线炒作就是要跟庄，而且一定要跟新庄。从盘面特征上我们基本上是可以辨认出新庄和老庄的，老庄股都有长期炒作、大幅拉升的走势，且庄家高度控盘。这类个股是不具备短线炒作价值的，因为高度控盘的个股意味着机构接下来的动作是想办法怎么样出货，而不是吸筹拉升，这类股票往往会时不时做一些多头陷阱来慢慢套住跟风盘，作为热爱短线的投资者来说介入这些个股真的是不划算。所以，我主要找一些新庄介入的个股来进行短线炒作，长期观察一些近一两年来股价没有大幅拉抬过、前期成交量低迷的个股，只要发现股价出现，异动成交量急剧放大时就可以考虑短线介入了。俗话说“横有多长，竖起来就有多高”，特别是一些新庄刚刚建仓完毕，准备拉升前的最后一次“挖坑”洗盘震仓，都是很宝贵的机会！我们的经验表明，最后一次下跌之后，通常都是以不断放量快速拉离庄家成本区的。这个真空拉升时机就像让你的保证金坐火箭一样，快速往上冒。

胆子要大，分析要细腻。如果只有胆大是没有用的，只有拥有高超的策略才可以成为市场为数不多的赢家。光有大胆的人会去捕抓风险很大的机遇，也会被市场所消灭掉。因为市场只关照那些具有智慧的聪明人。运气好的那个家伙总是那么幸运地抓住涨停，这个不是什么神迹，只是一种表象，内在具有的素质已经决定了这个人是否能够取得成功。作好最差的打算，同时要有迎接胜利的准备。每天都是新的一天，每天都可以把握市场带给我们的机会。只要你够认真，彻底地分析市场潜在的机会，以及主流资金需要什么，想做什么，领先一步，在黑马启动的那一瞬间就抓住它，不要放过它，像蚊子一样叮住主力不放松，你就是好样的，你就是英雄！每一个人都可以成为战胜自己的赢家。

如果不用功做好功课，机会就算在你的眼皮底下溜过，你也不会有感觉的，因为你没有彻底分析过，没有认真地去复盘。没有人比我们花更多的时间来研究股票；没有人明白在我们提前抓到涨停黑马背后所付出的辛劳，他们只看到风光的一面。其实，没有任何的成功是来得轻易的，每一份私下的努力都会有倍增的回收。

【看图分析解密】(图 45)

通葡萄酒(600365)在经过长时间的下跌之后出现很多十字星的信号，出现单针探底之后缩量破下影线，同时出现最底部十字线反转信号，出现一个小阳突破5日均线压制的就是股票开始启动的机会。突破生命线在2005年4月8日出现涨停，上午就成功涨停的信号是非常好的买入机会。换手率只有3.05%，非常适合第一个涨停追涨的缩量原则。次日跳空高开之后连续几天横盘整理，在2005年4月15日出现低开高走上涨途中的打桩信号，确定生命线的有效支撑，这是最好的加仓买进机会。如果你看对行情的时候不敢全力出击，你就永远不能够成为大师。出现这个上涨途中的打桩信号之后连续拉出11根阳线，买进之后就不断上涨的赚钱快感只有目标明确、对股票分析深入的职业投资者才可以完全把握这样的机会。每个人看盘都不需要关注太多的股票，追求的是每次的成功率。很多人只是一味追求短线，等成功率很差的时候没有适当地空仓，就出现短线变中线、中线变长线的深度套牢。因此，做股票要切记，只做有把握的操作，只做成功率。

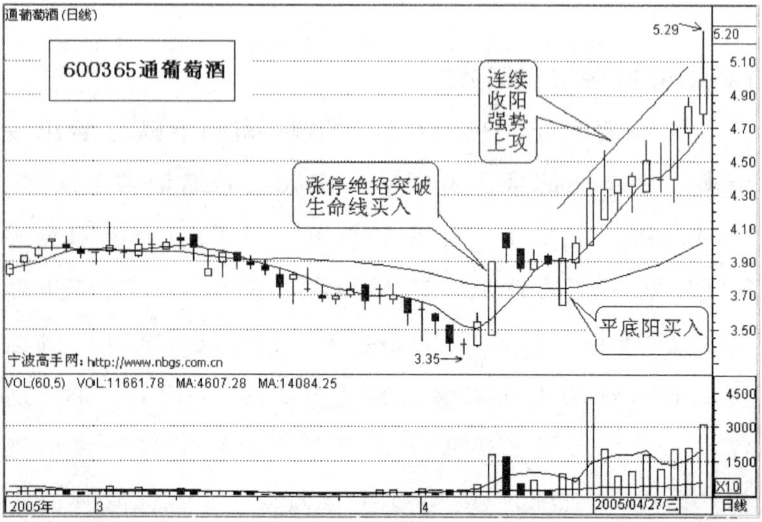

图 45

【实战技术精要】

（1）盘后不断复盘是发现变盘信号的主要方法。

（2）突破 5 日均线后很快就出现涨停突破生命线的股票要重点关注。

（3）“打桩信号”在上涨途中碰到生命线支撑是重要的买进信号。

（4）连续上涨的过程当中只有收盘不破 5 日线的强势股票是最好的持股待涨的牛股。

（5）股票上涨很大后出现长上影线是短线卖出信号。

【看图分析解密】(图 46)

欣网视讯（600403)是非常强的一只庄股。该股在上涨之前走势非常隐蔽，当连续横盘很长一段时间之后，放量突破向上形成上升通道，出现“神枪手”出击信号后很快就创出了历史新高，随后不断上涨，梅花间竹的走势不但没有急燥，还很有耐心地向上推动股票的价格，这显示出主力的远大目标，当出现“神枪手”买入信号之后，出现两次长下影线探底针信号支撑，我们就是要在出现明确的信号之后再采取操作，这样风险比较少一点。很多人在信号没有明确方向时就开始急着买卖，通常都是以亏损告终。我们认为，行情要在明确信号的提示下才可以操作，只有这样，才可以避免盲目的乱操作。任何股票的投资操作不要去问任何人，只有你自己才是自己本金的主人。创新高的股票是短线高手必须密切关注的股票。当出现明确信号的时候，专业投资者就会第一时间操作，而普通投资者却在等待观望中错过最好的机会。 市场的机会每天都有，关键在于投资者自己如何去把握。只要做好自己清楚的行情或者说自己有把握的时候做到最好，就可以赚足一辈子的财富。

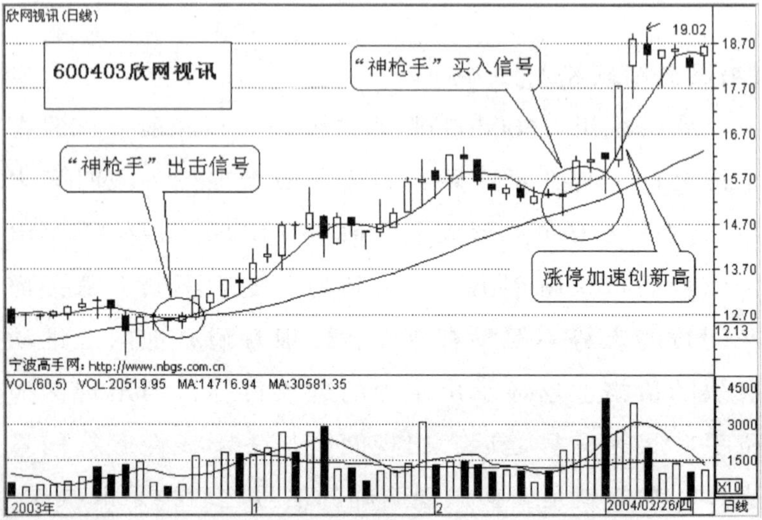

图 46

【实战技术精要】

(1) 底部出现 5 日均线突破 24 日生命线是买入信号。

(2) 当出现明确的"神枪手"出击信号的时候就要买货。

(3) 当出现明确的"神枪手"买入信号的时候大胆介入。

(4) 趋势没有改变之前不要随便猜测方向。

(5) 在股票出现顶部成交量背离时、跌破生命线空仓。

【看图分析解密】(图 47)

鑫富股份(002019)是中小企业股票当中比较活跃的一只牛股。该股在横盘整理一段时间后出现了突破向上的明显信号，这个时候是最好的买入时机，短线可以大胆介入。股票价格从 2004 年 9 月 15 日开始启动，在短短 13 个交易日当中就大涨 50%以上，17.70 元到达 28.91 元大幅飙升 11 元，可谓牛气冲天。这样的短线暴涨机会是短线职业投资者要短线研究和重点出击的品种。在技术指标和成交量都支持股票价格向上的时候，是股票爆发的最佳时间。赚取差价，积小胜为大胜，在最短的时间内实现利润最大化，这是短线投机的最大原则。股票出现连续攻击涨停的超强势飙升行情，不要害怕赚钱，坚定持有，只要不破 5 日均线就可以了。当股票的趋势出现变化，发生逆转的时候，股票一旦跌破 5 日移动平均线收盘，就意味着短线空头已经有占据优势的苗头，获利卖出是最恰当的选择。

【实战技术精要】

（1）股票价格在低位横盘整理可能是主力在暗中收集筹码，可以密切关注。

（2）当出现明显的突破信号和“聚宝盆”会员买

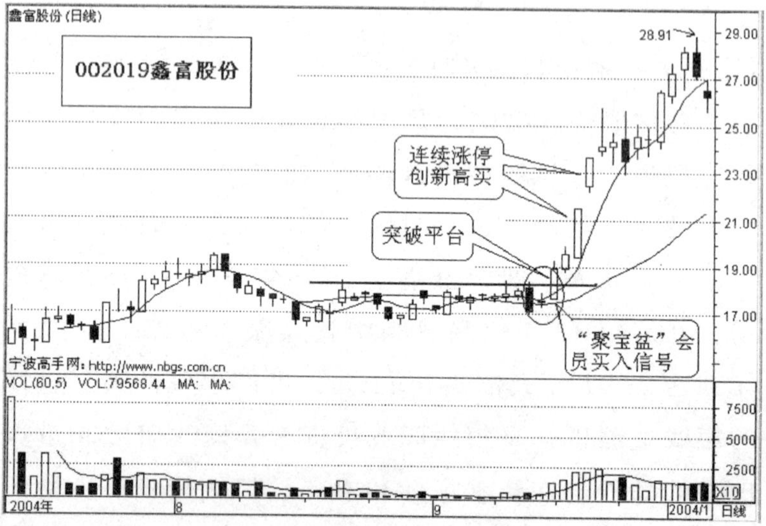

图 47

入信号时，就是第一时间介入的时候。

(3) 上涨初期都是最快速上涨，连续涨停拉离成本区。

(4) 到达一定的高点，成交量跟不上，要注意风险。

(5) 当股票出现高位实体阴线和跳空跌破 5 日线时，清仓离场。

第二节 快人一步发动龙头

连续暴跌之后，低迷了四年的股票市场到今天还生存着的庄家一定是绝顶聪明、背景雄厚、操作娴熟的高手。对于这些高手，我们要做好足够充分的准备，否则，一定会被庄家消灭的。长期作战在股票第一线，让我们有敏锐的嗅觉，龙头股票一旦启动，第一时间，快速介入。主力发动行情的时机都是对其龙头品种进行快速拉升的，所以这些股票的上涨速度惊人地快。没有训练过的投资者是不可能买到的。但是，越是难买到的股票就越要追上。要成为专业投资者就一定要加强训练，对自我能力进行锻炼。有一位著名的富翁曾经说过："不练习就不会变得专业，专业就是一次次地加强。重复是专业的好老师。"

如果你真的立志要成为职业投资者或者职业操盘手，就一定要给自己很多练习的机会，在自己的速度和判断的准确性上下功夫。决策的速度往往是制胜的关键。

"快人一步，闪电出击"。这是短线高手必须具备的技能。在很多投资者当中，有一些年轻的投资者凭着自己的刻苦钻研，总结出非常实用的判断和操作体系，在一般人还没有判断出来的时候，他们已经行动了，抢先一步介入领先上涨的涨停黑马。等后知后觉的人排队在涨停后面去买的时候，成交的机会已经少了一点。还有一种龙头只提供一次"开闸放水"的打开涨停价格的一分钟时间，很多人还在犹豫中又出现大笔的买单，打在了第一档买一处，此后即死死封住，再也没有打开了。很多投资者对这样的方法都有恐高症，不敢下手。其实，在主力发动龙头品种的时候大胆介入，是快速赚钱的方法。把自己有限的精力集中在强势品种当中，是回避风险、快速获利的诀窍。

熊市转换为牛市的过程中，超跌领涨黑马是重点关注的对象，如果没有把握住这样的机会，则是很大的遗憾。正如上证指数跌破 1200 点之后，率先启动、拔地直彪的浙江医药和深物业 A 就是这一类黑马。在某种朦胧题材的刺激下，主力机构大幅度拉高股价，形成龙头的态势，这个时候快速介入跟进的技巧是需要过硬的技术和胆量的。

如果有一种方法可以让自己的资金在短时间内倍增数倍，你是否愿意学习？很多人的想法都是，这怎么可能呢！目前是熊市呀！但是，笔者可以肯定地告诉你，有这样的一种方法，而且这是事实。

【看图分析解密】(图 48)

赣粤高速(600269)是典型的长庄介入波段金股，在资金介入之后，股票的价格很少下跌，一直沿着向上的轨道不断上涨。参与这样的股票一定要对机构的实力和做盘的手法细致研究。很多股票的趋势曾经都是下跌的，但是，有一小部分股票总是涨多跌少，这些股票就是证券市场的“印钞机”。短线投资者可以选好

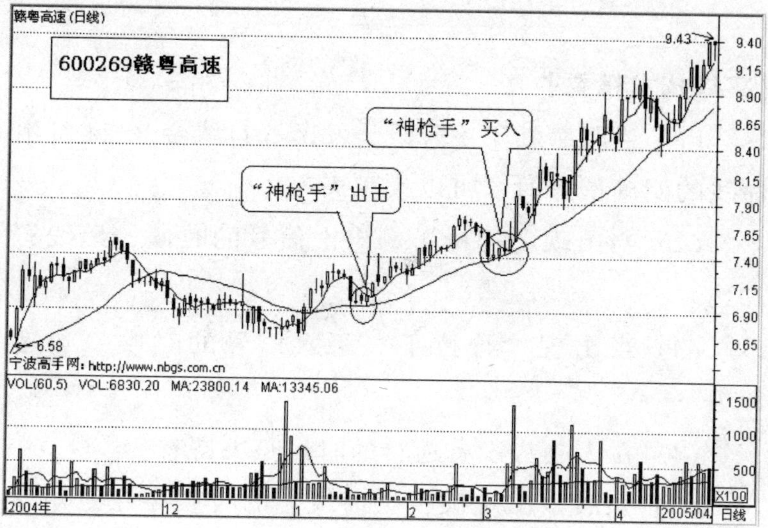

图 48

中线有机会向上的股票进行短线操作。这是实现利润最大化和回避风险的好方法。一般中线波段股票趋势比较清晰和明朗，形态简单。但是很多投资者总是喜欢形态复杂的股票，也许这就是亏损的最大原因。从日 K 线、周 K 线、月 K 线来判断一只股票所处的位置，压缩图形你就可以看到目前股票的趋势如何。如果是在上涨途中或者是上涨初段，行情就会经常有反复。如果是处于主升段，那就是最好的股票。中线波段金股就是要做主升段行情。头部阶段和底部阶段都不好操作，只有加速状态才是最好的机会。

【实战技术精要】

(1) 当股票处于主升段，发出5日线金叉24日生命线的明确信号时，可以大胆买入。

(2) 当出现“神枪手”出击信号的时候，短线有加速。

(3) 当出现“神枪手”买入信号的时候，快速飙升。

(4) 在大趋势没有逆转的时候坚决持有。

(5) 当股票出现破“生命线”的时候要注意短线风险。

【看图分析解密】(图49、图50)

小商品城(600415)是浙江著名企业之一，该股的表现也是值得研究的。小流通盘的股本结构是非常容易得到中等机构介入长线运作的。由于盘子，小收集筹码比较难，股票经过漫长的吸筹阶段，价格开始慢慢上涨，突破重要的均线系统和年线后股票价格一飞冲天，在年线上方经过三次反复震荡，洗盘结束后就是一轮急风暴雨的直线飙升行情，股票价格不断沿着5日移动平均线快速上涨。第一波到达了26.49元才开始调整，调整到18.84元年线附近又出现第二波上涨，到达32.20元，然后又调整到25.60元年线附近，第三

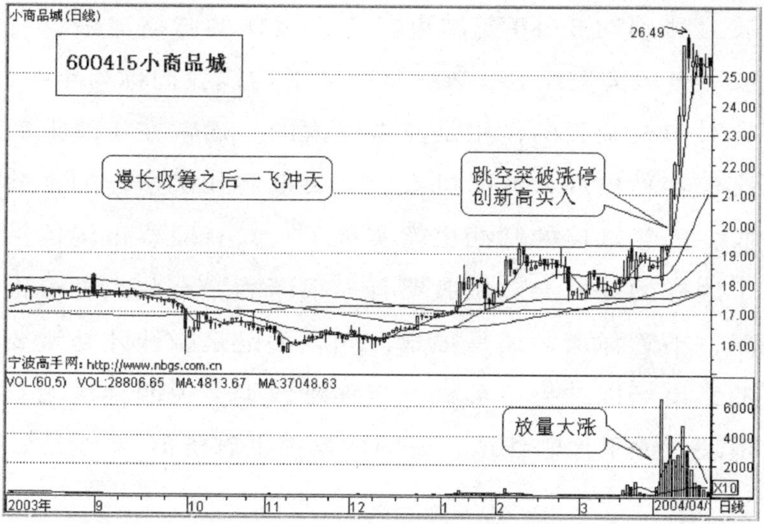
小商品城(日线)
600415小商品城
漫长吸筹之后一飞冲天
跳空突破涨停
创新高买入
26.49
宁波高手网：http://www.nbgs.com.cn
VOL(60,5) VOL:28806.65 MA:4813.67 MA:37048.63
放量大涨
2003年
2004/04/
日线

图 49

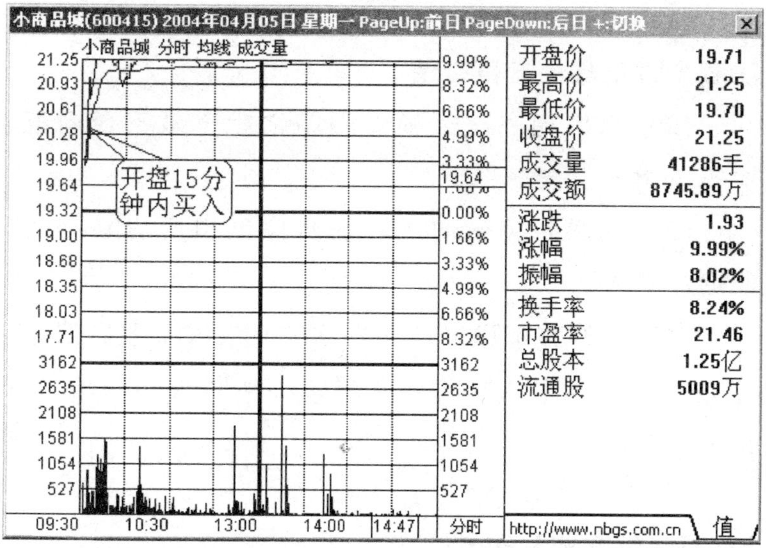
小商品城(600415) 2004年04月05日 星期一 PageUp:前日 PageDown:后日 +:切换
小商品城 分时 均线 成交量
开盘15分
钟内买入
开盘价 19.71
最高价 21.25
最低价 19.70
收盘价 21.25
成交量 41286手
成交额 8745.89万
涨跌 1.93
涨幅 9.99%
振幅 8.02%
换手率 8.24%
市盈率 21.46
总股本 1.25亿
流通股 5009万
http://www.nbgs.com.cn
值

图 50

波上涨到达 33.80 元结束。主力运作的脉络清晰，三波主升段完美结合，200 日移动平均线我们称为年线，它对中线金股的作用是非常巨大的。通常在年线上面比较容易出现大波段机会。只要把握几次这样的主升段，一年翻倍的利润也就实现了。只有股票市场提供了这样的好机会。做股票有人很潇洒，有些人做得很累，不管你潇洒还是很累，问题关键是赚钱才是重要的，市场以结果论英雄，当你赚钱了，说明你潇洒有道理，如果你赚钱了，说明你累得也有价值。

【实战技术精要】

（1）中线波段金股出现突破 200 日年线的时候要注意是否出现主升段行情。

（2）当出现三次大幅度震荡之后突破平台向上，要短线买入。

（3）当跳空突破向上攻击涨停创出历史新高时，要追加买入。

（4）不调整都可以持有，这就是波段金股做法。

（5）每次大波段的高点都要主动回避，调整力度很大。

【看图分析解密】(图 51)

新安股份(600596)是一只逆市向上的中线牛股之

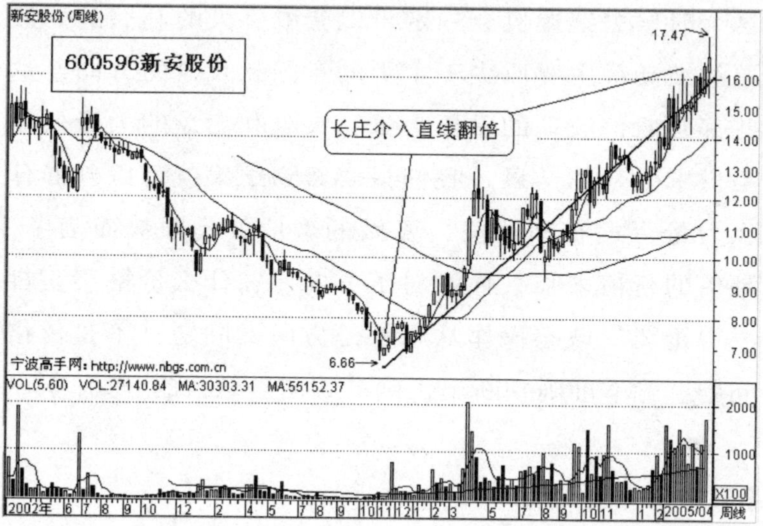

图 51

一，该股出现中线资金介入收集筹码之后不断地向上，股票价格不断飙升、直线翻倍。在没有确立上涨行情之前，该股表现都是一路缩量，没有人关注一样，其实，机构是暗中吸筹，不想让人发现其真实的目的。等到筹码已经收集完成，就开始不断放量推动股票价格向上突破。主力筹码越多，就表明行情目标越高。只有高的空间才可以顺利卖出股票。当主力筹码不多的时候，通常都是昙花一现，行情就结束了，因此，我们要学会的是判断主力筹码的多少，这只是一个大概，因为股票的走势能表现出庄家的筹码情况。连续长时间窄幅波动就是主力筹码已经高度集中的时候了，可以重点关注。一但向上突破就会有像样的行情出现，这个时候去把握机会一定可以获取巨大的利润的。股票的波动最主要取决于主力的意图和大盘的方向，这些都是股价波动的重要力量，买盘和卖盘的力量较量是供求关系的结果。我们只要看到结果就可以判断什么力量占据有利地位，要做的事情就是顺势而为了。翻倍的行情来临，你站对了方向比在什么价格买卖都来得重要。股票操作从来都是方向的问题，不是价格问题。能够准确判断出正确的方向是赚钱的开始。

【实战技术精要】

(1) 底部一旦确立，就应该站在买方。

(2) 判断行情的方向最主要的是成交量的变化和均线的综合研判。

(3) 基本面因素是中线股票庄家赖以操作成功、卖出的关键要素。

(4) 小盘股翻倍的理由通常都是大比例送股和业绩大幅度增长。

(5) 头部形态确立之后，要果断站在卖方。

第三节 迅速涨停 确立领涨

涨停的力量是最大的，当一个市场出现大规模的涨停股票的时候，行情就会发生转机。熊市和牛市的区别除了年线是牛熊分界线之外，最主要的特点是上涨的股票比较多，牛股比较明显，市场的气氛比较活跃。如果想成为第一高手，就一定要学习第一名的思想和行动。第一名的思想就是快人一步介入龙头品种，往往龙头又是第一个快速涨停的黑马。因此，一旦领涨的龙头出现的时候，要抓住它。领涨股如果出现钝化或者调整，对其他跟风盘甚至整个大盘都是非常重要的信号。

一般来说，短线游资的运作模式都是果断介入某些市场需要的品种，大小抛单通吃，一口气封住涨停，封住涨停后用大单挺住前 15 分钟的抛压，基本上后面的走势就可以锁定在涨停价格收盘了。这是确立自身龙头地位的模式，这种迅速封涨停的风格是非常强大的动力，给市场很大的震撼。

能成为某阶段龙头老大的股票一定是具有巨大上涨空间的，短期涨幅最少在 30%以上，多数在 60%以上，更强的是快速翻倍。短线暴涨的股票，时间很少超过三个月的，除了慢牛股之外。

我们最专业，最强的项目是对短线机会的把握、对龙头品种的把握。当一个人没有把握住最好趋势的时候，等于是在浪费自己的时间。我们发现最成功的人的工作作风都是花最少的时间去做最多的事情，而且把它做到最好。这种叫做“比尔·盖茨法则”的做事和行动模式被我们充分应用到实际操作当中，在最短的时间发现能够涨停的黑马，以最短的时间、最快的速度下单买进，这就是成功的秘诀。我们从来不会拖延，因为，我们知道拖延代表失败，拖延就会丧失机会。当做错的时候，我们不会退缩，我们会马上承认自己的错误，修正自己的观点和判断，马上第一时间卖出让我们亏钱的股票。我们只真正做让我们赚钱的涨停黑马。不断回避自己曾犯过的错误，不要在同一个坑里掉下两次，不要在别人刚掉下去的坑前走过，要提醒自己，时刻注意风险，回避风险，做好自己的决策。对于具有领涨风范的黑马，具有领头羊性格的股票，要毫不犹豫，马上行动，抓住它。机会虽然是你看到的，但不要只做看到的人，要做看到就能抓住的胜利者。

对于迅速涨停的股票要非常快地分析，到底成交量和换手率是否具备短线狙击的条件。重点留意经常涨停的黑马，因为牛股的最大特点就是喜欢涨停，只有涨停的股票才是你的好朋友。你可能听到了太多“与趋势做朋友”的话，但是，什么在引导潮流，趋势的领导者是什么？当然是迅速涨停的黑马。只有这样的股票才配做为龙头。所以你只要与龙头做好朋友，你就拥有最大趋势，你就把握住了市场最大趋势。

也许没有人告诉你，最好的股票就是涨停的股票，但是我们研究的结果就是迅速涨停的股票是最好的股票。是它们的出现，让我们找到了熊市生存的法宝，是它们让我们找到了赢利的关键。我们只需要不断地重复去发现和捕捉涨停的黑马，而且是有机会连续攻击涨停的股票，就可以确立市场领涨的龙头黑马。当你骑在最成功、最具有爆发力的黑马上的时候，你就会成为市场中最强的一个，你的资金才会不断地倍增。

【看图分析解密】(图 52)

深达声 A(000007)是非常典型的短线飙股，该股连续下跌之后出现了跳空跌到 2.44 元的时候，没有再创出新低，横盘五天之后，出现了突破 5 日均线的趋势，出现“横行霸道”快速涨停的走势，后面形成了连续快速涨停、不断向上的态势，短短 28 个交易日就爆长 53%。可以说是最低迷的股票市场中一道亮丽的彩虹，点燃了投资者的信心。行情如果在大牛市当中，涨两三个涨停不是很突出。行情在熊市当中连续攻击涨停就不是很简单的事情。行情都是这样的，需要什么热点、需要什么题材，市场会找到它的方向。攻击的对象是主宰市场的资金力量所控制的，赚钱的效应是市场活跃的最主要力量。当我们看到有连续涨停的股票出现时，就是新机会到来的时候。通常顶尖的高手都可以找到适合自己波段操作或者短线出击的品种。

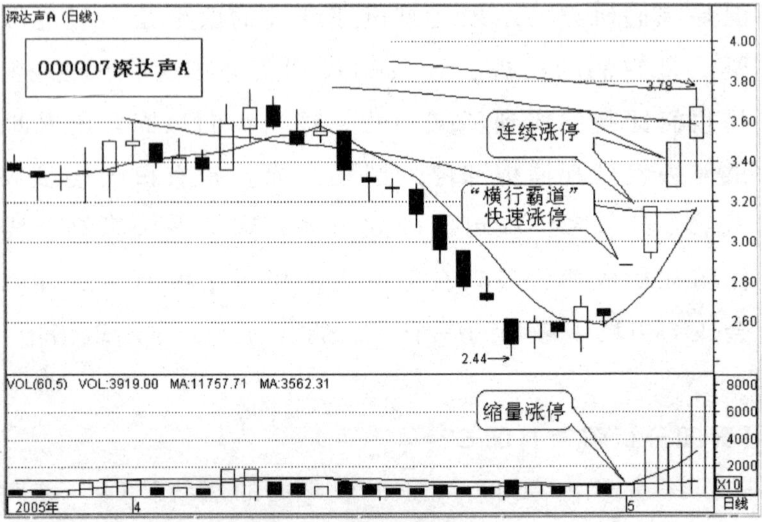

图 52

超级短线讲究的是势，气势是很重要的。当多头的气势非常猛的时候，你加盟到多头的行列，这就是顺势而为，赚钱就是非常确定的事情。当空头占有绝对优势的时候，我们回避风险，这就是适者生存。深达声A 的表现是非常突出的，与当时大盘的走势相比是非常出类拔萃的。我们就要做到在成交量的重点分析上发现并且第一时间介入这样的强势品种，哪怕你只赚了整个上升波段的一部分，也比别的股票来得强。不管是熊市还是牛市，都是强势股的天下。短线操作更加要精确选股，对阶段性的强势股进行分类并观察盘面的变化，到达爆发点的时候就是买入的时候；到达高位多头能量转换释放之后就到达头部了，这个时候卖出也非常理性。不是说人人都可以把握住每一波行情，只要把握到其中最重要的主线股票就足够了。技术和心态越好，把握的进出尺度就越好，临界点就掌握得越好。

【实战技术精要】

（1）注意连续暴跌之后跌不动，连续横盘找到底部的股票，一旦缩量涨停，就是岛形反转，可重点关注。

（2）当股票处于强劲的上涨状态当中的时候，我们应该做的事情只有一件，持有，并且加码买进。

（3）当股票涨不动时就要舍得卖出，不要把股票当成珍藏的东西。

（4）当股票价格从高位跌破重要支撑点的时候，果断卖出，不要犹豫。

（5）明显见顶信号出现的时候，不管怎样，第一时间卖就对了。

【看图分析解密】(图 53)

大商股份(600694)是一只非常明显的多头波段黑马。该股在底部不断对敲放量换手之后出现了连续不断上涨的趋势，这种趋势的时间非常长，短期均线、中期均线、长期均线都是多头排列，形成向上的趋势，这就是所有中线牛股的特点。运作的规模越大，技术

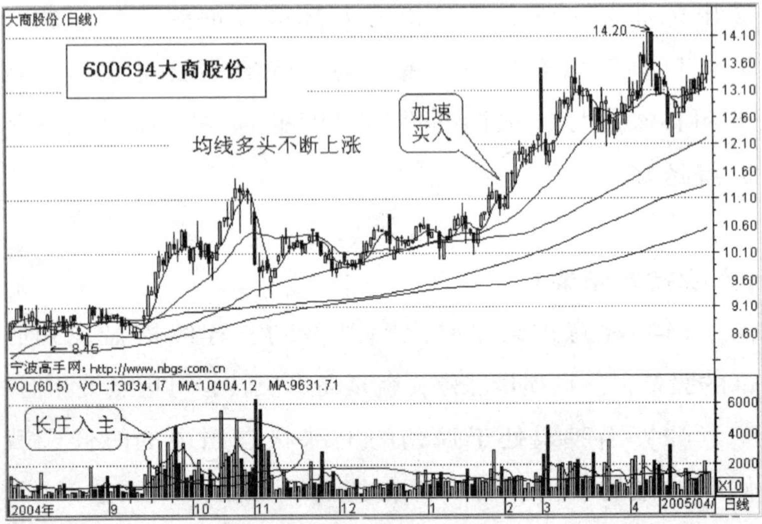

图 53

指标 MACD 就越是标准低位“金叉”后平行向上。大资金的运作一般是对行情判断准确后，精选具有非常好题材的股票作为中线目标股，不断进行高抛低吸，以赚取差价，这是很好的获利方法。但是到达高位的时候，如何出货套现是最主要的问题。上升通道的股票是非常容易出现突然跳水的动作来洗盘的，但是一般的人很难分清楚什么是震仓和洗盘。如果是出货，一般成交量会比较大；如果是震仓，成交量比较小，但是波动幅度很大。但是最主要的趋势一定是跟主力的意图有关的，大的形态没有破坏之前的股票都是很有规律地沿着原来的方向在运动。所谓的外力作用就是成交量的变化、资金流的变化与市场变化，它们是左右股票波动的最主要因素。只要理解透彻，理论上是可以精确把握买卖的点位价格和时间转折点的。牢牢锁定强庄、新庄，介入有活力的股票，才可以成功抓住获利的机会。

【实战技术精要】

（1）当底部有资金不断介入的时候，就会引起股票的异常波动，这就是职业投资者要发现的时机。

（2）当反复、大量、来回波动之后，就会有一个方向出来，看对了方向就可顺势操作。

（3）均线多头是股票价格上涨的主要推动力量之一。

（4）成交量的变化是股票波动的原动力。

（5）到达阶段头部就可以分批卖货了，不是一个价格而是一个价格的区域。

【看图分析解密】(图 54)

华侨城 A(000069)是非常明显的长线庄家运作，近年来很多深圳本地股成为长线黑马，这些股票不管大盘风吹浪打，都能顽强地向着既定目标前进。我们发现这些股票都有一个特点，就是成交量保持比较平稳，调整短线就是量缩，放量都是能够不断向上的。好的股票通常都是不会轻易回头的，而且比较难吸到筹码。

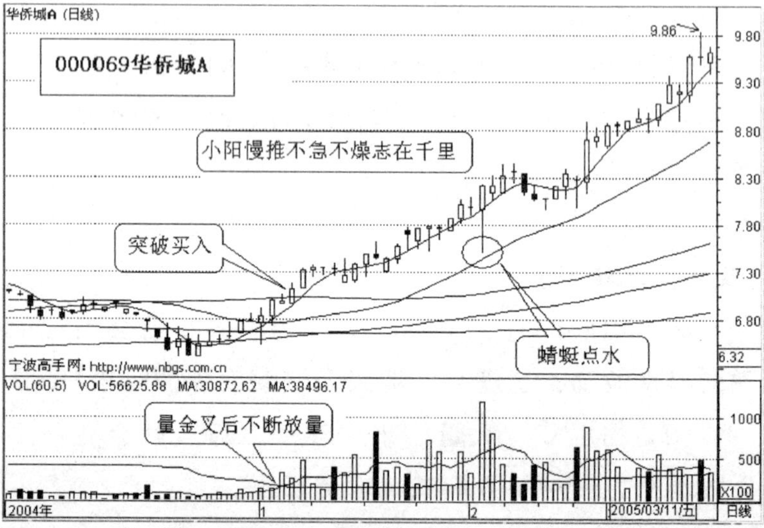

图 54

通常比较容易买到的股票都是不很理想的股票。中线牛股最主要的策略是做一个波段。对于大资金的投资者可以用百分之三十的资金介入这样的股票。还有百分之六十的资金进行短线热点追击，快进快出，若节奏把握得好，短线收益是非常可观的。加上中线牛股稳定的攀升，投资股票是非常容易赚钱的，只要用对方法来操作。可惜的是很多人都不想花时间去研究正确的操作方法和判断技巧，把时间浪费在打听消息方面。行情就是这样的，不会以个人的意志为转移，只会朝主力资金推动的方向运作。买卖力量平衡的时候就会出现盘局。大多头均线排列的股票多数都是大资金运作的中线牛股。只要主力资金充足，相信不管大盘如何都可以按照主力的想法来画图，每一根K线都是画出来的，是用资金来画的，当大家认识到这一点的时候，就会对走势很清楚，为什么出现这么多相同的K线模式。不断放量突破在底部就可以买进，当出现上涨中途的“蜻蜓点水”信号的时候，短线一般都是继续上涨为主。很多明确的信号是提醒我们该如何操作的指引。

【实战技术精要】

（1）底部量线金叉，突破200天年线，就有机会牛市开始。

（2）技术指标出现买入信号，同时K线趋势向上是买进的时机。

（3）所有均线组合多头排列是中线持有信号。

（4）大牛股都是大涨小回的运作，成交量是行情延续的关键。

（5）中线股跌破5月移动平均线就要卖出离场。

【看图分析解密】(图55)

深赤湾A（000022）是大家非常熟悉的深圳本地股，在股票的运作上可以看出K线图是非常有规律的。平底买入信号是底部的重要特征，当出现并列下影线的阳线的时候，股票价格向上突破的机会比较大，

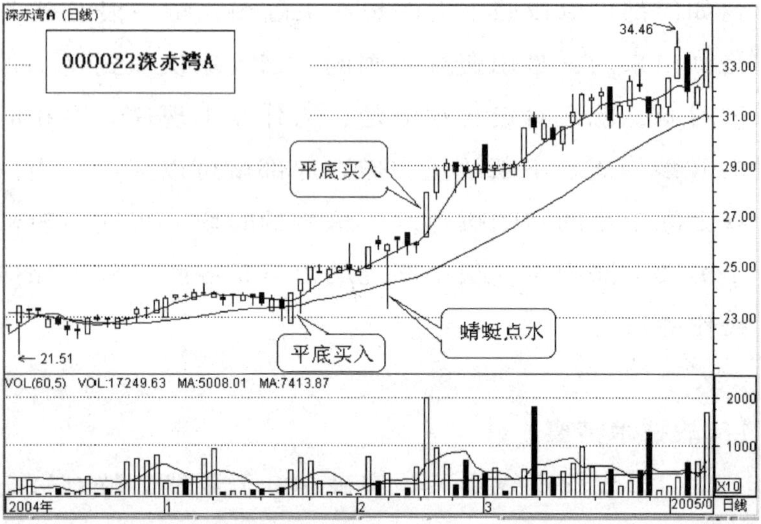

图 55

我们选择“蜻蜓点水”信号出现之后介入股票，是比较稳的方法。判断股票突破其实比较简单，其方法是：突破最近三天的最高点就是买入信号，跌破最近三天的最低点就是卖出信号。然后用均线组合来规划行情的发展判断，来回波段操作就可以实现利润的最大化。当然，对于中线波段比较牛的股票要仔细分析基本面的因素，能够支持股票价格的持续上涨，最主要的原因是有别人不知道、别人想不到的题材或者会令股票业绩倍增的消息支持着主力庄家敢于长线操作，同时主力有足够的资金进行运作。有长庄介入是长线牛股诞生的主要原因，因为任何股票都不会无缘无故地中线上涨的，一定是有人在策划着、操作着的。由于政策或者监管不够，所以庄家也比较清楚漏洞在哪里，如何合法做庄，这些都是成功的机构所习惯用的。中线牛股都具有非常好的基本面和题材作为重要的支撑后盾。

【实战技术精要】

(1) 中线股票一定要选择均线多头排列的。

(2) 平底阳是最常见的见底信号，开盘价就是最低价。

(3) “蜻蜓点水”信号是庄家刻意制造的加速信号。

(4) 中线股都是大涨小调的，通常大阳突破后不马上回调。

(5) 中线牛股在股票没有出货信号出现前都可以操作。

中篇

涨停秘笈财富篇

掌握涨停秘笈 财源滚滚入袋

在股市你看到了什么？听到了什么？感觉到了什么？离开股市你看到、听到、感觉到了什么？

机会当前，要第一时间以最快速度做出正确决策。

下一匹黑马是谁？什么龙头能担当领涨？

操作的关键是什么？耐心等待最佳的出击时机。把握翻倍黑马的启动点，坚决快速果断介入，在行情刚启动的时候迅速介入刚突破“生命线”的涨停黑马！

第五章 涨停绝技

捕捉涨停黑马既然是这么重要的获利手段，我们就一定要努力学习好这个方法。由于宁波高手系列图书也有很多关于短线和超短线的操作方法和策略，但是，说到底，最快的方法依然是关于涨停方法。每一个短线阶段性的龙头都是以不断涨停的风格表现出来的。骁勇的作风让所有市场人士认同并且被不同的媒体提到、关注到。但是，很多没有研究过股票价格上涨的投资者都是不敢买进明明可以继续上涨的涨停黑马的。本章主要介绍的涨停绝技将帮助读者迅速学会涨停的判断和操作技巧，从容在牛市到来的时候成为最大的赢家。实践过无数次之后，对成功涨停的研究和对失败涨停的检讨，使我们深刻认识到市场的机会所在，并总结出一套非常行之有效的涨停绝技，相信一定可以帮助在熊市中深度套牢的读者带来新的曙光，迎来充满阳光和笑脸的明天。

第一节 涨停技术稳赚不赔

考察研究过很多实战冠军的操作方法后，我们发现，完善的策略加上涨停的技术，可以帮助我们稳赚不赔。这种方法需要不断地重复使用和练习，否则，当用起来的时候是不会有什么效果的。行情启动的模式大多数都是以涨停黑马领涨来开始和展开的。

其实，我们认为，股票市场短期波动事实上是由庄家的资金实力说了算的，中长期的趋势就一定会遵循股票自身的规律运行。当我们清楚地认识到这点之后，我们非常认同国际短线狙击高手索罗斯的观点：不管是牛市、熊市，仍然存在局部的热点，投资者应该更多地把握短期市场的热点、价值被低估的潜力股，而不要过份拘泥于指数的涨跌。

对于笔者来说，投资股票本身就是一件高风险、高收益的事业，长期的趋势谁能说得准呢？如果有人说可以准确地告诉你一年后的行情，那么，我闭着眼睛都可以非常肯定地告诉你，这个人一定是个骗子。我们不相信神话，也不相信奇迹，只相信实战，真正的操盘高手都是以对账单说话的。过去不等于未来，将来我们无法真正预知。因此，只有眼前我们可以清楚看到、感觉到，此时此刻行情可以把握，我们研究短线和超短线股价波动的意义就在于把握最新的眼前机会，中线只有对基本面分析比较透彻之后才可以进行投资。一般的投资者，如果对基本面分析不是很懂，建议不要做长线投资。掌握涨停技术之前，我们一再强调市场的不可预测性，强调不确定因素变化过程当中我们只做短线和中线操作，从来不做超过半年不动的长线操作。这是我们针对熊市的操作策略。如果牛市来临的时候，长线也是一种重要的操作策略。

敢死队最核心的涨停秘笈：

最重要的一种赚钱方法是在行情启动初期，大胆介入刚刚突破24天“生命线”后出现快速涨停的股票。

这种股票多数就是市场热点的领涨龙头品种。

在长期的实战操作当中，我们只专注于中国的股票市场，没有时间去研究外汇和香港恒生指数。对于期货，我们也没有更多的精力去投入。所以在股票方面的所有变化和发生的事情我们都有深刻的理解，主力资金的意图与重点黑马的启动点，都是从枯燥的交易数据中看到一些没有被大众所发现的秘密。掌握的这些技术基本上可以快速地应用到实战当中去赢利。每一个投资者的精力都要集中在最有生产力的事情上，只有专注去做，才可以有所成就。这是高手云集的操盘手时代，既然是高手就是全天候的，不管大盘涨与跌，该出手就出手！真正的顶尖高手也许不会像我们这么辛苦去研究具体个股短期波动，拼命去搏取这些差价，就像小蜜蜂采蜜一样频繁操作。那些看准大行情才出手，一出手就翻几倍以上的超级大鳄，做一年就可以休息三年的人也是非常值得敬佩的。其耐心和等待机会的平静心态永远值得我们学习。

如果说有一种只赚不赔的方法，那就是概率非常高的时候才操作，而且具有非常高的看盘操盘经验，这样的老手一般可以成为只赚不赔的实战高手。我们是专职专业只做中国股票的投资者，为了实现赢利的目标，比别人多看很多图书，接受新的思维和先进的技术。很多人不知道世界发展的速度是如何的快，如果你不做股票能做什么呢？其实很多人都生活在担心当中，这些担心都是没有必要的，因为担心本身不可能给自己带来任何好处。以一流高手的行为准则来要求自己，自己就自然会成为一流高手。我们发现一些真正的高手都是坦然面对盈亏的。即使抓到涨势凌厉的暴涨黑马，也不会过分地兴奋；当出现割肉止损时也不会因此而垂头丧气。任何一个成熟的高手都是平淡中实现超额的稳定赢利的。

【看图分析解密】(图 56)

天津磁卡(600800)是非常有代表性的超跌反弹股，我们从图形可以看到，在股票长期无量下跌到一个极

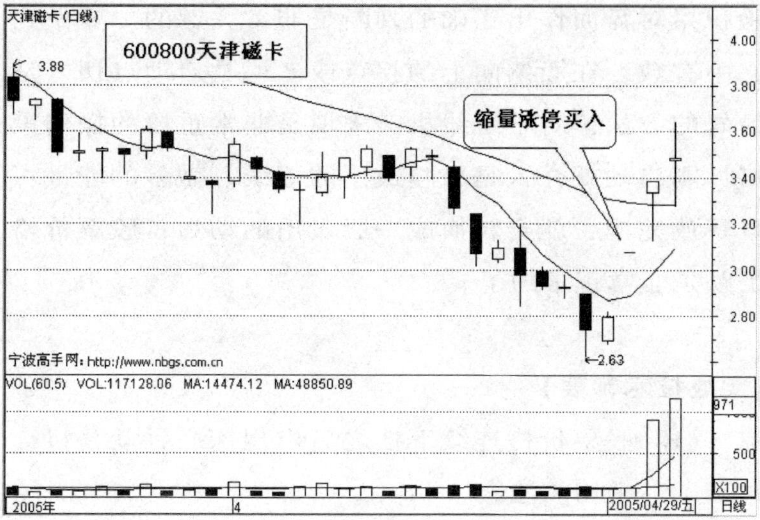

图 56

点的时候，出现了长下影线的探底信号，次日出现小阳的转折信号。我们认为这就是切入点。当出现缩量涨停、底部短线启动的强烈买入信号，特别是第一个涨停都是排队买入的时候，对于短线高手来说都是从开盘 15 分钟和下午 2 点半开始判断大盘后才操作的。虽然都是看到同样的 K 线图，但是，每个人的想法不一样。我们看到“横行霸道”涨停板的涨停开盘直到收盘的手法是强庄短线资金所为，可以第一时间排队抢货。次日不管赚多少都可以获利卖出，最多不超过三天。这样短线操作就成功了。短线热点是瞬间的机会，如果不是长期研究和看盘，不做好扎实的准备，是不可能抓住这些短线机会的。因此，平时的看盘经验积累对盘面作出正确的判断是非常关键的。要做到心中有数，在股票向上的拐点或者说是启动点切入是最好的方法，对于短线机会来说是非常重要的操作策略，刚启动就介入是风险最小的短线。做多的能量一旦释放完毕，就会转换成一股卖出的动力，股票价格下跌是非常正常的了。

【实战技术精要】

(1) 股票价格连续下挫之后出现探底针就是机会快到了，密切关注。

(2) 出现最强的缩量涨停是最好的机会，短线快速买。

(3) 带长下影涨停还可以继续持股，耐心等待上涨。

(4) 高位宽幅波动、震荡激烈，要注意回调风险。

(5) 在涨不动的时候果断快速卖出，决不拖延。

【看图分析解密】(图 57)

厦门信达 (000701)是科技网络股票当中比较活跃的股票，该股出现连续下跌后，长下影 K 线之后下跌无力，预示一个转折的到来。当出现资金快速介入时，就会引起短线快速飙升，最底部缩量涨停就是最好的实战买入点。当职业投资者看到这样的机会的时候，会第一时间采取行动。如 K 线图涨停突破 5 日移动平

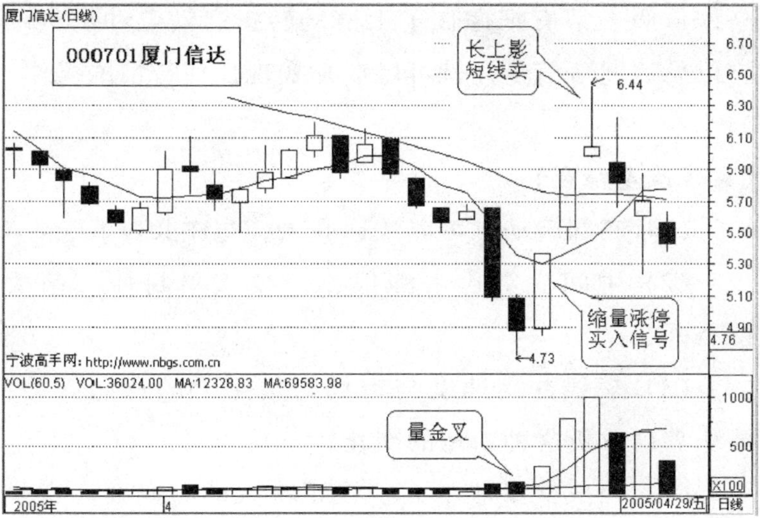

图 57

均线之后再次攻击涨停，第三天出现长上影线的“避雷针”短线见顶信号，成交量释放过大，就会出现回落的走势。行情都是这样的，在涨势最猛的时候易出现过分乐观的情绪，然后出现快速回落，以至很多人都没有反应过来就失去了最好的短线出货时机。一拖就会给自己的操作失误找借口，然后安慰自己——会反弹的。结果是赔钱时实在受不了，低位割肉离场。实战当中没有任何迟疑的借口，当判断股票价格要走弱的时候，立刻出空是最英明的决策，这样才可以保存实力。等到股票价格无法再下跌的时候，再次介入，只要有耐心等待盘升的阶段，就一定可以得到丰厚的回报。这就是短线的操作方法，来回波段运作或者是高抛低吸。只有把握住了上涨的转折启动点和出货的高位见顶回落信号，就可以成功实现任何行情的操作。

【实战技术精要】

（1）底部启动点可以快速介入，与庄共舞。

（2）中间跳空攻击涨停，只要大单封住，坚决持有。

（3）短线冲高速度与市场行情主力的意愿有关，要从盘口分析这种力量的变化。

（4）当成交量非常大，换手率大的时候要注意是否主力出逃。

（5）选择高抛低吸的操作策略，做强势股短线是比较安全的。

【看图分析解密】(图 58)

倍特高新(000628)是典型的一堆量集中爆发的短线飙股，一般都是连续收阳线的行情。绝对价格非常低的股票容易吸引资金参与炒作，我们认为行情总是这样让人难以琢磨。当一些好股票涨起来的时候，很多人都在观望，而没有第一时间抢点筹码。参与底部涨停是短线最快的赚钱方法，但是这样的方法不是每一个股票都可以成功获利的。有的机构专门人为地制造涨停，使人以为在很好的时候介入，结果就容易上

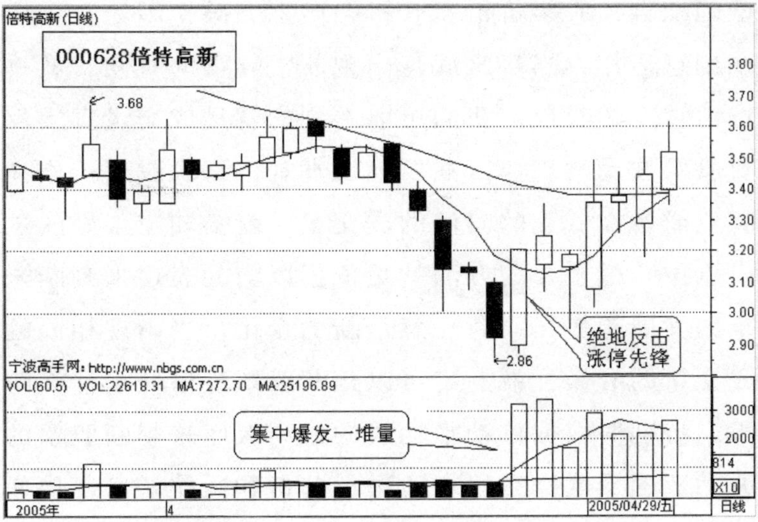

图 58

当。如果是好的波段股票，通常都会出现底部不断放量的迹象，然后展开凌厉的走势向上攻击新的高点。只要把握住这个底部“绝地反击”的涨停板快速介入，就一定可以实现短线的暴利。资金和技术的有效结合就是股神诞生的时候。任何高手都是要有资金实力和高超的看盘操盘技巧才可以成功的，市场往往是以结果论英雄的。所以，看了本书的投资者一定要把握好一堆量赚钱机会，实现自己保证金的快速增长。只有你成了百万富翁、千万富翁、亿万富翁的时候，你看事情的方法和高度才跟普通投资者有所区别。可以直接看到结果的人是真正的投资高手，当机会到来的时候随时都可以抓住这个瞬间的发财机会。只要有成交量的配合，股票价格就有机会向上突破，因为有资金在刻意运作。当每次放量出现非常异常的时候，就是行情转变的时候。我们可以看到的就是成交量真实反映股票波动的规律。只要你认真观察每次股票价格在高点或者在低点的时候的成交量，就会知道很好的进出点位。最主要的方法就是依据以前的表现来判断未来的发展趋势，同时注意最新的变化。当出现相同的成交量的时候，就一定可以判断股票价格处于什么阶段。特别要根据移动平均线的排列次序来判断股票的波动范围，这样有规划地进行分析和运作就可以快速实现利润。

【实战技术精要】

（1）底部放量是最重要的判断行情启动的根据之一。

（2）涨停突破是短线最强的表现，重点关注。

（3）持续放量是行情延续的关键，乘胜追击。

（4）突破生命线是波段行情展开的重要依据。

（5）涨不动就要跌，看不懂就别操作。

第二节 快速有效地提高自己的技术

股票投资，光有方法是没有用的，只有通过自己的实践，结合有效的方法，把自己的能力迅速提升，才可以得到更好的结果。当你没有赚钱的时候，只告诉了我一件事：就是你的方法不正确。当你看到本书的方法的时候，你一定要下定决心，把所有的投资成功的方法和技能都学会。

一个成功的职业投资者跟一个业余投资者最大的区别就是：职业投资者每一分的收获都是靠市场投资获利得到的，生活所要的一切都来自于捕捉到市场的机会，而业余投资者就没有这么大的生存压力，如果没有投资股票的赢利还有工作单位的工资。职业投资者放弃一切与投资无关的事情，才可以做到专注。只有非常专注而且非常努力的人，加上找到正确的方法，才可以成功成为职业操盘手。这是一个非常具有挑战性的职业，它不是学历说了算，也不是背景说了算，它是业绩说了算。这个职业只看实战业绩，很多所谓的职业投资者不是没有资金，最关键的是还没有具备大资金运作的本领。如果你的投资在熊市能够回避风险，同时有行情的时候却能表现出众，试想，哪有老板不会给你操盘的机会呢？把握自己的资金不断翻倍也是快速致富的关键。如果你自己不成功，别人又如何相信你呢？

要成为高手的前提是研究最快赚钱的方法，然后，坚持用这种狙击涨停的模式操作，成为一等一的高手。严格制定涨停的分类，哪些涨停的股票不能做，哪些坚决要满仓杀入。区别机会的本事是靠长期的训练得到的，不是靠看出来的，只有通过模拟操作加实战操作，才可以达到应有的效果。如果你真的想寻找市场的感觉，可以通过100股来训练自己的判断，因为有真实的股票在操作，所以会更容易掌握技术。当你把自己的能力和技术训练到高手的境界的时候，判断涨跌也就有了很大的把握。只要出现明确的市场信号，就立即果断地操作，这是成为持续赢家的关键。

当你找到行情的判断信号的时候，也就是你即将发财的时候。反复使用这些有效的信号和成功率高的方法进行持续操作，就可以实现不断的财富倍增。短线的判断更主要的是在于时机的把握。机会其实什么时候都不会缺少，只要用心去研究、去观察，总会发现出现买入信号的股票。所以耐心寻找适合自己的操作信号，或者说是适合自己的具体操作决策系统，是你获得成功的关键。每一个人都要利用自己的特长和性格特点制定自己的决策方法和操作流程。如果你探索了很长时间还没有自己的一套行之有效的模式，那么，你可以完全按照成功者的方法进行操作。完全一致的选股方法就一定可以选出被主力相中的黑马。功夫的最高境界就是：只要浏览一下全部股票，就可以知道哪个具有被机构相中的机会了。如果你想成为行业第一名的金牌股票大鳄，就一定要利用股票软件系统，根据市场主力目前最想借用的题材和最热、最大涨幅的黑马，找出具有共同特征的股票来筛选出最像的品种。题材和盘子都是可以模仿的，最有效的方法是在这些具有相同题材的股票中精选盘子小、价格低、不亏损的股票，这种股票比较容易被主力利用和炒作。

【看图分析解密】(图 59)

数源科技(000909)是股性比较活跃的股票，当然，在表现的时候是非常疯狂的。我们看到K线图在6个交易日横盘之后，出现5日均线“金叉”24日“生命线”，还出现“平底涨停买”的信号，当天可以大胆介入，次日冲高就可以顺利获利出局。大涨之后，随之而来的就是长期下跌，这个时候不能参与。直到缩量调整很长时间之后出现见底信号“底部长下影有支撑买”，次日不破最低下影就可以大胆介入。当出现底部第一个缩量涨停的时候，要在开盘之时9点25分马上就介入，这样就可以快速介入当日涨停的股票，如果有行情，当日最先涨停的股票通常都会被投资者认定

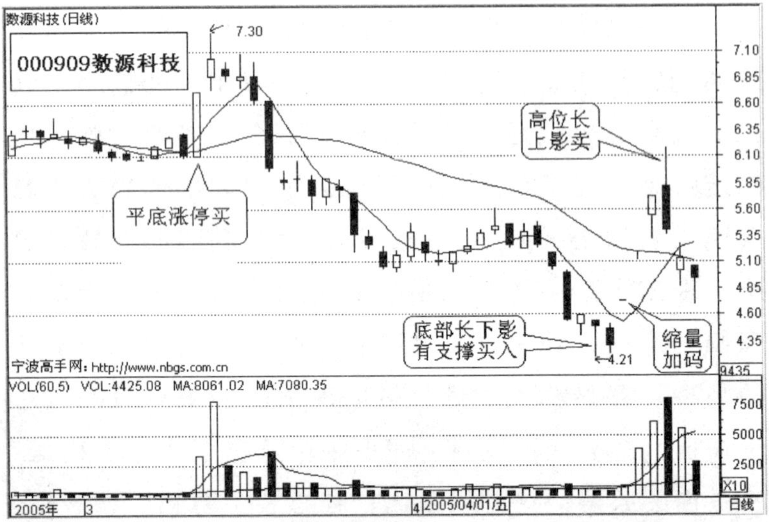

图59

为龙头，这样就会出现连续的爆涨。虽然有时候是涨停才介入的，当天不能实现太大的利润，但是次日或者后面都会大涨，比那些反弹跟风的股票要强很多，赚钱的速度要快多了。如图，数源科技出现连续三个涨停后，在第四个涨停封不住后出现了长上影线"避雷针"卖出信号，很明显，上涨能量已经释放完毕，都变成了卖出的动力，这个时候就是第一时间出货的时候。通常涨得猛都会调整快，这个刚刚短线见顶的时刻要第一时间卖出，否则，一拖就会被深套很长一段时间了。如果要使自己的资金快速地增值，就一定要避免在顶部买股票。任何股票的短期顶部都有惊人的相似。调整来到的时候往往是非常快的跌，这个时候要果断出货。

【实战技术精要】

（1）底部出手，赚钱是时间问题。

（2）缩量涨停出击，实际上是比较安全的。

（3）成交量高位放出就是做多力量的释放，要注意风险。

（4）高位长上影线“避雷针”信号一旦出现就卖。

（5）短线涨幅过大后出现调整，不要急于买进。情愿不赚鱼尾，也不要被套。

【看图分析解密】(图 60、图 61)

美尔雅(600107)是超跌低价股，一直都有资金进行短线运作，只是通常行情都比较短暂，所以针对这个股票的操作思路就是有赚就抛，不要贪心。该股上涨之前出现挖坑，然后缩量涨停平底阳突破 5 日移动平均线，这个时候就是短线出击的最佳点位。缩量涨停的最大好处就是以最快的速度涨停，形成对抛压的震撼作用，看到大买单封在买盘上的时候，一般的投资者都是会出现等待的心理。也许明天还会涨，这样对继续推高股票价格就有非常重要的作用。次日又震荡突破“生命线”出现了涨停，股票价格进一步推升。一般超过一个亿流通盘的股票出现连续三个以上的涨

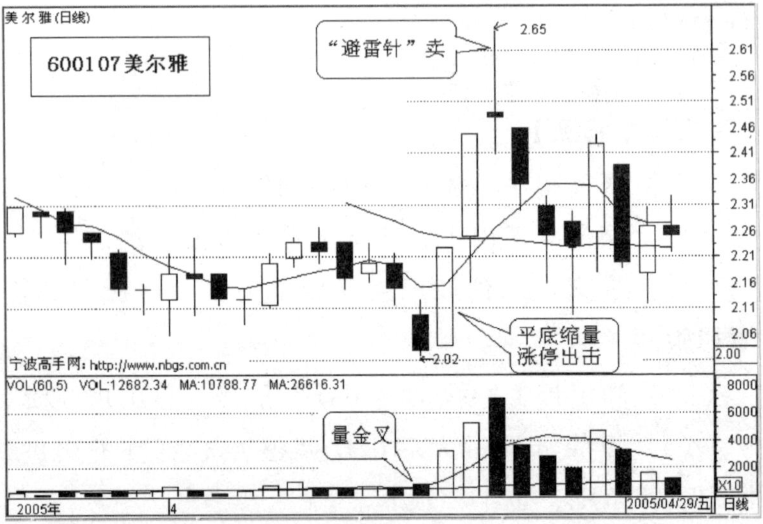
美尔雅(日线)
600107美尔雅
"避雷针"卖
2.65
2.02
平底缩量
涨停出击
宁波高手网：http://www.nbgs.com.cn
VOL(60,5) VOL:12682.34 MA:10788.77 MA:26616.31
量金叉
2005年
2005/04/29/五
日线

图 60

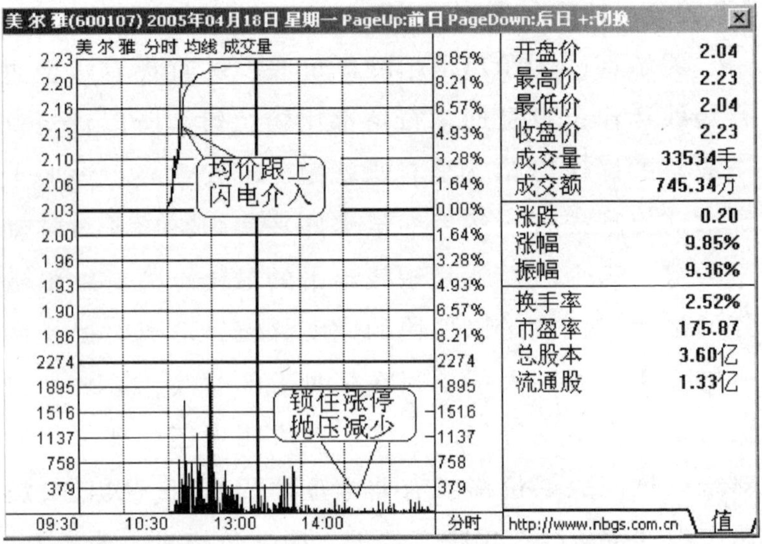
美尔雅(600107) 2005年04月18日 星期一 PageUp:前日 PageDown:后日 +:切换
美尔雅 分时 均线 成交量
均价跟上
闪电介入
锁住涨停
抛压减少
开盘价 2.04
最高价 2.23
最低价 2.04
收盘价 2.23
成交量 33534手
成交额 745.34万
涨跌 0.20
涨幅 9.85%
振幅 9.36%
换手率 2.52%
市盈率 175.87
总股本 3.60亿
流通股 1.33亿
09:30 10:30 13:00 14:00 分时
http://www.nbgs.com.cn
值

图 61

停是比较少的，因此，在第三个涨停封不住的时候，就要注意在“避雷针”信号出现时卖出，25%以上的收益就被你带回家了。通常出现连续涨停之后的股票都要调整一段时间，如果市场不认同这个价格，就会出现大幅回调；如果市场认同价格，就会出现横盘整理后，再次向上攻击更高的目标。不管如何，短线都是这样的，暴涨必有暴跌。因此，在暴涨的时候要注意适当兑现利润，在暴跌的时候，人就不会这么理智去卖出了，也不会有怎么多的接盘出现。股票通常都是在上涨的时候比较容易卖出，在跌的时候很多人都恐慌要卖，原来要买的人也出现观望，股票价格就会快速回落了。股票价格的涨和跌是很自然的事情。很多人判断的参照物不是很明确，形成没有目标、没有方向。任何成功的投资者都有一套相对来说比较准确的操作系统，乱投资不能带来长久稳定的利润。在不成熟的股票市场，一定可以做到领先一步、快速致富。没有任何无风险的投资，股票市场总是这样的。机会到来的时候你可能没有资金了，大盘见顶时也许你刚好有很多资金，却不能参与，毕竟行情涨跌、波段循环，不能轻易在高风险区去介入任何股票。宁可错过，不可做错，这就是能够生存下来的原因，只有保住本金才可持续发展壮大。

【实战技术精要】

（1）底部价格突然飙升的时候就是赚钱机会到了。

（2）当开盘后出现快速涨停时，看均价有没有跟上，如果跟上，果断介入。

（3）当大盘波段行情出现的时候，手中股票最好的方法就是持有。

（4）当短期涨幅过大的时候要注意风险。

（5）当出现明确见顶信号的时候，第一时间就卖出。

【看图分析解密】(图 62、图 63)

威远生化（600803)是波动比较多的股票，通常活跃股都是适合短线操作的。当我们认定一只股票要启动的时候，就一定要抓住机会翻本；组合 K 线图形出现底部特征的时候，就一定要全力出击，最快赚钱的方法就是狙击涨停股。当股票跳空突破“生命线”，同时 5 日均线上穿 24 日均线的时候，就是最好的买入点位；在分时图拔地而起的时候，就是介入时机。一般要涨停的股票都经常出现跳空高开，不回补缺口再次向上突破就很容易出现涨停的走势。很多投资者对于没有把握的或者没有深入研究过的方法就不承认它的存在，其实，对于“出击点”的准确选择是高手与普

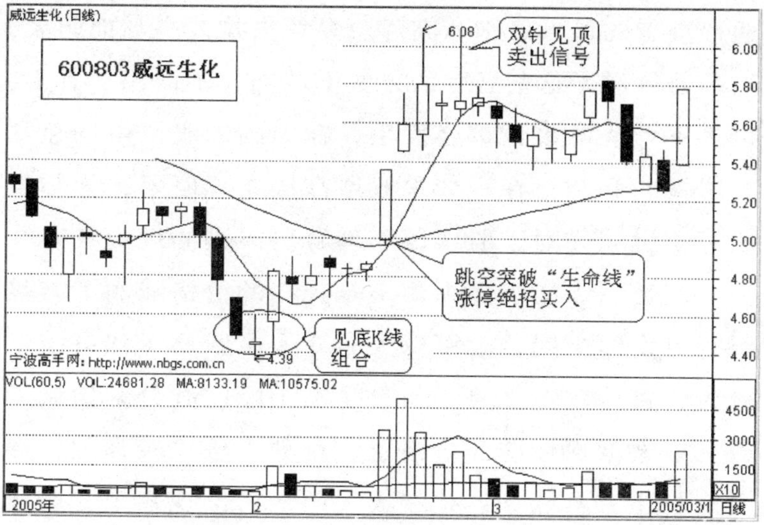
威远生化 (日线)
600803威远生化
6.08
双针见顶
卖出信号
跳空突破“生命线”
涨停绝招买入
见底K线
组合
4.39
宁波高手网: http://www.nbgs.com.cn
VOL(60,5) VOL:24681.28 MA:8133.19 MA:10575.02
2005年
2
3
2005/03/1
日线
X10

图 62

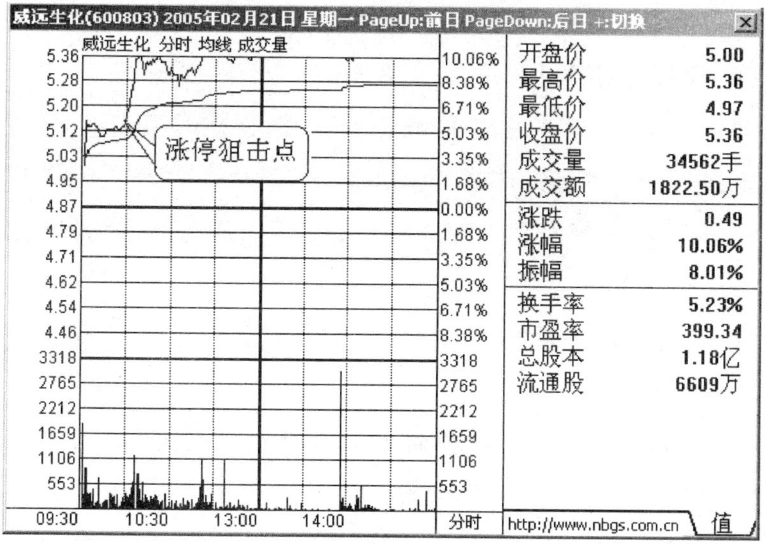
威远生化(600803) 2005年02月21日 星期一 PageUp:前日 PageDown:后日 +:切换
威远生化 分时 均线 成交量
涨停狙击点
开盘价 5.00
最高价 5.36
最低价 4.97
收盘价 5.36
成交量 34562手
成交额 1822.50万
涨跌 0.49
涨幅 10.06%
振幅 8.01%
换手率 5.23%
市盈率 399.34
总股本 1.18亿
流通股 6609万
09:30
10:30
13:00
14:00
分时
http://www.nbgs.com.cn
值

图 63

通投资者的最大区别。高手总是凭借技艺高超而胆大，而普通者对于这些必胜的方法不敢问、不敢用。其实，很多不可能的事情都会发生，在中国的股票市场经常有这样的暴利存在。如果股票都快要涨停了，你却不敢买，说明你对于股票还不理解。买进的理由只有一个，就是明天能涨多少而不是现在的价格涨高了。只要有更大的空间，就可以大胆介入。威远生化突破生命线后直接攻击涨停，而且是在10点30分开始启动的，早上就封住涨停价格了，这种手法比较强烈，短线判断还有上涨。连续三天大阳线后出现两个“避雷针”卖出信号，应把握时机把获利筹码赶快卖出。

【实战技术精要】

(1) 出现“见底K线组合”的形态时要开始重点关注。

(2) 底部连续“十字星”过后出现跳空突破生命线涨停，可以大胆追买。

(3) 涨停时间越是早，就越有攻击力，次日上涨还可以持有。

(4) 当高位出现明确的“避雷针”卖出信号时要学会卖股。

(5) 在跌破5日线、出现“吊颈”线时，要注意下跌将到。

第三节 敢死队涨停黄金法则

符合我们自己制定的系统化要求条件的股票一定要大胆介入。建立自己清晰的选股流程，同时复制成功投资者获利的方法到自己身上，在这个基础上创新才可以超越对手。

经过先进的监测预警系统，我们可以设置一些股票电脑自动进行看盘，当达到我们所需要的要求时，就会发出声音，同时弹出画面来。这样可以缩短时间，做出判断，快速介入涨停黑马。每一波阶段性行情都是连续涨停的黑马带动的，赚钱的关键就在于第一个涨停出现时如何判断该股是否具有连续涨停的动能。我们认为在第一个涨停价格介入之后，真正赚钱的是第二天开盘继续涨停，缩量涨停的爆发力更加大。

看对行情赚大钱，当看完宁波高手全部作品之后，将对股票市场有着充分而深刻的理解。“涨停敢死队”的黄金法则是投资者最需要借鉴的地方。在激烈的行情当中最重要的就是遵守操盘纪律，严格按照短线操作计划筛选黑马，经过粗选、再精选的股票短线果断操作，符合买进的时机就大胆买进，符合卖出条件就果断了结，唯有操作果断的性格才适合超短线操作。当我们掌握一种成功率比较高的选股和操作的信号监测系统之后，就可以持续不断地赚钱。为了实现不管市场好坏都能持续地操作，经过精选黑马细则，用选股公式结合热点演变来把握住重要的股票，这是把握住机会的重要保障。如果某只股票已经涨停，如果你在看盘的时候没有发现它，或者没有观察到它的力量有这么大，以至你不敢买进获利，这就是看盘技术和速度没有跟上市场的节奏。我们要求大家对于买进和卖出的速度和判断的时间是一般投资者的四倍以上。从看到好股票的能力到作出决定的速度都要经常加强。如果没有经常练习，就不可能实现快人一步买进涨停黑马了。特别是行情到达火爆的时期，短线涨停的黑马更加多，因此要第一时间分析出那些股票开盘 15 分钟内会如何演绎，特别是第一张单就涨停开盘的股票绝不是一些速度慢的人可以跟进的，所以我们要练习自己委托下单的速度。在最短的时间完成下单的操作就可以抢先成交。

黄金法则一：

闪电速度：坚持以最快的速度全力以赴！

黄金法则二：

把自己的分析作为唯一操作的标准，依靠技术分析。

黄金法则三：

坚持根据大盘的大趋势改变自己的操作策略，该

短线操作就短线操作，该中线波段操作就做足主浪波段。

黄金法则四：

每天看书，关心股票动态，全身心投入。如果没有时间，只能依靠可靠的实力机构进行操作。

黄金法则五：

关注的股票要有新的强庄、新短庄介入为好。研究主力新的操作手法，跟着大主力思路走。

黄金法则六：只有资金推动的股票才有投机价值。

【看图分析解密】(图64)

道博股份(600136)是非常理想的短炒品种，该股具有非常明显的资金运作迹象，而且是比较大气的运作，谁都可以跟上赚到钱，只有那些没有胆量和魄力的人在这个股票上亏钱。如图所示：底部涨停非常猛烈，同时涨停前出现连续底部十字星转折信号，这就是股票的真正拐点。当出现这样的信号，加上放量向上突破这些十字星所构成的平台时就是涨停，这个时候，突破平台的那一瞬间就是买入的启动点。第二天出现了大幅度的回档，我们认为行情总是这样的，每次都给你很多选择的机会，使你不敢明确自己的选择是否正确。在回调5日均线后再次向上收阳，均线就非常漂亮了，股价将沿着5日均线继续向上推升，这

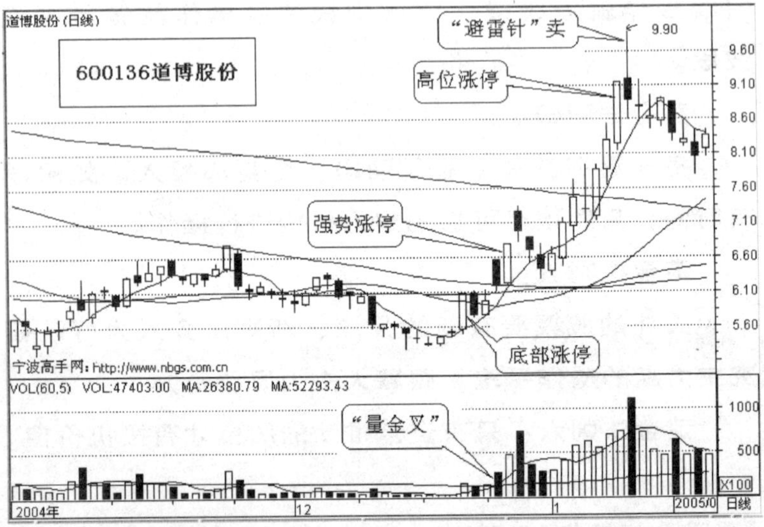

图 64

个时候就是加速上涨的阶段，可以大胆买入等着收获。股票价格在连续大幅上涨之后出现高位涨停，然后收出一根长长上影线的"避雷针"见顶信号，在收盘前一定要空仓卖掉，这样可以减少股票短线见顶后的大幅下锉。任何股票都是有波动规律的，涨多了就必然要跌，跌久了一定会出现上涨，这跟自然界的日落日出循环不息是一致的。当我们把握好转折点和启动点的时候，就一定可以第一时间买到涨停飙股，回避跌停风险。技术的应用在于心理和实战的经验累积。成交量是判断主力最重要的分析指标。只要有量的温和上涨，一般都可以持续。等到成交量开始缩小的时候，就是股票该获利了结的时候。股票运作要求的时间性和趋势节奏很强，在该买的时候要第一时间马上买，该卖的时候不能有犹豫，马上就卖，只有这样，才可以准确把握好每一次操作的成功率。每成功一次，本金就壮大一点，赚钱就是这样通过短线差价、波段操作来获得的。

【实战技术精要】

(1) 底部出现量线“金叉”信号，开始关注。

(2) 突破底部“十字星”转折平台，大胆买进。

(3) 底部一堆量中线向上，趋势不变，可以持有。

(4) 高位涨停注意接近尾声，随时注意风险。

(5) 高位出现“避雷针”短线见顶信号，空仓。

【看图分析解密】(图 65、图 66)

龙建股份(600853)是超跌低价股短线的经典个股。我们从 K 线图中可以发现严重超跌之后出现第一个平底阳，就是买入信号。经过横盘两天之后，出现跳空高开，直接攻击涨停，这个时候就形成了一个“孤岛反转”见底信号，可以大胆介入，短线具有强大的爆发动力。我们发现第一笔单 2.97 元成交的手数为 241 手，集合竞价出来后，第二张买单非常巨大，3653 手买入成交，这个时候就是在几秒钟内要做追进动作。很多投资者之所以说涨停买不到了，是因为他心中没

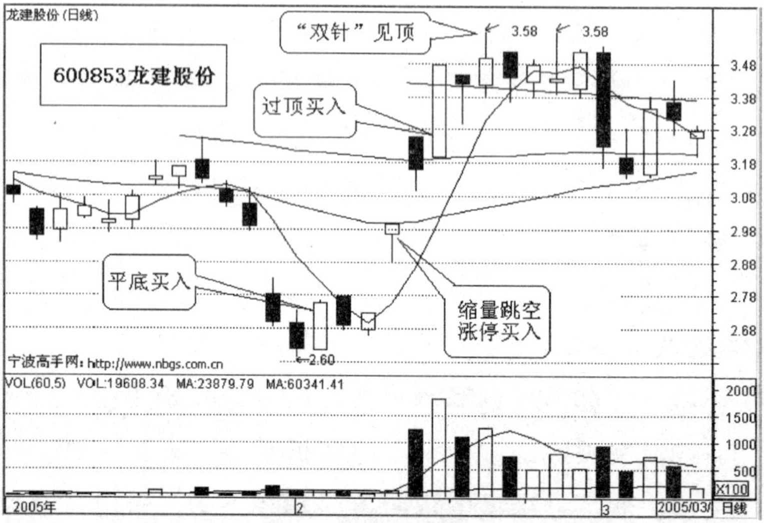

龙建股份(日线)
600853龙建股份
"双针"见顶
3.58
3.58
过顶买入
平底买入
缩量跳空涨停买入
2.60
宁波高手网：http://www.nbgs.com.cn
VOL(60,5) VOL:19608.34 MA:23879.79 MA:60341.41
2005年
2
3
2005/03/
日线
X100

图 65

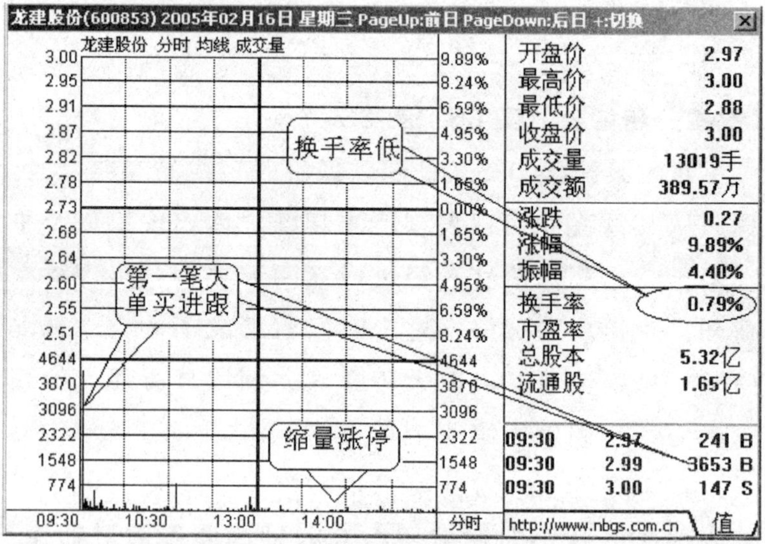

龙建股份(600853) 2005年02月16日 星期三 PageUp:前日 PageDown:后日 +:切换
龙建股份 分时 均线 成交量
换手率低
第一笔大单买进跟
缩量涨停
开盘价 2.97
最高价 3.00
最低价 2.88
收盘价 3.00
成交量 13019手
成交额 389.57万
涨跌 0.27
涨幅 9.89%
振幅 4.40%
换手率 0.79%
市盈率
总股本 5.32亿
流通股 1.65亿
09:30 2.97 241 B
09:30 2.99 3653 B
09:30 3.00 147 S
09:30
10:30
13:00
14:00
分时
http://www.nbgs.com.cn
值

图 66

有敢买，也没有做出决定要买，所以没有把握住这种特殊的短线机会。通常的暴利，都是在很短的时间内实现巨大的利润，这需要在启动点介入。如果不是启动点买，是很容易被震出来的。缩量涨停之后，出现第二次高开涨停，回抽后再次向上，形成长下影阴线，股价实际是跳空上涨的。第三天跳空高开后，一突破阴线的最高点就是“突破买入”信号，可以加仓买入，股价又出现了涨停。连续的上涨累计涨幅巨大，短线具有回吐的要求，价格就出现了横盘的走势，不参与盘中调整就可以卖出了。当出现连续两个上影线的高点一样都是 3.58 元的时候，就是“双针见顶”信号，是果断卖出的时候了。随后就出现了一轮下跌的行情。做股票对于什么时候卖出是非常重要的技术，很多不会赚钱的投资者就是没有学好“明确见顶”的信号。作为专业的高手一定非常注意控制自己的风险，所以才百战百胜。不是没有可能每次都赚，知识是无穷的力量，可以改变所有人的命运。我们坚信，只有精确的应用概率再加上精准的选股，在合适的点位和时间出击，才可以实现稳赚。

【实战技术精要】

（1）“平底阳”是很好的买入信号。

（2）“孤岛反转”是成功概率非常高的技术精要。

（3）“缩量涨停”要第一时间以最快的速度做最强的股票。

（4）“双针见顶”坚决卖出，不要参与盘整。

（5）任何股票短线涨幅过大都会出现调整的要求。

【看图分析解密】(图 67、图 68)

山东巨力(000880)具有超跌低价股的王者风范，“见底组合”K 线形态出现之后，出现了第一个跳空“缩量涨停”，这个信号具有非常重大的意义，要第一时间买入。“火凤凰狙击点”就是形成了孤岛反转信号之后出现直线飙升的行情，这个时候是我们会员全力冲击的最佳时机。当时该股具有龙头风范，成交量配合很好，具有非常巨大的爆发力度。连续两个涨停之后还继续向上攻击，沿着 5 日移动平均线不断攀升，经过 8 天左右的震荡上推之后，再次拔出涨停突破盘升区域，加速向上，是一种上涨中的继型突破，理论上跟第一波的涨幅应该相似。在短时间内股票价格从 2.03 元快速飙升到 3.93 元，涨幅惊人，成为当时低价超跌股的龙头。强者恒强的理念在这个股票上的应用非常符合。到达高位出现一根长阴线就结束了上涨的行情。此时获利可以把整段主升浪的利润放进自己的口袋。只要把握好切入点和成交量以及形态的关系，就可以提前发现大黑马。紧跟行情热点的板块，挖掘市场有代表

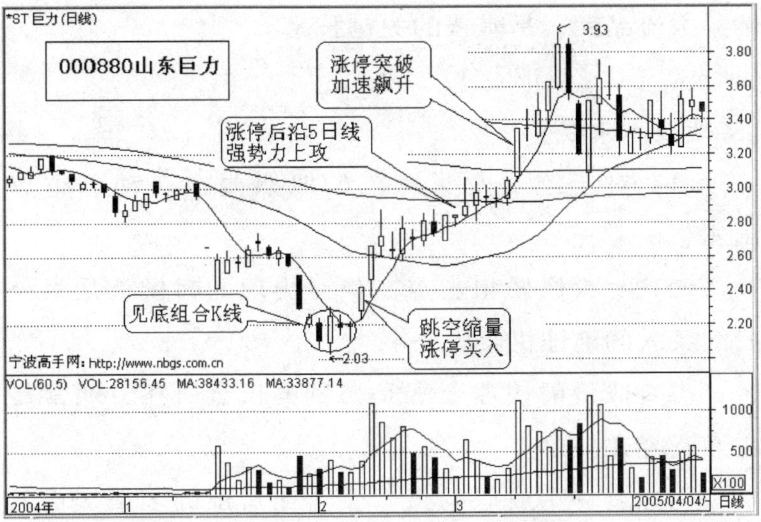
*ST 巨力(日线)
000880山东巨力
涨停突破
加速飙升
3.93
涨停后沿5日线
强势力上攻
见底组合K线
跳空缩量
涨停买入
2.03
宁波高手网：http://www.nbgs.com.cn
VOL(60,5) VOL:28156.45 MA:38433.16 MA:33877.14
2004年
2005/04/04/
日线

图 67

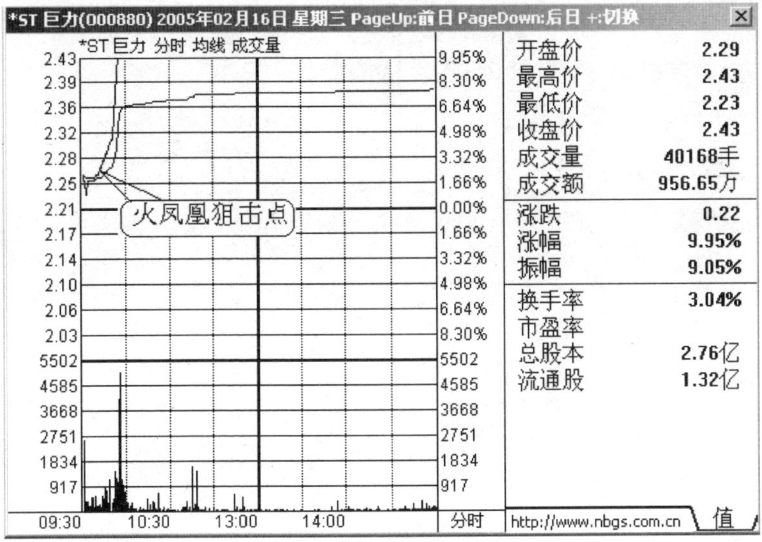
*ST 巨力(000880) 2005年02月16日 星期三 PageUp:前日 PageDown:后日 +:切换
*ST 巨力 分时 均线 成交量
火凤凰狙击点
开盘价 2.29
最高价 2.43
最低价 2.23
收盘价 2.43
成交量 40168手
成交额 956.65万
涨跌 0.22
涨幅 9.95%
振幅 9.05%
换手率 3.04%
市盈率
总股本 2.76亿
流通股 1.32亿
09:30
10:30
13:00
14:00
分时
http://www.nbgs.com.cn
值

图 68

性的主流品种，是赚钱的关键技术。

【实战技术精要】

（1）对于绝对龙头风范的股票要在启动点重点出击。

（2）“火凤凰狙击点”信号出现的时候就是第一时间买入的绝佳机会。

（3）股价的快速上涨是暴利的机会所在，通常是主力资金在扫单。

（4）当一个股票的买入资金比卖出的多很多倍的时候，是最好的买入机会。

（5）龙头股票通常都有60%以上的涨幅，只要形态没有破坏，就可以继续持有。

第六章　时势造英雄

可以看得出来，英雄都是在适当的时代恰当地运用了智慧，创造了奇迹，让群雄都为之震撼的人。特别是在没有什么超出常规的高手的时候，往往一个很会短线技巧的投资者可以遥遥领先于别人，成为市场中的“风向标”。个人的人格魅力是英雄与普通人的区别。不是为金钱而付出一生的努力，而是其使命感动一群人帮助他实现雄伟的目标。

我们通常要掌握各方面的基本常识之后，对股票市场才有深刻的认识；要对基本面分析和技术面分析都精通之后，才能发挥到与市场波动节奏配合默契。没有被经常使用的任何技能都会被时间所淡化，因此，抓涨停的技术要不断地强化，当达到一定的训练之后就会很巧地捕捉市场瞬间的机会。希望广大读者顺应时势，敢于拼搏，通过奋斗成为英雄！与其与庄家斗，还不如骑在庄家的身上，一起成功。正如一句名言：“站在巨人的肩膀上可以看得更远”。

一定要学习别人的经验，在别人的失败当中吸取教训，这样自己才可以保障本金的不损失。借助别人的智慧为自己创造效益，这是股票“借力使力不费力”的好方法。在特定时间段有特定的风云人物，这些人的一举一动都会掀起很大的波浪。以最快的速度壮大自己的力量，你就一定会赢。

第一节 生存法则 发财战略

我们严格遵循自己长期战斗在股市第一线总结出来的生存法则。从战略上，我们要坚定不移地执行这些让任何投资者都可以有所收益的法则。首先，我们强调的是，要有一个值得自己坚持做超过10年而不会厌倦的工作，而且一定要有自己可以赚大钱的信念。如果挫折来到的时候想到自己的目标(明确的目标)，就会自然振奋，有自觉发奋的动力，那么你一定可以找到自己想要的。

在你的技术还没有过关的情况下——过关也就是判断的准确性超过70%以上，不要将全部资金都用来操作。否则，一旦出现亏损就非常被动了。加上大多数投资者认识到自己操作错误的时候，行动迟疑，结果，止损时机错过之后就很难有好的卖点了。因为，下跌之后形态就很难看，越跌得快就越不想出货，期盼着反弹再出货。

对于技术分析没有完全理解的人是无法接受出错的时候该如何操作的，正是概率方法的运用把精通技术分析的人成功地推向了市场。

市场是需要有实力的分析研究人员来引导潮流的，但是，如果你没有认识到什么是主流的热点，那么，肯定会错过很多短线的热点，这是很重要的生存法则。当你没有把握的时候，最好的方法就是暂时空仓观望，没有操作并没有亏损。当行情真的来临的时候，站在24日“生命线”之上的时候，你就可以清楚地选择龙头进行狙击。这样既可以回避市场的风险，又可以第一时间做到有资金出击龙头。很多大的机会就是在空仓等待的过程当中发现而把握住的。很多被市场消灭的机构就是没有控制好自己的情绪和操作风险。机会无所不在，风险无所不在，这本身就是市场的规律。很多机会不是投资者没有发现和看准，只是，当行情的龙头确认的时候，果断的短线高手已经第一时间就买进，没有等，没有犹豫。马上行动是因为对自己分析的自信，而有更多的投资者是因为自己手上还有别的股票，不愿意马上出局跟上热点龙头。这是普通投资者的通病，没有经常空仓也是被套住的共同原因。对市场分析后，必须制定相应的策略。如果你在市场短线下跌的情况下还要重仓出击，那你的风险肯定比较大。当你分析到大盘要涨的时候，没有重仓出击，那也是浪费了自己的研究成果。

相信自己的研究成果，制定相应的操作策略，当分析错的时候，也要相应采取减仓的操作，这是控制风险的人必须掌握的。什么时候错了，如何把风险降低到最小，这是生存到现在还很好的投资者告诉我们的生存要点。

当你掌握了控制风险的要点的时候，就可以进一步研究技术分析对于短线操作的重要意义。短线操作自然要做到细致地分析每一个股票表现出来的每一个细节。当你发现规律的时候，就是短线出击的时间。我们对于超级短线的把握一定要依靠短线技术指标，判断股票的技术位置，永远不要在股票高位刚刚破位下跌的时候参与。否则，一定会被庄家给打压和消灭。回避了重大暴跌的风险，可以成为最后活下来的赢家，这就是我们一直强调的投资理念："生存第一；赚钱第二。"每周操作一次到两次，笔者认为这就是短线操作了。每次保持不亏的情况下实现3%~15%的目标，相信不出一年，你就发财了。

【看图分析解密】(图69)

宏达股份(600331)是具有中线波段风格的股票，该股基本面比较好，业绩有支撑，导致主力介入比较深。当一个有实力的主力介入股票之后，就会展开中线的波

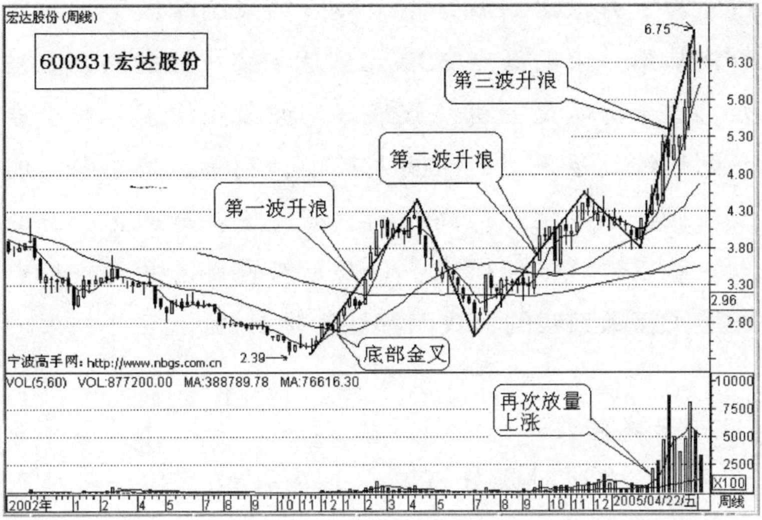

图 69

段运作。这个股票的周 K 线出现 5 周均线上穿 24 周均线的时候就是最好的波段买入方法。“底部金叉”信号之后出现了第一波凌厉的上涨行情。第一波升浪过后接着就来了一次几乎把前面涨幅都吞没的调整。在周线长下影线单针探底之后就出现了第二波上升浪的行情，突破第一波升浪的高点之后出现第二浪的调整，这个调整是第二升浪的三分之一调整，24 周生命线出现单针探底的动作后就明确地预示第三升浪的行情要启动了，这个时候大胆建仓是最快的一段。第三波升浪的速度是比较快的，价格快速飙升，不轻易回头，成交量也快速放大，这个时候是赚钱最快的加速阶段。通常回调都是出现在这个时间的。一般中线的股票经过三波上升浪之后就是整个波段结束的时候了，股票价格从第一浪的低点 2.39 元到达了第三浪的高点 6.75 元，这个涨幅是上班一族最好的波段操作了。对于专业的短线高手来说，时间太长了，利润是很丰厚，但波段操作不一定是最高超的技巧，不一定适合所有的人。所以，该如何操作，只要是符合自己的性格特点又能实际赚到钱的，我们都认为是对的。

【实战技术精要】

（1）中线股票分析要点是内在价值和价格是否一致。

（2）“底部金叉”信号是买入信号。

（3）趋势明朗可以大胆买入，中线持股。

（4）调整的时候尽可能空仓，不要抱着不放松。

（5）放量突破前面两个上升浪的最高点是买入信号，要敢于操作。

【看图分析解密】(图 70、图 71)

抚顺特钢（600399)是一个表现非常突出的明星钢铁股之一，我们在分析钢铁股的时候一定会看看这个股票的表现。该股具有非常好的群众基础，在很短的时间内就实现了翻倍的行情，这样的股票是具有非常强大的号召力的。在底部强庄买入，快速建仓，出现

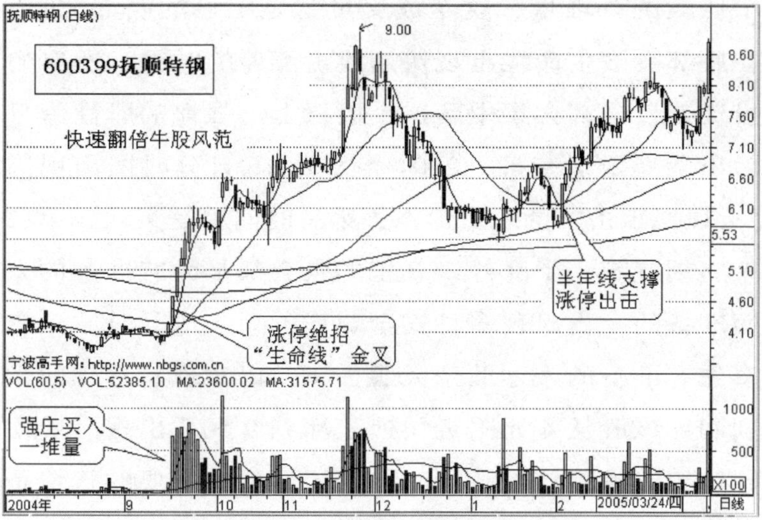
抚顺特钢(日线)
600399抚顺特钢
快速翻倍牛股风范
9.00
半年线支撑
涨停出击
涨停绝招
“生命线”金叉
宁波高手网:http://www.nbgs.com.cn
VOL(60,5) VOL:52385.10 MA:23600.02 MA:31575.71
强庄买入
一堆量
2004年
2005/03/24/四
日线

图 70

抚顺特钢(600399) 2004年09月16日 星期四 PageUp:前日 PageDown:后日 +:切换
抚顺特钢 分时 均线 成交量
火凤凰狙击点
开盘价 4.26
最高价 4.68
最低价 4.25
收盘价 4.68
成交量 68679手
成交额 3176.74万
涨跌 0.43
涨幅 10.12%
振幅 10.12%
换手率 5.72%
市盈率 127.16
总股本 5.20亿
流通股 1.20亿
09:30
10:30
13:00
14:00
分时
http://www.nbgs.com.cn
值

图 71

了巨大的一堆量，这个成交量就是明显的底部放量，在底部突破生命线出现快速攻击涨停的时候，所有的投资者目光都会集中到这个股票上，强悍的股性为日后出货奠定了基础。2004 年 9 月 16 日分时图出现了“火凤凰狙击”的攻击形态，第一时间就是买入，第二天立刻就赚一个涨停。真正的机会都是为有准备的人而准备的。当出现多种安全赚钱的买入信号时，只有事先有准备的人才敢于大胆去买，以实现超常规的大利润。该股从 4 元附近快速上涨到 9 元才出现“避雷针”短线见顶信号，同时开始了调整。主要的行情是基金在操纵着股票的价格，只有这么大流通盘的股票出现才会有这么巨大的上涨。大蓝筹时代的股票就是这样大规模运作的，基金的交叉重仓持股合谋做大庄现象美其名为基本面看好，选股一致，还抛出一招叫做“价值投资”。我们作为普通的投资者根本无法摆脱弱势群体的地位，因此，做好技术分析，灵活操作才是小资金个人投资者的唯一出路。对于几百万元的大户很容易就被机构消灭掉了。爆涨之后的爆跌是庄家的后果。龙头股就是要有大资金运作，否则就不会有这么巨大的上涨幅度和速度了。运作的规模越大，股票的形态就越有规律和符合技术分析。通常都是双底形态出来之后才会加速向上，这种现象使我们很容易就发现切入的点位。

【实战技术精要】

(1) 底部涨停突破生命线是买入信号，短线看涨做多。

(2) 超过三天底部放量，就有可能是中线资金关照看好。

(3) 回抽生命线出现长下影线就是“蜻蜓点水”买入信号。

(4) 高位整数关口和双头形成就要回避风险。

(5) 双底形成后右侧出现涨停是行情的开端。

【看图分析解密】(图 72)

庆丰股份(600576)是很突出的一个短线股票，在波动中一直都有资金精心策划和运作，横盘两个月后就出现了“打桩”平底阳信号，突破生命线之后出现“神枪手”买入信号，股票价格很快就出现了连续三个涨停板。开盘就是涨停价格，一直到收盘没有打开过的涨停板我们叫做“横行霸道”涨停板，这种涨停就是不让后面排队的人买到，只有参与竞价买入的人才有机会成交。连续两天逼空向上，股票在第三个涨停放出巨量，进行宽幅震荡出货。很多投机的人没有把握好就被套住了，次日再来一个低开高走，又掉下来一个“避雷针”长上影线短期见顶卖出信号。成交量

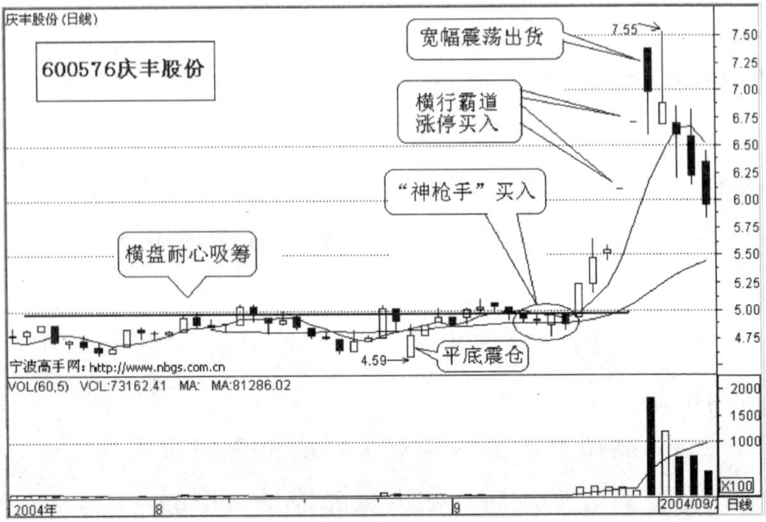

图 72

巨大在高位是主力对敲出货的行为。一般投资者以为强庄介入还要涨，结果就被套在高位，后面连续的跳水就更加惨烈了。市场总是这样残酷，只有少数看明白的人赚钱，其他的都只有陪着玩，经常被套。所以，每一个K线图的内在含义要反复练习和感悟才可以知道主力的意图。真正的方向一旦被你看透了，主力也就没有办法了，只好给你也分一杯羹。如果可以做到主力出货你先卖，主力推高你先买，这样就可以做到稳赚不赔了。这个技术分析的要点就是针对不同时间的不同K线形态和成交量变化判断主力的真实意图。通常投资者都是非常花心的，对于自己的股票根本就没有太大的把握，买卖问题也是模糊不清，这是导致直接亏损的主要原因。庆丰股份在5元平台启动到7.55元高点，只用了6个交易日就完成了50%的巨大涨幅。其实个股的短线行情是中国股票市场最大的机会，称之为“暴利”也不会过份的。我们认为这样的赚钱机会在股票市场实在是太多了，只要掌握了实战的技巧，就可以赚很多不懂股票的人的钱。股票市场本身就是博弈的市场，有人赚钱就会有人亏钱，懂得股票内在规律知识的人赚不懂股票内在规律知识的人的钱就是目前的市场现状。如果要在股票市场赚更多的钱，就必须成为市场主流资金的跟随者。

【实战技术精要】

（1）股票价格突破长期横盘的价格区域，要重点关注。

（2）加速放量上涨要重点关注，可能还要上涨也应关注。

（3）开盘涨停，封单大，可以立刻挂单排队追买。

（4）缩量再次涨停加速向上，可以继续追买。

（5）高位已经涨不动，巨量打开涨停，要注意风险。

第二节 顺应大趋势原则

如果你到目前为止在股票市场还不能够赚到钱的话，笔者非常兴奋地告诉你一个非常重要的赚钱法宝：顺应大趋势。

什么是大趋势呢？就是大盘的总体走势。通常我们看盘都是看上证指数或者深证成指，如果大盘大方向向上，而且趋势已经形成，上证指数站在年线上面，那么我们认为行情的机会还是比较大的，参与那些5日均线往上翘的股票，并且K线图在24日“生命线”之上，我们认为机会是非常大的。所有大黑马的诞生都是从突破“生命线”开始加速和展开的。我们要顺从这个趋势，不要在“生命线”之下的死亡区去抢风险！

笔者曾经因为没有适应市场的变化而改变自己的单向思维的多头思路，受到市场无情的抛弃，这样的教训已经太多了。因此，在行情很理想的时候采取行动是比较容易成功的，这是一个概率问题，百分之九十的股票都上涨，投资者抓住上涨的股票的机会就大。多数情况下我们都是与自己的心理在斗争，市场的变化是客观的，如果还是用自己主观的意志想改变什么，结果还是教训比较多。其实，技术高超的高人远比我们的想法要来得高明，技术更加精湛。只有改变自己来适应市场，才有可能最高效率地利用市场自身的力量来实现自己的极限利润目标。在很多操盘手都过的不是很好的大环境下，能够活着，并且过得很好，确实已经是一件非常幸运的事了。

那么市场到底有什么样的趋势呢？多极化的趋势比较明显，有很多的变化是不可以预测的，主要靠控制自己的仓位来控制风险。这就是大家所说的资金管理原则，不要让自己的资金处于没有原则的情况下操作。做中国最守规矩的投资者，完全依据自己设定的原则进行操作，做一个最守规则的股民，你才会获得超常规的利润。很多人不明白是什么意思，循序渐进的方法是最快的，只是很多人没有坚持这样做而已。按部就班是最快的选股操作法。

【看图分析解密】(图 73)

盐湖钾肥 (000792)是非常具有代表性的中长线牛股。该股在大盘风雨飘摇中屹立不倒，一定是有人为的关护。所以，大家如果要发现长牛就一定要注意大盘不好时，谁逆市横盘或者不跌；大盘一站稳就快速向上的股票。通常这类股票都是有人关照的。中线牛股多数都是业绩有增长或者题材独特，庄家长期运作的重要品种。股票价格的形态多数都是碎步向上加速

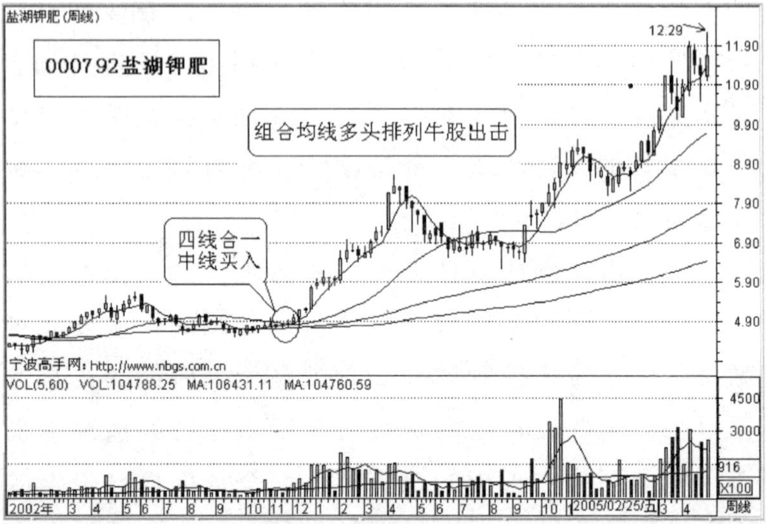

图 73

大阳，然后整理盘整，再突破平台继续向上，稳步推高，最后形成均线呈现多头排列的信号。当出现“四线合一”的信号时可以重点关注；当股票价格突破盘整区向上迈进的时候，就会出现均线发散向上推动股票价格的态势。这种漂亮的K线组合和均线形态就是大牛股的形态。如果大家看准大趋势大的方向，就一定可以获取大的利润。大师通常都是这类具有大思维和大布局的将才，这种方法是最适合上班一族学习的方法。不需要怎么看盘，只要认定方向就可以获取巨大的中线波段利润。牛市来临的时候有很多股票都会走这种大牛的形态，但是在熊市就不是这么容易买到这种牛股了，需要有耐心和细心的关注和分析，才会发现主力的运作心路。三波向上的行情很多都是每一波上涨的时间和调整的时间都是相同的，只是波动幅度不一样而已。这个方法能很有效地判断什么时间股票已经调整完毕，再次要启动的时间就是你发财的介入点。对应的时间和不同的空间是股票操作的要点。如果要成为中线波段的高手，就要重点研究大的形态的大的运作规模。行情在不断地变化，但是大牛股的出现和时间有很大的关系，独立行情就是牛股的最经常表现。

【实战技术精要】

（1）出现“四线合一”信号，可以中线买入。

（2）股价突破向上，均线发散向上大胆持有。

（3）调整快要结束的时候出现探底针信号，是买入或者转折时机。

（4）5日均线托着股票价格加速向上，阶段最好持股。

（5）中线牛股一般都有60%以上幅度和空间，可以在大赚后分批获利。

【看图分析解密】(图74、图75)

苏宁电器(002024)是非常具有代表性的中小企业优质股票。该股上市后的表现让所有投资者认同其高举高打

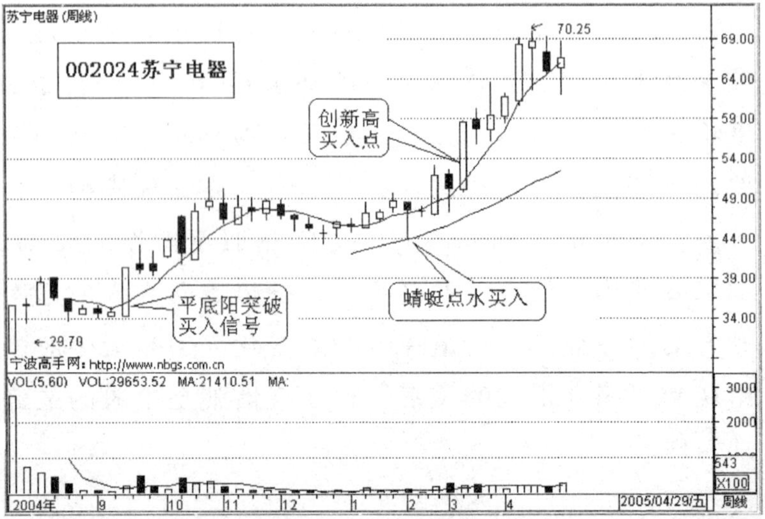

苏宁电器(周线)
002024苏宁电器
70.25
创新高
买入点
平底阳突破
买入信号
蜻蜓点水买入
29.70
宁波高手网：http://www.nbgs.com.cn
VOL(5,60) VOL:29653.52 MA:21410.51 MA:
2004年
2005/04/29/五
周线

图 74

苏宁电器(002024) 2004年09月17日 星期五 PageUp:前日 PageDown:后日 +:切换
苏宁电器 分时 均线 成交量
会员闪
电出击
开盘价 36.95
最高价 40.48
最低价 36.61
收盘价 40.48
成交量 11851手
成交额 4629.64万
涨跌 3.68
涨幅 10.00%
振幅 10.52%
换手率 4.74%
市盈率 59.95
总股本 9316万
流通股 2500万
http://www.nbgs.com.cn

图 75

的高姿态形象，成为价格最高、最贵的股票。虽然家电行业没有什么特殊性，但是在现代社会，渠道是一种非常值钱的东西。拥有渠道就拥有财富。这些渠道可以快速地把所有厂家的产品以最快的速度推向市场。这种模式与曾经是世界首富、全球最大的沃尔玛百货超市有很大的共同性。先知道这种渠道的人快速地占有了最大市场，使事业快速增长，超速成长。很多没有看过或者想都没有想过的人不明白怎么赚的钱，明明看不到什么很大的利润，却发展得如此之快，就像很多人不敢相信像苏宁电器这么高的股票价格还有人敢炒作，并且不是小机构而是大资金大规模运作，没有一定的魄力是不可能去封涨停的。在上市初期出现“平底阳突破”买入信号之后就出现了快速不断创出新高的态势，一路飙升到 51.98 元之后才出现了整理。在一段横盘斜向整理过后出现“蜻蜓点水”买入信号，碰到 24 日“生命线”支撑，然后展开了攻击 70 元的强悍飙升行情。在大资金的介入下才可能有这样绝佳的表现。一般投资者自己看好的股票不可能有这么大幅的飙升行情，只有被主力看中、被大资金推动的股票才有机会产生如此波澜壮阔的精彩个股行情。在实战当中讲究的是获利，不管股票本身业绩好坏，不管股票价格高低，只要买进去之后还有人愿意以更高的价格买入，就会赚钱出局。只要不是很贪心的人，就一定可以获利。技术分析是短线高手必须深入研究的一门功课。操作策略是很重要的，只要用正确的策略去应对行情，基本上可以做到稳赚不赔。

【实战技术精要】

（1）短线操作在股票创新高的时候就是机会，继续上涨的概率 75%。

（2）出现“平底阳突破买入信号”是绝佳的买入机会。

（3）出现明确的“蜻蜓点水”买入信号是加速的重要时机。

（4）高位长下影线破 5 日均线要注意风险，冲高出货。

（5）5 日均线高位死叉 24 日“生命线”。坚决空仓离场。

【看图分析解密】(图 76)

张裕 A(000869)是非常典型的长线资金关照的庄股。有大资金长线运作的股票，从长线来看都是比较规则的上涨形态。张裕 A 在底部连续放量，然后出现缩量下跌，建造平台之后再放量突破。两次放量突破的强势特征非常明显。重要的均线 24 日“生命线”和 72 日“决策线”突破之后展开了一轮不断创新高的行

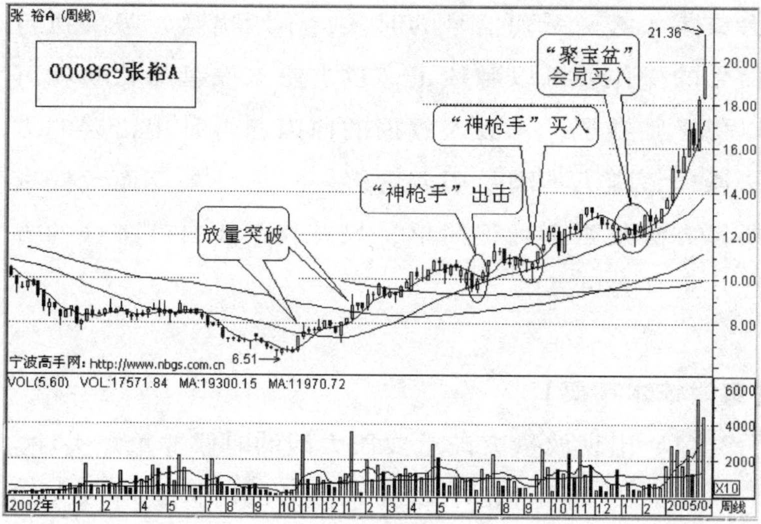

图 76

情。成交量是行情能否延续的关键，一般的机构都是通过对敲来拉高股票价格的，因此，在行情非常明确的时候有强庄的股票是比较好的可操作品种。在大盘非常差的时候就可以看出强庄和普通股票的区别。作为短线高手，一定要把握好强势股进行运作，才可以获取超额利润，特别是来回波段操作获取的利润更加丰厚！如果针对一只股票操作的时间长了就会对股性有很深刻的了解，什么价格、什么成交量会有机会拉升，这样就可以把每次的波段都赚到手，累计的复利比普通的一次两次涨停利润还要高出许多。任何职业股票高手都是只对有把握的机会进行操作。当出现明确的"神枪手"出击、"神枪手"买入、"聚宝盆"

会员买入等一系列信号的时候，不用犹豫，坚决执行信号的操作就可以赚钱了。攻击庄家操盘的软肋就可以稳操胜券了。一般人亏损的原因通常是用错误的方法操作，赚了不满足还要贪多一点，结果反而亏钱离场。方法是否正确很简单，只有真正让自己赚钱的方法才是真实可靠的。

【实战技术精要】

(1) 出现放量突破重要压力线的时候要重点关注。

(2) 出现“神枪手”买入信号的时候，可以大胆出击。

(3) 出现“神枪手”买入信号的时候，可以大胆买入。

(4) 出现“聚宝盆”会员买入信号，可以介入，赚取主升浪波段收益。

(5) 出现股票价格快速上涨60%以上甚至翻倍之后，要注意风险，如果有头部迹象就现价出空。

第三节 潜移默化　熟能生巧

要成功抓住涨停黑马，必须经过长期的心理训练和实战训练，形成一种自我的习惯，一旦市场出现领涨黑马快要涨停或者刚刚涨停的时候，就是我们抓涨停的机会。成功与否取决于对股票涨停的力度是否有把握，如果涨停封不住将是亏损最快、最容易的事情。因此，技术的熟练程度和判断的准确性是非常关键的。

很多人不知道自己做股票的目的，经常为了别人的意见而改变自己的决定，结果可想而知。亏损的人身边都是一起亏损的人，正如百万富翁跟百万富翁在一起，千万富翁跟千万富翁在一起，亿万富翁吸引亿万富翁。如果你想成为什么人，只要你和什么人在一起，或者努力和什么人在一起，这基本上是你想得到你所要的东西的最好秘诀。

把一些操作流程变成习惯，看盘、复盘和分析都是非常重要的。一个人离开证券市场超过半年，基本上就没有了那种市场的感觉了。所以，如果想成为顶尖的操盘手，必须让自己的市场感觉敏锐，让自己的行动迅速，这些都是技能，要不断加强才可以做到最好。正如写毛笔字或者写钢笔字的人一样，每天大都在写。画家也是一样，每天大部分时间都专注于画画。如果你看过世界冠军的运动员是如何训练的，你就知道自己是多么的不够努力。跳水冠军每天重复着一个相同的动作在训练，而且还有教练的指导，在摄录机重复播放自己的动作的过程中分析自己当时的失误，并且改变自己的失误，哪里还可以做得好一点，每天进步一点点，结果就诞生了世界冠军。举了那么多例子，相信大家对操盘已有一个比较清楚的感觉，就是不断地做好一项工作。如果你重复做的是一种赚钱的模式，相信你很快就富有了。如果你还是重复着亏钱的模式，相信现在一定深套其中。这就是市场能够给我们的结果。

经验告诉我们，绝对价格低的股票要比绝对价格高的股票市场表现来得凶！低价股常常因为有重组题材的支持，成交往往十分活跃，庄股可以利用涨跌幅限制助涨助跌，从而形成巨大的短线获利空间。

股票之所以会价格低，肯定是业绩亏损、经营不善造成的多，受此影响，股价低迷也就可以理解了。当然，也有的是因为大盘趋势不好，连续熊市，也是低价股票不断增加的原因。这在某一程度上却成为新的庄家趁价格便宜进行吸呐的有利条件，机构总是喜欢与股民对着来干，所以我们要经常在股价大幅跌低后买入股票，快进快出操作反弹，真正与庄共舞。如果说投机是一门艺术的话，那么我们认为在低价股里进行炒作最能体现其艺术的一面，因为你不可能用常理从中赚钱，逆向思维最为有用。所以作为敢死队的短线高手来说，低价股是相当具备吸引力的品种，但你绝对不能长线持有。因为中国证券市场还没有“百年老号”，以后也许有一直向好、成长性很好的上市公司，但是目前上市公司的实际经营业绩与股价不是很匹配的。

【看图分析解密】(图 77)

金杯汽车（600609)是汽车股中经常有机构关照的品种，该股出现温和放量之后就展开了一波明快的行情。“量线金叉”是短线黑马启动的重要信号，做短线一定要看成交量，在5日均量线突破60日均量线的时候要重点操作。5日移动平均线突破24日“生命线”的时候是最好的买入时机，在价格突破的当天介入马上就赚钱了。随后的放量连续上涨都是可以持有的，短线操作如果有成交量配合，日K线不破5日移动平均线，收盘一般都会有继续上涨的机会。这就是具体操作的关键。当股票价格跳空向上的时候就是加速的时候，当出现涨停并且有大买单封住时可以短线继续看涨，只有出现无力向上的时候才会有一定的压力。通常都是急速飙升过后出现长上影线的“避雷针”信号，这是明确的卖出信号。做股票要做到最专业，就要第一时间明确信号出现时马上行动，进行操作。不是专业的人士通常都是在犹豫中度过了操作的最佳时机。一旦错过高位卖出，就很难做出正确的卖出决策，因为随着亏损的扩大，很多人都会出现麻木的持股操作，结果是越持有越亏。双针见顶和双针见底都是可操作性很好的明确信号。

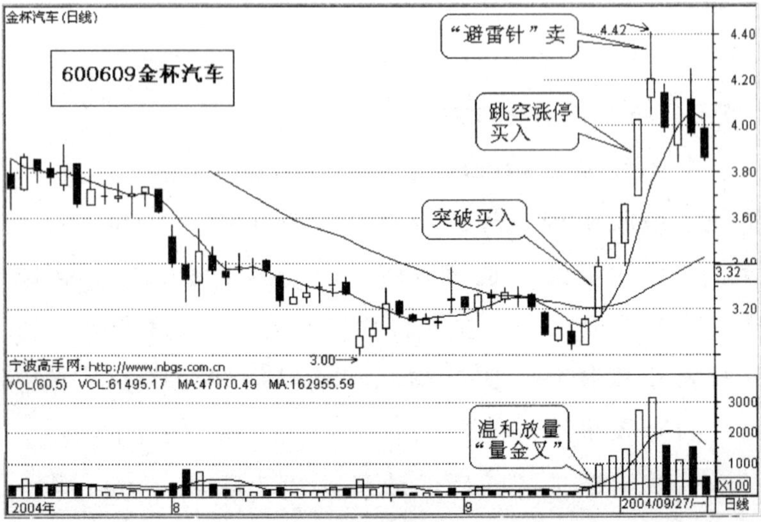

图 77

【实战技术精要】

（1）底部温和放量，密切关注。

（2）中阳突破 24 日"生命线"要重点买入。

（3）沿 5 日均线飙升是持有信号，短线方向不变。

（4）大盘股短期连续大涨后就要注意是否有停止趋势。

（5）高位出现"避雷针"信号要坚决卖出。

【看图分析解密】(图 78、图 79)

上电股份(600627)是比较活跃的短线股票，这只股票在 6.24 元最后杀跌之后出现大幅度飙升的行情，双底

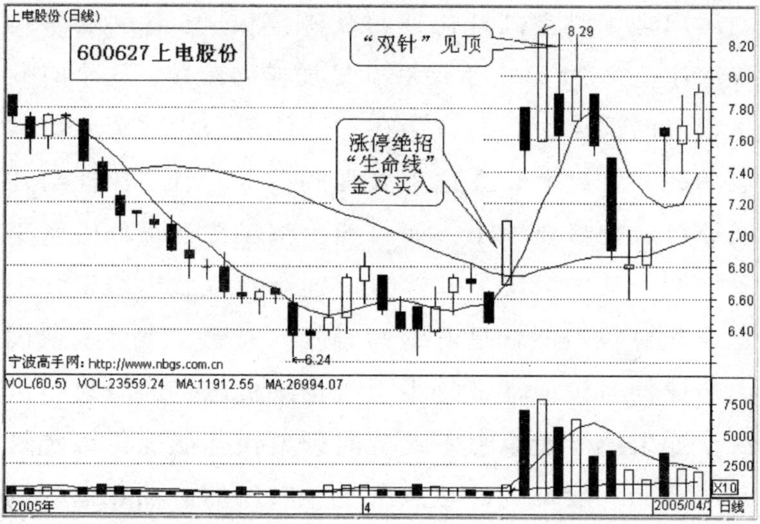
上电股份(日线)
600627上电股份
"双针"见顶
8.29
涨停绝招
"生命线"
金叉买入
6.24
宁波高手网：http://www.nbgs.com.cn
VOL(60,5) VOL:23559.24 MA:11912.55 MA:26994.07
2005年
2005/04/
日线

图 78

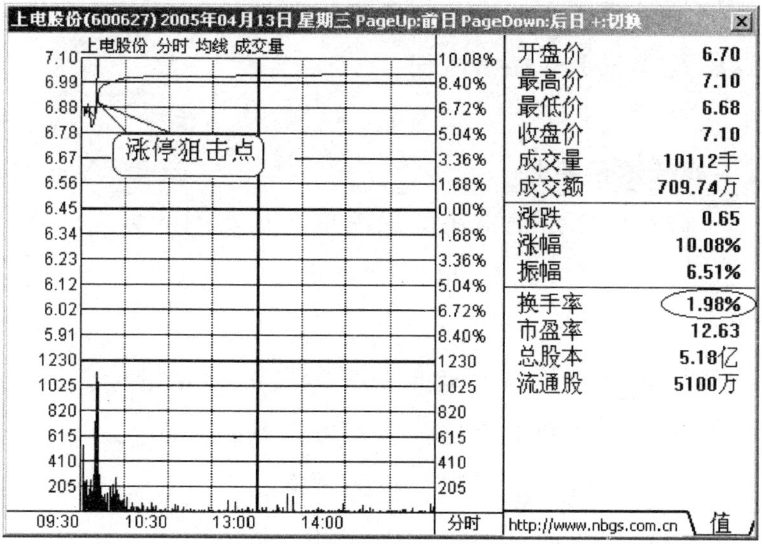
上电股份(600627) 2005年04月13日 星期三 PageUp:前日 PageDown:后日 +:切换
上电股份 分时 均线 成交量
涨停狙击点
开盘价 6.70
最高价 7.10
最低价 6.68
收盘价 7.10
成交量 10112手
成交额 709.74万
涨跌 0.65
涨幅 10.08%
振幅 6.51%
换手率 1.98%
市盈率 12.63
总股本 5.18亿
流通股 5100万
http://www.nbgs.com.cn
值

图 79

之后出现了跳空高开快速封住涨停板。5 日移动平均线快速上穿 24 日“生命线”是加速的信号，这个时候是很好的买点。我们认为在“涨停狙击点”买入赚钱成功率非常巨大。在这里要强调一点，就是快速封住涨停后成交量要缩小，而且换手率保持在很低的水平是持续上涨的关键。涨停过后连续高位放出巨量，一旦成交量跟不上就是暴跌的时候。股票在很多人认同去追捧的时候通常都是主力机构乘机出货的时机，因此，如果感受股票涨不动的时候要快速撤退，以免被套严重。一般市场的热点都是一阵风的，热点退却的时候就不该再参与，但是，经常涨停的股票是最容易涨停的股票，这就是我们所说的股性。股票也有性格，这就是操盘手的性格体现。

【实战技术精要】

（1）双底是很常用的最简单、最实用的买入信号。

（2）5 日线金叉 24 日“生命线”攻击涨停是最佳买点。

（3）股票价格波动是引导均线的领先指标，看价格上涨和下跌的阻力是否大就可以判断方向。

（4）价格永远向阻力小的方向运动。

（5）“双针见顶”卖出信号，坚决卖出。

【看图分析解密】(图 80、图 81)

星马汽车（600375)是汽车股当中波动激烈的股票之一。短线大幅波动是短线客最喜欢的品种。因为有差价，所以有利润。没有人会对利润不感兴趣的。当有利可图的时候，行情就已经进入即将爆发的阶段了。该股主力运作明显，在上涨之前出现了巨量的上下影线的大阴线，然后很多人都以为这只股票没有戏了，肯定是主力放量出货。结果第二天低开 6.35 元高走，收出平底阳，震仓吸货同时进行。次日再来一个阴十字星，让持有的人认为反弹无力，恐慌卖货。结果，2004 年 9 月 17 日开始快速上涨，中午突破盘整区域，快速扫单攻击涨停。这种主力运作明显的操作手法是非常好的赚钱机会。如果你看懂了，其实庄家也就是这几招路数。掩盖真实意图是庄家不断制造假象的原因。当我们清楚看出机构的意图时，就是我们赢利的开始。不一定全部家当都要去搏杀，我们认为行情总是在波动之中，没有必然的结果。市场总是有很多遗憾留给参与者。我们需要的是乐观地看待市场的行为，把握市场的节奏，坚决执行市场发出的信号，顺着市场的意思去操作，不妄加臆断和猜测不切实际的结果。做自己能力范围的投资，你将稳赚不赔。

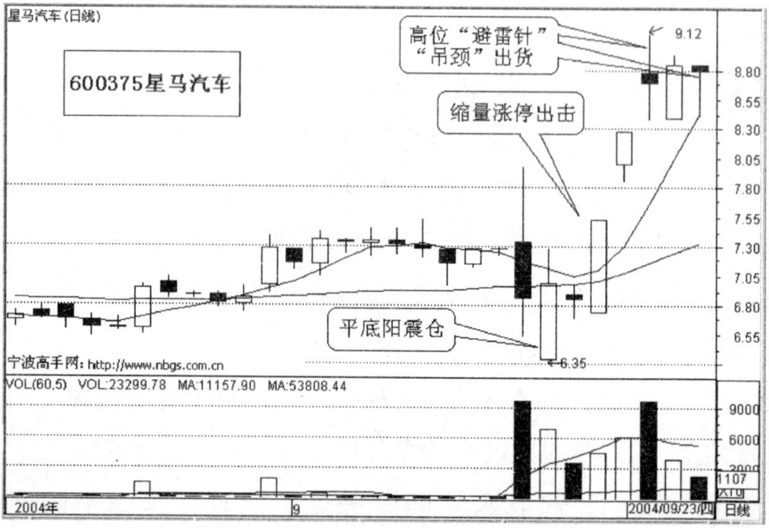
星马汽车(日线)
600375星马汽车
高位“避雷针”
“吊颈”出货
9.12
缩量涨停出击
平底阳震仓
宁波高手网: http://www.nbgs.com.cn
6.35
8.80
8.55
8.30
8.05
7.80
7.55
7.30
7.05
6.80
6.55
VOL(60,5) VOL:23299.78 MA:11157.90 MA:53808.44
9000
6000
1107
2004年
9
2004/09/23/四
日线

图 80

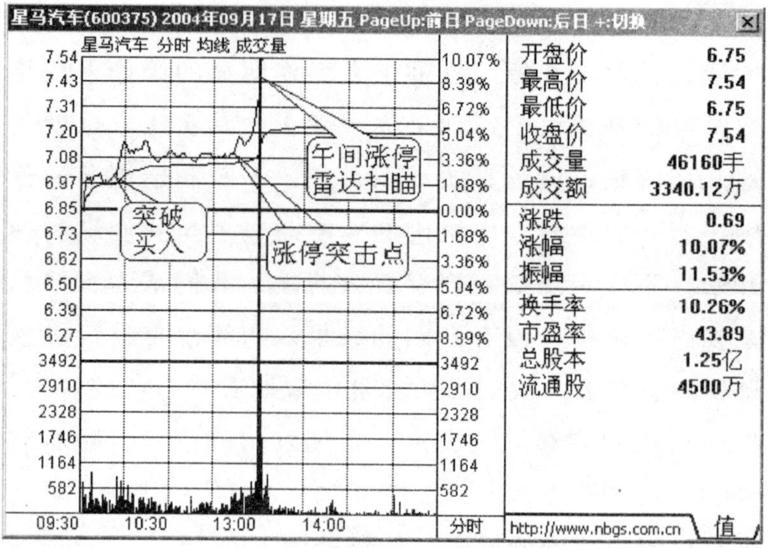
星马汽车(600375) 2004年09月17日 星期五 PageUp:前日 PageDown:后日 +:切换
星马汽车 分时 均线 成交量
7.54
7.43
7.31
7.20
7.08
6.97
6.85
6.73
6.62
6.50
6.39
6.27
10.07%
8.39%
6.72%
5.04%
3.36%
1.68%
0.00%
午间涨停
雷达扫瞄
突破
买入
涨停突击点
3492
2910
2328
1746
1164
582
09:30
10:30
13:00
14:00
分时
开盘价 6.75
最高价 7.54
最低价 6.75
收盘价 7.54
成交量 46160手
成交额 3340.12万
涨跌 0.69
涨幅 10.07%
振幅 11.53%
换手率 10.26%
市盈率 43.89
总股本 1.25亿
流通股 4500万
http://www.nbgs.com.cn
值

图 81

【实战技术精要】

（1）我们要注意那些异常波动的股票，发现其中的机会。

（2）第一时间发现介入的时机，没有把握之前最好持币。

（3）看准机会后明确买入的信号，全力出击。

（4）快速涨停是短线牛股的重要特征。

（5）“避雷针”见顶卖出信号和“高位吊颈线”信号是明确的卖出信号。

第七章 狙击黑马本色

为了形成一套自己的风格，并且成功运作，不被主力所消灭，我们要进行细致的研究和分析，经过严格的流程来筛选出精品黑马。然后，准备在最有利的时机狙击。黑马要求有非常鲜明的具有主力暴炒的股性和容易形成短期聚集人气的特点。盘子要适合机构运作，在大盘不是很理想的时候，通常都是中等盘子的股票比较容易成为被主力狙击的目标，只有成为主力机构积极参与的目标股才能成为黑马，这些被人忽略的股票突然跑出来就显示出很多题材被媒体重点挖掘并且被放大很多倍。黑马的本色就是具有号召力的领涨股，最少是在某一时间段是非常牛的股票。对于这些股票要加以研究和归纳分类整理，做到心中有数，随时注意盘面的变化，第一时间狙击领涨黑马，不要轻易放松，这样才可以获取超常规的利润。

具有非常鲜明特点的股票、具有王者风范的黑马是重点狙击的对象。对市场波动比较有领导地位和领涨风范的股票一定要经常留意，仔细观察。

第一节 精选狙击黑马池

我们为了更快地把握市场的热点，首先要做好功课、精心挑选一些股票作为跟踪的目标股，一旦出现启动迹象就可以迅速行动了。这就是自选股，由于成功上涨的几率非常之高，所以我们称之为“黑马池”。

如果想在市场上形成一种不管牛市和熊市都赚钱的操作方法，那要经过长时间的筛选，把股票分成几个类型。一种是创出新高的股票，根据国外的统计，刚刚第一次创历史新高的股票，有70%以上的几率继续创新高。在这个原则下，把不断创新高的股票通过我们的股票软件找出来，就可以轻松超过那些成功率不够30%的股评家了。我们把这种方法教给了一些函授学员之后，很多人开始的时候胆子不够，觉得很高。与其到后来抄一次底，就套一次，割肉，不如尝试一下，结果抓住了苏宁电器，操作了10多次每次赚钱！还有一个山西的读者抓住了深赤湾A操作了6次，每次成功获利。只要设定停止亏损的停损价格，就可以保证不会在最高位套牢。短线操作：当出现亏损3%的时候快速无条件卖出；中线操作亏损7%时无条件卖出；长线亏损10%无条件卖出。坚持这三个原则，市场想套住你也就不是那么容易了。

当你开始使用“黑马池”的时候，说明你的操作已经开始走向正确的规范化操作里程。普通投资者叫“自选股”，我们称之为“黑马池”。有机会攻击涨停的股票必须是当天的强势品种，也就是涨幅排名前48位的股票。如果这个排名没有合适的狙击品种，则挖掘没有被市场所发现、而且题材独特、与最热的市场焦点有相同地方的股票，就可以成为攻击的对象。通常排前面48位的股票是侯选最主要的分析对象。当然，我们只是分析短线当天有机会的黑马。短线机会，有时候就是那么一瞬间决定的。但是你必须对自己的操作非常有实战根据。时间对于每一个人来说都是一样的，昨天的辉煌已经过去，不需要留恋。明天的行情还没有到来，可以继续憧憬，但是没有人能跨越明天。而此时此刻，你只能把握的就是今天，就是目前这一秒。股票市场与时间有很多相同的特点，你无法控制它，你无法操纵它，任何企图操纵市场的人的结果都是一样的，被市场抛弃，成为失败者。只有适应市场，利用市场，才可以与市场同行。但是，我们可以选择与强势股同行，这样就可以融入市场的趋势。

选择即将要攻击涨停的股票作为主要狙击的对象，这本身就是一种理念。狙击有能力明天继续涨停的黑马，这更是高超的实战技法。黑马池主要就是选择适合攻击涨停的股票，并将之列为一个板块。而价格、成交量、换手率、量比，这些都是攻击涨停最需要研究的变量。

【看图分析解密】(图 82)

亿安科技（000008)是一只传奇的股票，这个股票的波动曾经牵动很多的心和市场的目光。缩量连续涨停是强势 ST 股票最明显的特点。不是涨停就是跌停，敢碰的人非常少。突破上升趋势线上轨就是最好的买入信号。连续涨停过后的第一个巨量有时候是市场意见分歧严重的表现。看空的人卖，看涨的人买，形成价格的合理定位分歧，股票价格波动激烈。标准的股票价格波动，完全按照技术指标在波动，在生命线反复受到支撑，然后进入快速的上涨阶段。从 8 元多涨到 11 元多，再次进入回调，碰到生命线 9.90 元附近受到强烈的支撑，后来公告重大消息，摘掉 ST 的帽子。股价再次起飞攻击涨停。利好兑现，股票价格连续两个涨停过后，第三天出现长长的上影线的“避雷针”信号。这个时候就要坚决地回避风险。题材一旦兑现，就是最后的疯狂结束之时，为卖出信号。股票操作没有什么很重要的技巧，最主要的就是买入和卖出的时机把握。这不是一天就能很快明白的，当你清楚地知道一切内在的规律之后，股票就是这样的简单。

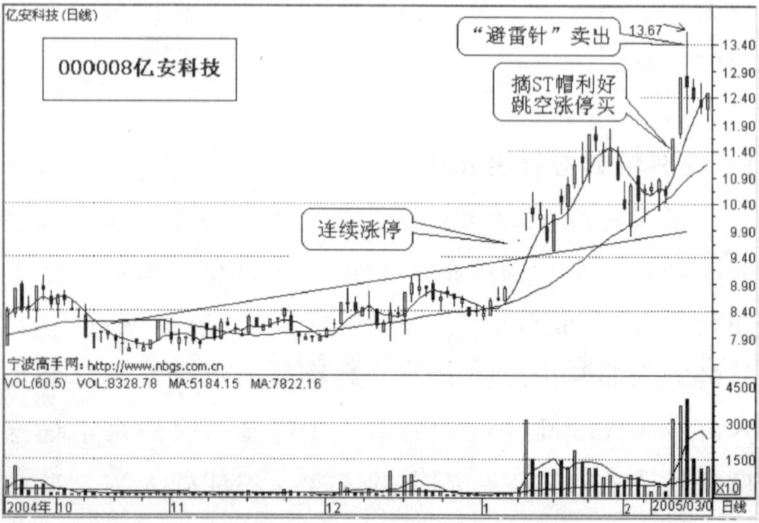

图 82

【实战技术精要】

(1) 股票的形态是一个重要的参考信息。

(2) 实战经验有时候非常不合情理，却很有效。

(3) 当短线不断缩量涨停的时候，机会难得。

(4) 提前排队涨停追买是很好的赚钱方法，但很多人不敢尝试，也认定自己买不到。

(5) 利好兑现加上出现疯狂后的"避雷针"见顶信号要快速撤退。

【看图分析解密】(图 83、图 84)

东泰控股(000506)是很活跃的股票，这个股票在2.40

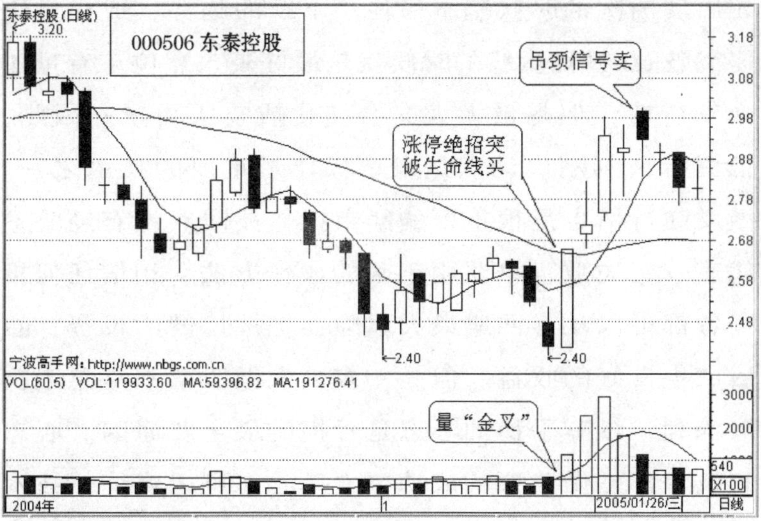

东泰控股(日线)
3.20
000506 东泰控股
吊颈信号卖
涨停绝招突破生命线买
2.40
2.40
宁波高手网：http://www.nbgs.com.cn
VOL(60,5) VOL:119933.60 MA:59396.82 MA:191276.41
量“金叉”
2004年
2005/01/26/三
日线

图 83

东泰控股(000506) 2005年01月18日 星期二 PageUp:前日 PageDown:后日 +:切换
东泰控股 分时 均线 成交量
会员闪电买入
开盘价 2.42
最高价 2.66
最低价 2.42
收盘价 2.66
成交量 122162手
成交额 3156.01万
涨跌 0.24
涨幅 9.92%
振幅 9.92%
换手率 8.47%
市盈率
总股本 2.49亿
流通股 1.44亿
09:30 10:30 13:00 14:00
分时
http://www.nbgs.com.cn

图 84

元出现两次的时候基本稳住了下跌的趋势，成交量快速突破60日均量线的时候就是最好买入点位。有量才会有行情，但是量太大又会转化成空头力量。因此，把握行情刚刚启动点是股票操作最重要的技术之一。做反弹行情也是很重要的熊市操作技法。没有经验不代表一定失败，只要用正确的操作方法，相信任何投资者都可以从容回避最大风险，把握稳健的投资，然后产生良好的收益。但是，多数人做股票都是急于获取暴利，没有平稳的心态是亏损的最主要原因。心态和技术都是做股票的成功要素。心态可以磨练，技术可以学习，当你真的想成功的时候就可以全力以赴。用最正确的方法进行操作可以取得很好的业绩。快速攻击涨停就是很好的操作方法，判断能否上涨是通过不断实战、不断总结才可以做到的。当高位出现吊颈线信号的时候是股票上涨乏力的时候，应该谨慎操作。当方向不明确的时候最好是先空仓观望，如果做到主动空仓休息，就是你成功的开始。

【实战技术精要】

（1）第一时间关注量金叉的股票，量在价先行。

（2）突破24日“生命线”第一个缩量涨停，追买。

（3）成交量继续放大是上涨动力还能维持，可以持有。

(4) 成交量快速萎缩，价格不能涨是短线见顶信号。

(5) 吊颈信号出现后，马上准备卖出，回避调整风险。

【看图分析解密】(图 85、图 86)

南方汇通 (000920)是很典型的庄股。这只股票的涨停次数是非常多的。“探低十字星”信号后，次日出现平底阳涨停，这个就是“涨停出击”买入信号。这个是很好的方法，当前一个交易日出现“十字星”，下一个交易日出现实体大阳线涨停的时候，是短线买入的最佳时机。一般投资者通常在第一个涨停板当中没有胆量介入，使这些最有可能获利的机会从眼皮底下溜走了。大盘股的涨停，就像航空母舰不是那么容易改变趋势的，全速前进的时候马上停下来是不可能的，因此，涨停的股票是重点关注的对象，因为涨停本身就是一种股性。活跃的股票经常涨停，差价的机会比较多，所以我们要把握这些股票，一旦出现明显的向上攻击的迹象就要第一时间介入。通常急速上涨再加速上涨到封住涨停的时间用 15 分钟的操盘手法是最好的。凡是涨停的股票拉升的速度越快越好，封住涨停的时间越早越好。连续拉升之后出现高位放巨量

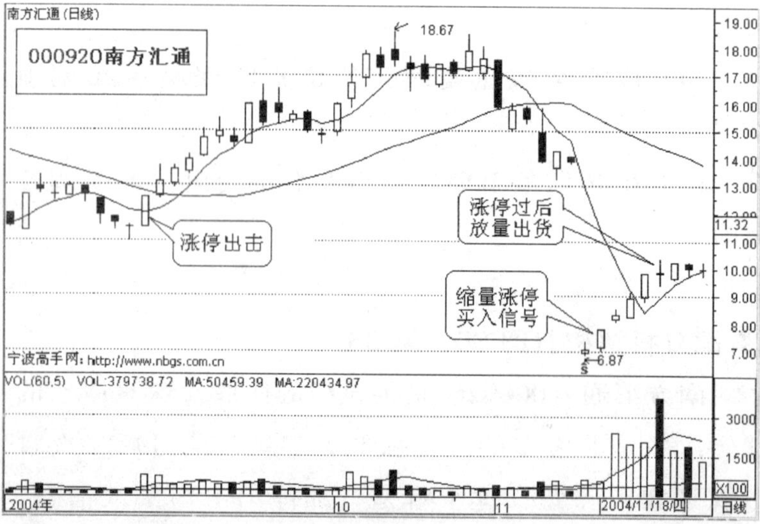

南方汇通(日线)
000920南方汇通
18.67
涨停出击
涨停过后
放量出货
缩量涨停
买入信号
6.87
宁波高手网：http://www.nbgs.com.cn
VOL(60,5) VOL:379738.72 MA:50459.39 MA:220434.97
2004年
10
11
2004/11/18/四
日线
X100

图 85

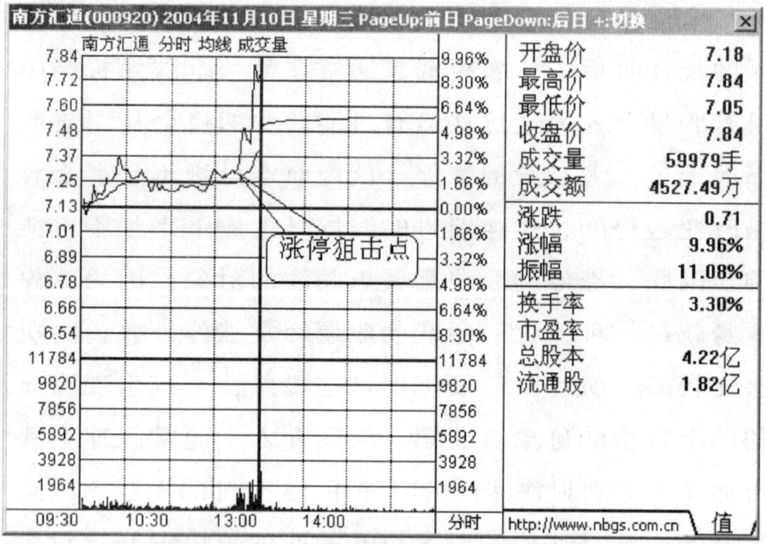

南方汇通(000920) 2004年11月10日 星期三 PageUp:前日 PageDown:后日 +:切换
南方汇通 分时 均线 成交量
涨停狙击点
开盘价 7.18
最高价 7.84
最低价 7.05
收盘价 7.84
成交量 59979手
成交额 4527.49万
涨跌 0.71
涨幅 9.96%
振幅 11.08%
换手率 3.30%
市盈率
总股本 4.22亿
流通股 1.82亿
09:30
10:30
13:00
14:00
分时
http://www.nbgs.com.cn
值

图 86

则要考虑出货了。通常后面的成交量很难超过当前的量能的时候就会出现回落的行情。股票价格的上涨是需要资金的推动才可能出现短期的暴涨行情的，热点只是主力机构制造的炒作题材罢了。

【实战技术精要】

（1）探底十字星过后的涨停是见底信号。

（2）强势股通常可以连续上涨，在启动阶段介入比较安全。

（3）连续放量涨停是资金推动的结果，换手率越大就要越谨慎。

（4）高位出现巨量不能收阳线要注意风险加大。

（5）高位连续出现十字星放量滞涨是卖出信号。

第二节 经常袭击大黑马

如果你经常分析大黑马的股性和形态，你就一定可以买到大黑马。如果你经常留意跌停的股票，你一定很容易判断会跌停的股票。对于盘跌的股票看多了就会消磨自己的意志力，有时候看多了，做多了就会形成习惯，所以注意力等于事实。当你注意某一样东西的时间很长的时候就会受到影响。

很多投资者不敢相信，成为我们的队员之后会取得如此巨大的成功。战绩漂亮的资金增长曲线后面凝聚了我们团队的许多汗水和辛劳。要立志“成为中国股市最高收益率的团队”不是一件轻松的事情，比想像中还要艰苦。在宁波高手的团队中，最早下班的一个往往已经是凌晨一点多，最迟上班的一个是早上8点，我们团队同仁的工作狂热和辛劳可以想见。最大的快乐是研究成果成为市场的焦点，带领大家成功抓住涨停黑马，然后，感受不断缩量涨停的快感。

专门研究股票最强势特征，就是要在做好功课的前提下，全力出击，涨停就是好股票，不涨停就是还不够好。因为涨停就是第一名，涨停就是最强的表现，涨停就是最大的强势股特征。研究涨停，经常出击，你就把握了最大的黑马。

【看图分析解密】(图87、图88)

先锋股份（600246)属于比较活跃的股票。在行情启动初期，出现了量线“金叉”信号。通常股票的快速上涨是主力资金意图的表现形式。主力如果想拉动股票的价格，是通过快速收集市场浮动的筹码来实现的。当市场的抛单被主力巨大的资金一扫而光之后，通常空头的力量都会被主力的决心吓退，本来要卖的人都想多等一两天，看看能否再涨，可以卖高一点。从低位放量拉升开始，主力机构开始推动价格向上，

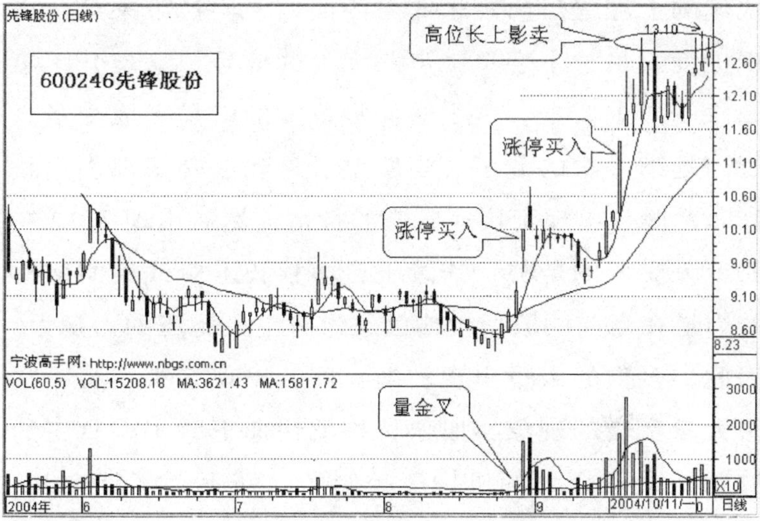
先锋股份 (日线)
600246先锋股份
高位长上影卖
13.10
涨停买入
涨停买入
12.60
12.10
11.60
11.10
10.60
10.10
9.60
9.10
8.60
8.23
宁波高手网：http://www.nbgs.com.cn
VOL(60,5)　VOL:15208.18　MA:3621.43　MA:15817.72
量金叉
3000
2000
1000
X10
2004年
6
7
8
9
2004/10/11/一
日线

图 87

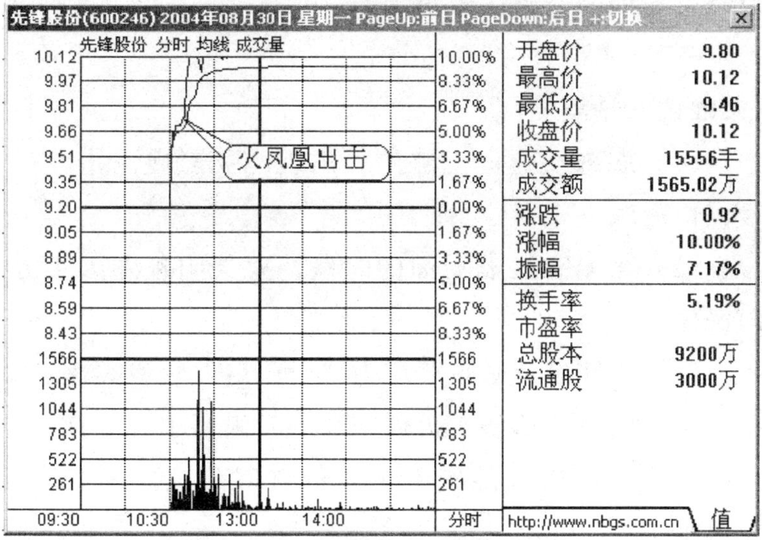
先锋股份(600246) 2004年08月30日 星期一 PageUp:前日 PageDown:后日 +:切换
先锋股份　分时　均线　成交量
火凤凰出击
10.12
9.97
9.81
9.66
9.51
9.35
9.20
9.05
8.89
8.74
8.59
8.43
1566
1305
1044
783
522
261
10.00%
8.33%
6.67%
5.00%
3.33%
1.67%
0.00%
09:30
10:30
13:00
14:00
分时
开盘价 9.80
最高价 10.12
最低价 9.46
收盘价 10.12
成交量 15556手
成交额 1565.02万
涨跌 0.92
涨幅 10.00%
振幅 7.17%
换手率 5.19%
市盈率
总股本 9200万
流通股 3000万
http://www.nbgs.com.cn
值

图 88

快速的上涨之后出现了缩量的回档，当掉下来后，出现极度缩量“十字星”下跌无力的信号，又展开了第二次的向上攻击。这个时候最重要的就是看成交量是否超越第一次的量了。当股票价格和成交量都创出新高时，股价出现了快速飙升的行情，然后出现了12.50元上方受压的走势。连续平台多根长上影线说明多头的力量在当前的股票价格已经没有空头抛压的力量大。因此，多空的力量出现转换，就会出现多头不买、空头大量卖货的现象，股票价格就快速下跌了。真正的波动是由资金大的机构所控制的。涨不动了就会跌，跌无可跌的时候就是买入的最好时机。这个经验是可以经过长期的看盘体验出来的。

【实战技术精要】

（1）底部快速向上涨停，出现“火凤凰出击”信号，快速跟进。

（2）当多头控制局面的时候，要大胆跟随多头方向操作。

（3）当涨停突破重要压力线时，可以短线买进。

（4）当股票价格不再创新高的时候要小心见顶。

（5）当出现量能跟不上股价有回落迹象的时候，先逃跑。

【看图分析解密】(图 89、图 90)

铜城集团(000672)是典型的游资关注品种。该股经常出现异常的大幅波动，差价利润非常可观。在平时的操作中可以经常关注这个股票的操盘手法，一旦出现明确的买入信号就可以动手去买了。通常该股都是出现缩量快速涨停，然后，次日就会出现放量拉高出货的动作。在涨停当天快速买进，等第二天冲高就可以在高位轻松卖货了。这个利润是很短的时间就可以实现的。在没有人发现之前，要注意这个股票是否缩量到极点，然后就会有机构看中出击。经常反复操作可以实现巨大的差价利润。一般主力通常都是在缩量的时候悄悄地吸货，等待别人的恐慌筹码抛给他，然后就会出现快速逼空的上涨行情。通常主力只是在做差价，因此，股票一旦快速上涨之后就意味着行情短期要结束了。特别是在不断放量的时候股票价格上涨艰难，很多买盘的情况下还是没有涨多少，说明一定有人在大量卖出。不要一味去看什么指标和成交量的变化，结果才是最重要的。股票价格涨了证明买入的资金比较多，股票的价格跌了说明卖出的资金比买入的资金多，多空的力量只在于资金的多少。真正知道股票价格波动原理的人是长期作战的职业操盘手。因此要把握住那些必赚的机会就是要对行情的主流资

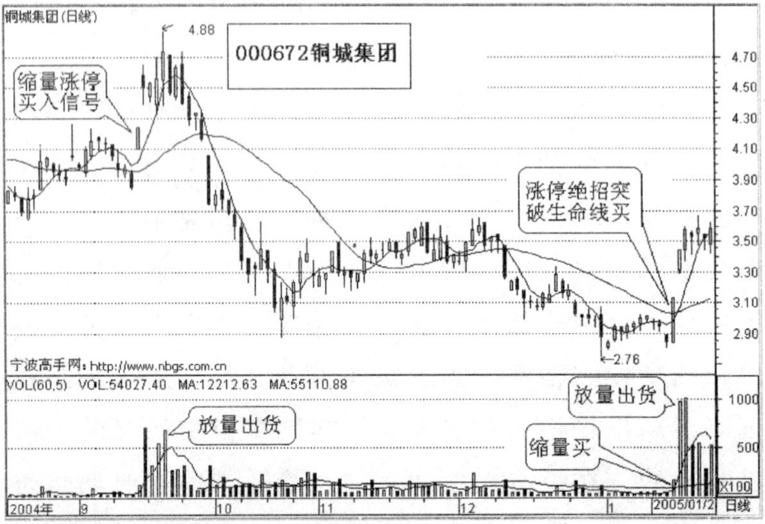
铜城集团(日线)
4.88
000672铜城集团
缩量涨停买入信号
涨停绝招突破生命线买
2.76
宁波高手网：http://www.nbgs.com.cn
VOL(60,5) VOL:54027.40 MA:12212.63 MA:55110.88
放量出货
放量出货
缩量买
2004年
2005/01/2
日线

图 89

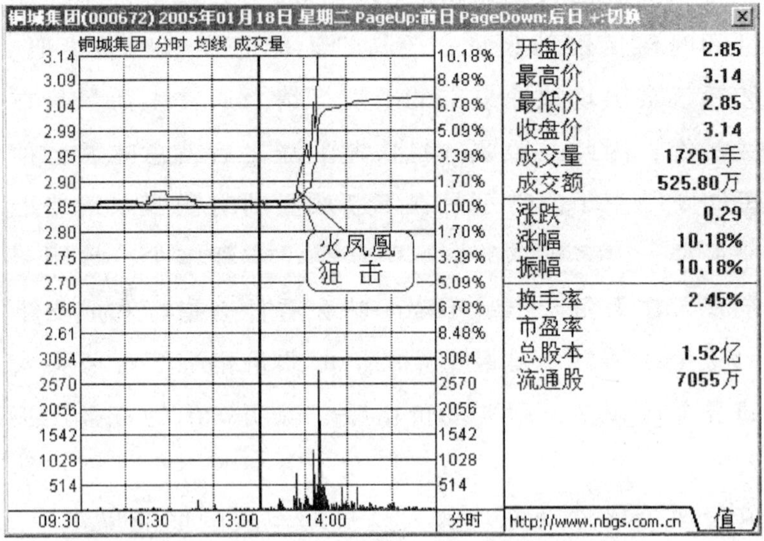
铜城集团(000672) 2005年01月18日 星期二 PageUp:前日 PageDown:后日 +:切换
铜城集团 分时 均线 成交量
火凤凰狙击
开盘价 2.85
最高价 3.14
最低价 2.85
收盘价 3.14
成交量 17261手
成交额 525.80万
涨跌 0.29
涨幅 10.18%
振幅 10.18%
换手率 2.45%
市盈率
总股本 1.52亿
流通股 7055万
http://www.nbgs.com.cn
值

图 90

金方向作出正确的判断。短线的波动是可以被控制的，当出现分时图直线 90 度角向上攻击涨停的时候，说明短线资金全力买入。这叫做扫单，有货就照单全收。然后就是挂一张巨大的买盘在涨停价格。这样，持有这只股票的人都想主力这么强，可以多看几天再说。而专业的投资者可以最短的时间、最快的速度在主力机构拉升的几分钟内快速跟进。很多普通投资者说这样怎么可以买到呢？这么快的上涨很难追到的。很多人有这样的误区，没有尝试过快速买进正在快速上涨的股票，这是因为害怕追高被套。其实，在强势市场当中，追涨是很好的方法，甚至涨停追买也是很好的方法。“火凤凰狙击”信号就是很好的超级短线获利方法。但是要注意的是快进一定要快出，因为是在做短线操作。如果按照技术分析甚至是分时技术来操作，没有研究基本面最好不要做中长线投资。

【实战技术精要】

（1）短线操作要看分时走势和成交量变化。

（2）出现“火凤凰狙击”信号是短线客介入的时机。

（3）跳空高开是突破的信号，向上跳空放量上涨可追。

（4）当股票价格与 5 日移动平均线粘合在一起不

涨时要注意突破的方向。

（5）出现放巨量后股票价格涨不动了，就要注意卖货。

【看图分析解密】(图 91、图 92)

创智科技(000787)是短线操作机会比较多的股票。在平时的看盘当中，该股经常出现非常巨大的波动。如图所示，当出现 5 日移动平均线突破 24 日生命线的时候是“突破买入”信号。如果股票处于底部阶段则可以快速买入，上涨的行情可能开始展开了。回抽“生命线”受到强支撑发出“神枪手”出击信号是大胆买入的时候。跳空高开向上快速涨停，突破盘整区可以追买。涨停突破长上影线可以大胆买进。短线多头控制局面，连续放量上涨之后成交量开始不断缩小，股票价格开始出现滞涨，这个时候要防止主力机构高位横盘震荡出货。在股票从启动到快速拉升然后高位出货的过程当中要重点注意主力的意图和决心。如果过早地卖出了筹码可能就赚不到后面连续涨停带来的暴利。

【实战技术精要】

（1）越是难买到的涨停就越要追买。

（2）行情启动的初级阶段大胆操作，只吃鱼头。

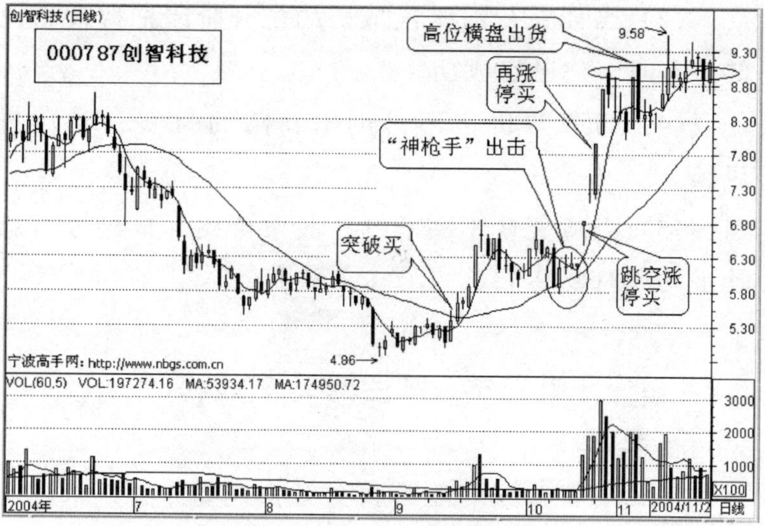
创智科技(日线)
000787创智科技
高位横盘出货
9.58
再涨停买
"神枪手"出击
突破买
跳空涨停买
4.86
宁波高手网: http://www.nbgs.com.cn
VOL(60,5) VOL:197274.16 MA:53934.17 MA:174950.72
2004年
2004/11/2 日线

图 91

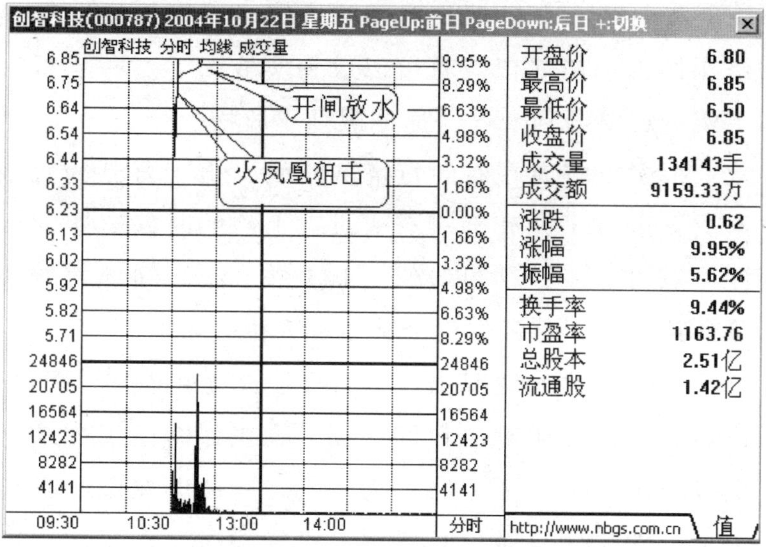
创智科技(000787) 2004年10月22日 星期五 PageUp:前日 PageDown:后日 +:切换
创智科技 分时 均线 成交量
开闸放水
火凤凰狙击
开盘价 6.80
最高价 6.85
最低价 6.50
收盘价 6.85
成交量 134143手
成交额 9159.33万
涨跌 0.62
涨幅 9.95%
振幅 5.62%
换手率 9.44%
市盈率 1163.76
总股本 2.51亿
流通股 1.42亿
http://www.nbgs.com.cn
值

图 92

（3）当你在行情赚钱最快的拉升阶段把握住自己的心态时，你已经成功。

（4）当股票价格不再创出新高的时候，要注意风险。

（5）当成交量不断萎缩，股票价格一旦破 5 日移动平均线时要马上卖。

第三节 抓住黑马不放松

不要小看自己的能力和实力，只要你的技术已经经过测试，证明你的选股准确，那么要做的事情就是耐心等待最有利的时机和价格介入，只要保持这种风格操作，相信你很快就可以成为实战高手。一旦看对了就一定要赚到大钱，抓住黑马不放松。

很多投资者在看对行情的时候，由于自己的犹豫不决，造成了在底部没有买进，上涨的时候又想回调深一点再介入，结果股价一路上涨，眼睁睁地看着股价一路攀升，赚钱的机会都给别人抢去了。

要防止这种情况出现，就要有坚定的信念。如果你目前还没有明确的目标，那么在操作时就很容易这个股票买一下，那个股票买一下。有位朋友已经是高手了，他长期只做一只股票，已经超过 5 年了，一直都做上海石化，对于波段和小的波动规律比股评家还要熟悉。而且有80%以上的成功率了，要么不操作，一动手操作就很有把握赚钱。这也是一种生财之道！

【看图分析解密】(图93)

太原重工（600169）是非常典型的波段股票之一。该股在4.11元单针探底成功之后出现了“金叉”买入信号，然后股票价格沿着5日移动平均线稳步向上。随着股票价格的连续上涨，均线越来越陡峭，对股票价格有一种推助作用。成交量保持在一个活跃的程度，“小阳小阳”最后踢出一根涨停大阳。我们都知道，行情不断地上涨才会形成加速上涨的态势。当一个股票到达加速的时候，就要注意行情是否出现转化，多头力量有没有转变成空头力量。一旦发生高位涨停累计涨幅过大，在高位高换手率涨停出货是主力常用的操盘手法。股票价格做头部阶段通常都会出现冲高回落的长上影线图形。我们把这样的图形看成是都市里高楼顶尖的“避雷针”。这种信号说明高处不胜寒，股票已经到达了危险的区域，要马上做出决策，卖出筹码。但是很多人都没有机会卖在顶尖上，因为他们都在没有上涨或者上涨中途早就已经卖出了。那些贪心过头的人明明可以赚钱了，到最后却没有卖出，结果惨败，落个亏损结局。

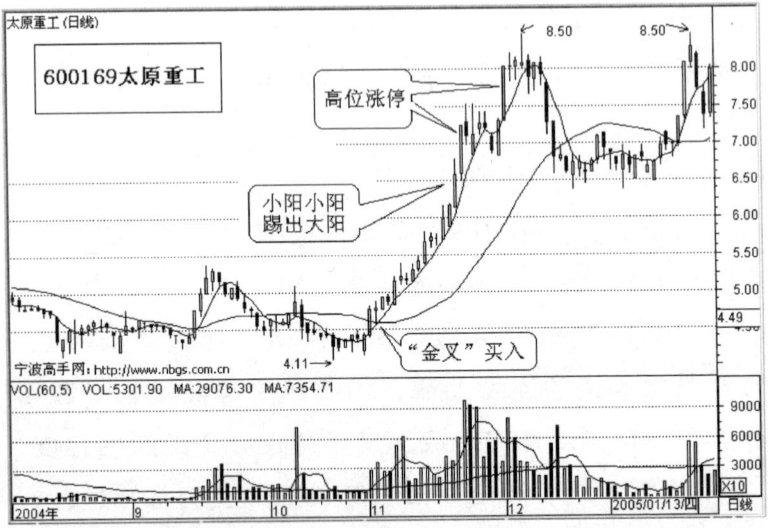

图 93

【实战技术精要】

（1）低位出现明确的买入信号，而且还有长下影的单针探底信号，突破生命线时可以买入。

（2）当股票价格的状态还处于安全波动的时候可以继续关注。

（3）当股票价格快速上涨的时候，要认真对待主升段。

（4）当股票价格进入疯狂状态，达到多头量能释放的时候要谨慎。

（5）当出现“避雷针”信号时坚决卖出。

【看图分析解密】(图 94)

贵州茅台（600519)是比较明显的长庄行为。我们看到成交量保持平稳的状态，股票价格却不断创出新高。这种控制股票价格的趋势是很多资金在运作的结果。月线或者周线的突破买入信号是中长线波段的重要信号。强势股通常用横盘来代替调整。出现连续四根阴 K 线的时候要重点注意，一旦突破就会出现加速的行情。如果要做多就要找 5 日移动平均线向上的股票来做。对付庄股的操作策略最好的方法就是反复操作，多次在生命线附近建仓，快速上涨几天之后就卖出，等待回档再次介入。很少有人对着一只股票反复操作多次来获取利润的。但是，对于一路有庄家关照的股票，你如果不反复操作可能很快就被主力洗盘震仓出局。看上去只做一只股票好像很慢，其实，做得好收益率不会比一些经常做很多股票的人差。只是很多人过高地评估自己的实力，结果没有把握好空仓的时机，导致最后亏损严重。当一个人专注去做一只长庄关照的股票时，在每一个波段细节都会注意到主力在用资金控制着股票价格的波动区域。如果坚持这样去操作，在低位吸进，在高位卖出，不用很长的时间，本金一定会达到很可观的收益。做波段或者中线投资最重要的就是心态。如果能够控制自己的情绪，人就

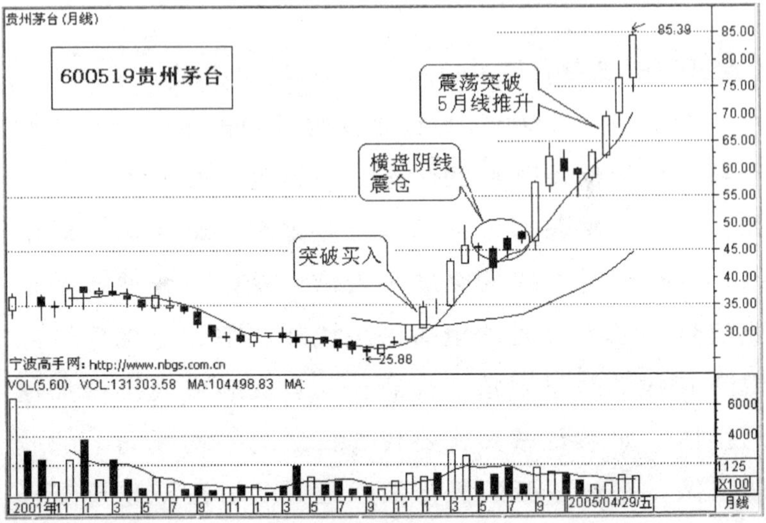

图 94

能非常准确地判断事物。当一个人对自己的情绪不能控制时，所有的决策都可能对自己资产有负面的影响。

【实战技术精要】

（1）最简单的长线操作对长庄股来说是很好的赚钱方法。

（2）对准长庄波段操作，短线投机是扩大利润的方法。

（3）当你认准方向的时候要果断出手，不要留下遗憾。

（4）当心态很好的时候判断准确性会大幅度提高。

（5）按照价格来操作是非常实用的简单方法。

【看图分析解密】(图 95)

烟台万华（600309)是非常著名的大牛股之一。该股历史走势都是非常凶悍的，股票价格一旦形成趋势，就会出现海啸般的力量在行动。当感受到这种力量的时候就是股票价格暴涨的时候。持续的上涨和持续的成交量配合使股票价格攻城拔寨，一路表现出众。通常大机构介入的中线大牛股都是有一个共同的特点，就是月线的 5 月移动平均线始终支持着股票价格的上涨。很多人只看到眼前的股票价格涨跌频繁，而没有看到周线和月线。真正的趋势是在不知不觉间形成的。行情在大家没有发现或者没有特别重视的情况下就已经展开，当已经明显启动之后由于已有一定的涨幅，没有太多的人研究到底能涨多高，因此也还在犹豫。结果是股票价格一路上涨，大涨 300%以上之后才恍然大悟，原来当初上涨 10%或者 30%其实是很少的起飞阶段。对于强势股要重点关注才可以做到倍增的业绩。如果对于牛股不重视研究，很难想像在熊市中还能获得什么利润。

【实战技术精要】

（1）对于中线牛股首先要看周线和月线的均线系统是否多头排列。

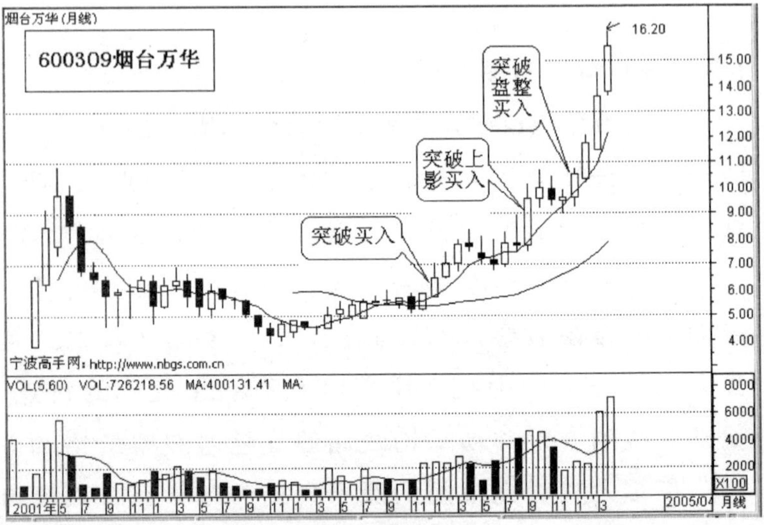

图 95

(2) 对于介入的时机要注意成交量缩到极点，股票价格回落到均线受到支撑。

(3) 股票每次突破重要的盘整区域意味着新的上涨周期开始。

(4) 多头排列的均线是买入中线波段牛股的重要依据。

(5) 累计涨幅很大之后，一旦股票价格跌破 5 日线则要注意该卖出了。

第八章 掘金策略套路

热爱股票的投资者在跌破六年新低的时候还没有被股市消灭就是一种成就了。我们要的不仅仅是在变幻的股票市场能够生存，我们还要有丰厚的利润，这就需要有一些完善的操作策略了。当赚钱的时候，把利润实现最大化，在亏损的时候，把损失减到最少，这就是策略的作用。

在任何资金达到一定规模的运作当中都是需要详细的策划的，否则成功掘金只能是一句空话。

我们坚信市场是有力量的。宁波高手涨停敢死队之所以做得好，主要原因就是："把握住了市场脉搏，充分利用了市场的规律，资金的作用是次要的，但也是不可缺少的。"

想做到涨停不断，胜利不断，除了要做到全力以赴、重锤出击之外，还要把握好市场变化的策略。因为资金都是追求利润的，这个市场上只要有机会可以赚到钱，就一定有人愿意去拼斗。狙击涨停，是短线资金最拿手的操作赚钱模式。但是，风险也是非常巨大的。对于没有深入学习“涨停战法”的朋友，最好不要盲目追涨。

第一节 低吸底部筹码

如果你真的想成为一流的高手，就一定要有很好的耐心，在主力建仓和震仓的时候耐得住寂寞，等到最后一次震仓过后启动的第一根K线时介入，就算是收盘前最后一分钟介入也是非常好的方法。如果资金量比较大，就不可能用这样的方法来操作了，要在主力吸筹的成本价格之下尽可能地以小单分批买进，不干扰股价波动的前提下采取小蜜蜂式建仓。如果主力启动了就要直接大单买进，然后锁定筹码不动，等到主力想出货的意图有所表现的时候，第一时间抛空，打压清仓出货，寻找新的猎物或者等待大势的回落之后再考虑操作。

主力之所以会回避风险，是因为知道的东西比较多，信息比较灵通。很多人以为站在巨人的肩膀上就可以赚钱了，找出基金重仓股票或者增仓的股票买进，但是，结果是一路下跌，等到下个季度公告的时候持仓的却没有该基金了，这都是基金利用群众心理的一种套利方法。

当你与庄家一样聪明，发现了翻倍股票的机会时，要尽可能把成本降到最底。因为，短线就是要在股票已经启动或者正在启动的时候快速推动股票价格，以一种王者的气度，横扫市场所有抛单。

【看图分析解密】(图 96)

洪都航空（600316)是非常具有代表性的挖坑技术股票之一。该股在长期的震荡过程当中出现了吸筹完毕的挖坑震仓信号。当股票价格往下快速一跌之后长阳拔地而起，突破盘整区域，股票价格快速越过 72 日决策线，转入多头行情走势，突破买入是短线操作的重要信号，既简单又实用。上涨的中途出现“送红包”低开高走的动作是行情启动的标记，短线继续看多。一般股票的价格有 60%的空间才会有大资金去参与。因此，行情是不为一般投资者的意志而波动的。股票价格只会跟随它波动方向最少阻力方向运动。我们只要把握好短线股票多头还是空头占据优势，就可以判断行情延续的方向。当某一方力量强大的时候，就要注意赚钱的机会来临了。当明显的信号出现时，非常明确股票波动的方向，才可以开始行动，实现利润。

【实战技术精要】

（1）出现挖坑动作的信号是见底信号，大胆买。

（2）突破 72 日决策线是做波段的时机。

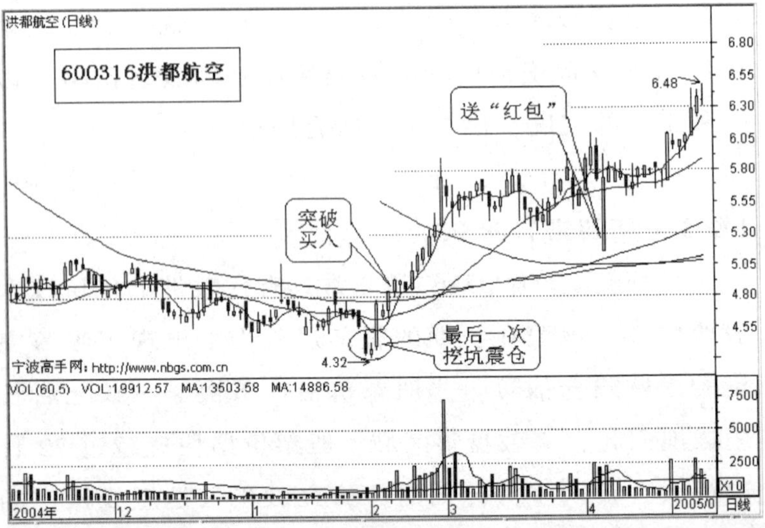

图 96

(3) 当K线图不破5日移动平均线的时候可以继续持有。

(4) 当出现送红包信号时要特别关注。

(5) 高位成交量跟不上、缩小太厉害也是要注意风险的。

【看图分析解密】(图 97)

现代投资(000900)是一只中线波段牛股，股价在7元附近一直沿着均线系统反复震荡向上。成交量还是很大的，主力机构通过反复对敲实现差价利润，但是波动的空间一直都是比较平稳的在8~9元之间。很多人都参与过，但大部分人都没有耐心等到10.72元

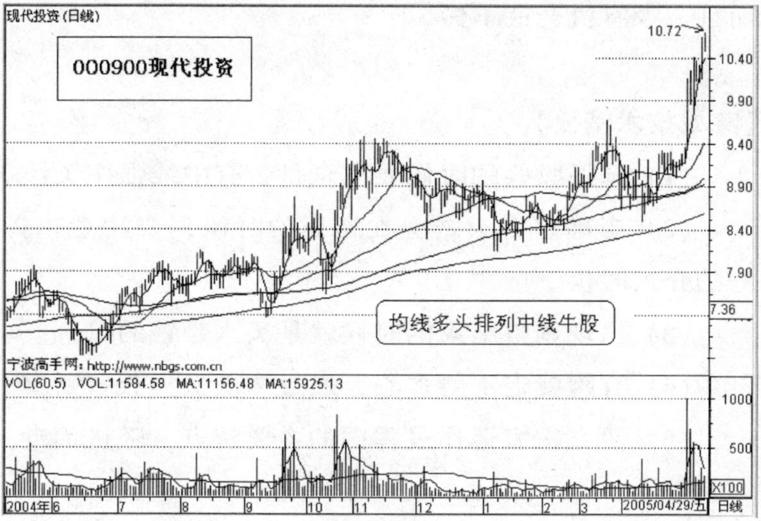

图 97

的价格就被磨出来了。看上去很复杂的行情，其实从长远一点来看是很简单的一个过程。处于什么阶段就会有什么样的表现。主力的意图如果只是做差价，等待大行情来的时候才突破向上，那么这个做差价的过程可能就是很长一段反复波浪形态的行情。这种反复叮住一只股票来回做差价的方法是很好的赢利模式。但是很多机构没有正确地应用，老是没有正确评估自己的实际情况。冲动的乱投资已经使很多投资者损失惨重！难道还要这样继续下去吗？著名的美国“股神”巴菲特也就是保持平均每年 30%的收益率。难道你的机构在熊市都要超过“股神”？何况我们是普通的投资者。因此，只要我们不贪心，就一定可以有所收益，而且，没有机会就不做。

【实战技术精要】

（1）选择股票的时候要注意是否有中线强庄关注。

（2）当确定有大资金在运作的时候，要注意选择好的介入时机。

（3）出现调整结束的时候就是买入赚钱的时刻。

（4）有赚就走不要贪心，通过多次操作获取财富。

（5）研究庄家运作过程中的主要特点，随机而动。

【看图分析解密】(图 98)

威孚高科(000581)是一只非常典型的庄股。老庄在里面运作非常明显地干扰着股票的价格。我们可以看到在出现“三线合一”信号的时候是非常重要的中线买点。当股票价格经过激烈的震荡之后形成了一个平台，然后所有重要的移动平均线粘合在一起的时候就开始了新的上涨历程。我们可以在股票价格突破盘整区域的时刻快速介入，5 日移动平均线发散向上形成多头向上的排列，这个时候股票价格开始慢慢加速。当股票价格以更加陡峭的斜率上涨的时候，你就要注意，赚大钱的机会到来了。不要轻易把底部的仓位过早地卖出。在非常有把握的股票当中没有把利润赚多一点是很多专业投资者没有注意的事情，扩大战果、

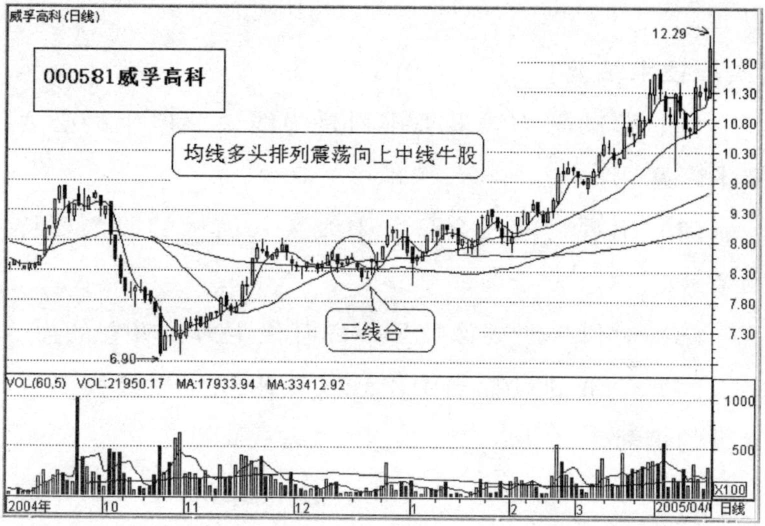

图 98

乘胜追击是成功者的重要策略。如果你不能在成功几率很大的投资中获取巨大的利润，是很难成为大师级别的投资专家的。分析主力机构的具体意图，然后采取行动，大胆运作，并适当控制好风险，相信自己的判断是做股票的第一步。成功的投资者是靠自己的能力和技巧，加上努力学习而获得成功的，不是靠股评帮助就可以成功的。长庄的一个很大的特点就是：大阳线过后是短暂的调整，然后再次出现大阳线。大涨小回是这些股票的重要盘面特点。把握好这个关键点就可以频繁地做差价，获取超额的利润。当别人以为你才赚了30%的时候，其实你已经赚了50%以上了。

【实战技术精要】

（1）移动平均线多头排列是中线牛股诞生的必要技术因素。

（2）出现“三线合一”中线买入信号的股票要特别留意。

（3）对付牛股要像蚊子一样叮住主力，吸它的血。

（4）上涨的过程当中出现长下影线是短线受到强支撑的信号。

（5）多看成交量的变化，你会发现主力操作的痕迹。

第二节　造势推动股价

主力机构都喜欢按照自己的需要把投资者引向对自己有利的方向发展。大资金讲究的是像围棋高手一样的布局、延伸和发展。

只有会制造声势的人，才是营销的高手。每一个成功的庄家都是会造势的人，因为股票在高位能够套住别人的最根本原因就是投资者愿意相信庄家所想要你知道的错误信息。这些东西虽然很虚拟，但是，当很多人都在议论的时候，就是声势浩大的时候。

【看图分析解密】(图 99、图 100)

沪东重机(600150)是非常经典的短线黑马股之一。我们发现这个股票在主力反复吸筹之后就开始了快速的运作。在两次探底之后的第二次探底时，出现长下影线的 K 线，股票价格开始在这个下影的范围内波动，走稳后开始突破生命线和决策线，并在均线上面横盘等待机会。有一天突破向上，次日就以跳空涨停的方式进入上涨阶段。股票价格一路快速上涨，没有轻易回头。从 5.90 元一路涨到 7.90 元才调整，一直调整到 6.90 元后又来了一个快速涨停突破，展开第二次冲击，股价突破 8 元后出现了一个多头能量释放的过程。这就是高位放量涨停，以涨停出货方式高位套现。每一个成功的庄家都是一个套现高手，因为只有出货成功才是真的赚钱。基本上有钱就可以把股票价格推上去，有钱就可以低位吸货。但是关键就是如何让市场在高位还认同、愿意追进，才能套现成功。

【实战技术精要】

(1) 开盘快速跳空高开攻击涨停，短线可以介入。

(2) 强势股最好是在 5 日线价格买入比较安全。

(3) 对于保持良好形态的股票可以持股为主。

(4) 股票涨多了就会形成抛压，所有不要贪心。

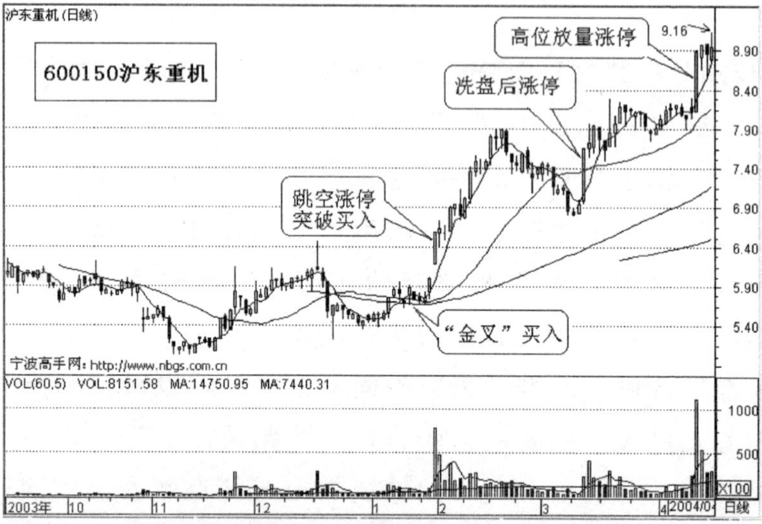
沪东重机(日线)
600150沪东重机
高位放量涨停
9.16
洗盘后涨停
跳空涨停
突破买入
“金叉”买入
宁波高手网：http://www.nbgs.com.cn
VOL(60,5) VOL:8151.58 MA:14750.95 MA:7440.31
8.90
8.40
7.90
7.40
6.90
6.40
5.90
5.40
1000
500
X100
2003年 10 11 12 1 2 3 4 2004/04 日线

图 99

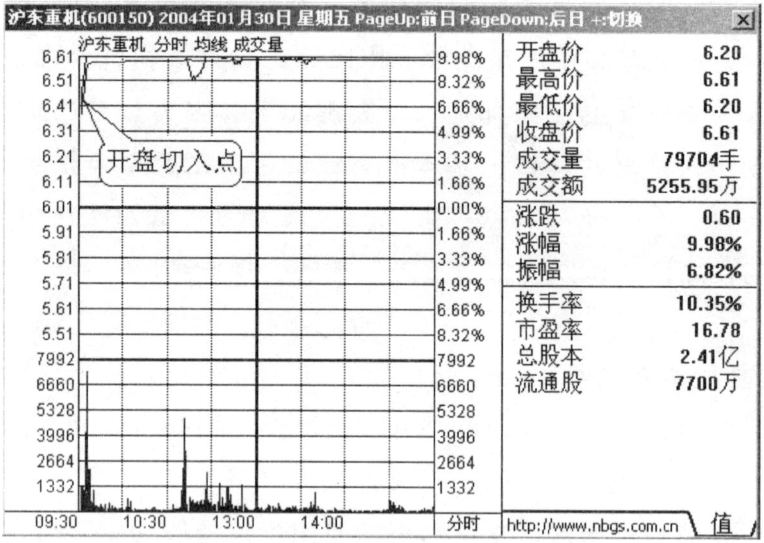
沪东重机(600150) 2004年01月30日 星期五 PageUp:前日 PageDown:后日 +:切换
沪东重机 分时 均线 成交量
开盘切入点
开盘价 6.20
最高价 6.61
最低价 6.20
收盘价 6.61
成交量 79704手
成交额 5255.95万
涨跌 0.60
涨幅 9.98%
振幅 6.82%
换手率 10.35%
市盈率 16.78
总股本 2.41亿
流通股 7700万
09:30 10:30 13:00 14:00 分时
http://www.nbgs.com.cn 值

图 100

(5) 在股票很难创新高的时候，特别是高位大幅波动时要小心主力出货。

【看图分析解密】(图 101、图 102)

浙江阳光(600261)是明显的短线飙股，在连续出现底部特征长下影线探底针信号之后，是股票重要的买入信号，在此价位买入一般都会有所收获的。连续小阳向上之后，5 日移动平均线开始托着股价往上推。连续的小阳线很容易出现大阳线，这就是加速的特征。股票主升段的大阳不断，是赚钱的最好时机。主升段刚刚开始是专业投资者重点关注的品种。如果没有抓住市场给予的最好获利机会，相信想在艰难的市道当中赚到更多的钱只是梦想而已。所有的投资都必须是在安全的前提下进行，这是财富倍增的重要原则。当技术分析出现明确的买卖信号的时候，我们需要的就是快速地执行。很多机会都是摆在投资者面前的，只是很多人没有勇气去尝试，所以一直没有得到自己想要的结果。如果想要获得最好的结果，可以按照成功者的方法去做。自己摸索是非常耗费时间和精力的，因为每一个人都要经过自己的努力才能获得最好的收益。最好的方法是模仿别人已经实践过并证明是成功的方法。在股票沿着上升通道向上的时候，一旦出现大的买盘股票价格就容易出现加速。这种情况就是放

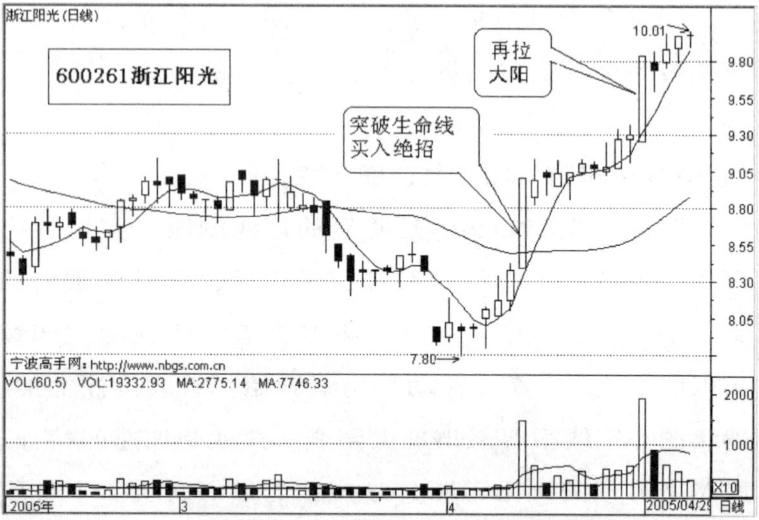
浙江阳光(日线)
600261浙江阳光
再拉
大阳
突破生命线
买入绝招
10.01
7.80
9.80
9.55
9.30
9.05
8.80
8.55
8.30
8.05
宁波高手网：http://www.nbgs.com.cn
VOL(60,5) VOL:19332.93 MA:2775.14 MA:7746.33
2000
1000
X10
2005年
3
4
2005/04/29
日线

图 101

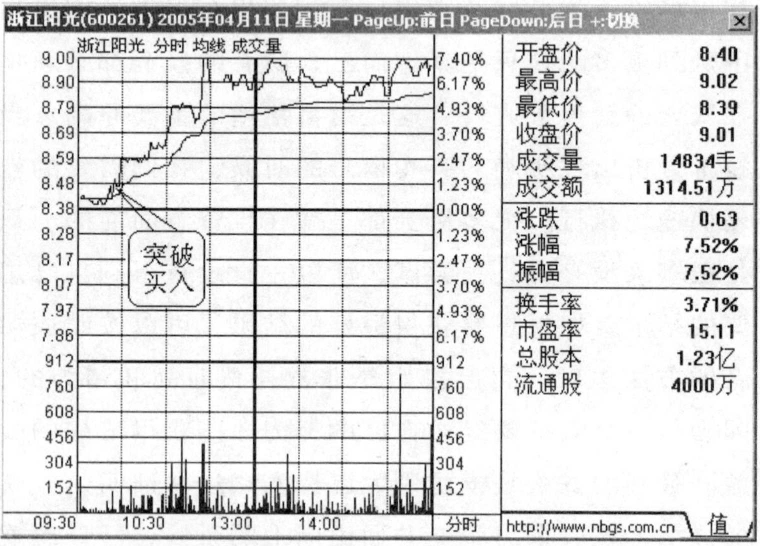
浙江阳光(600261) 2005年04月11日 星期一 PageUp:前日 PageDown:后日 +:切换
浙江阳光 分时 均线 成交量
突破
买入
开盘价 8.40
最高价 9.02
最低价 8.39
收盘价 9.01
成交量 14834手
成交额 1314.51万
涨跌 0.63
涨幅 7.52%
振幅 7.52%
换手率 3.71%
市盈率 15.11
总股本 1.23亿
流通股 4000万
09:30
10:30
13:00
14:00
分时
http://www.nbgs.com.cn
值

图 102

量拉大阳，不断加速上涨。缩量的时候，股票价格整理是以横盘来代替下跌的走势。强势股在市场不太好的情况下依然稳健，在行情稍微走好的情况下就出类拔萃。因此，无论行情如何都要关注强势股，操作强势股，只有这样才可以做得更加出色和完美。

【实战技术精要】

(1) 出现双针探底的图形要特别关注，也许机会来临。

(2) 股票价格突破5日移动平均线后如果有成交量放出来，则可以短线关注。

(3) 上升通道形成之后要重点注意是否有强庄中线介入。

(4) 当股票不断上涨的时候要关注趋势有没有改变，如果没有改变就可以继续大胆持有。

(5) 有强庄介入的股票波段收益有时候会比短线操作风险小一点。

【看图分析解密】(图103、图104)

泰豪科技(600590)是短线高校概念的股票中上涨时最有群体效应的股票之一。该股在连续四根阴线之后出现拔地而起的走势。实体大阳涨停而且是缩量，换手比较小。这是短线机会最好的操作模式。“缩量涨停”

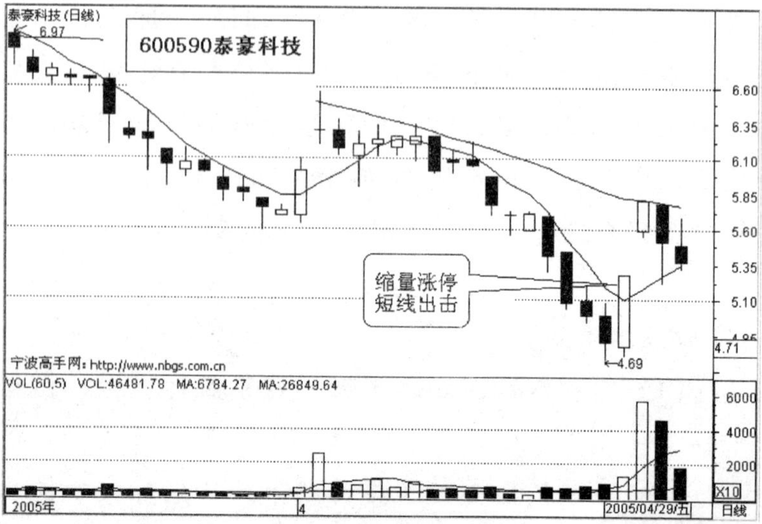
泰豪科技(日线)
6.97
600590泰豪科技
6.60
6.35
6.10
5.85
5.60
5.35
5.10
4.71
缩量涨停
短线出击
4.69
宁波高手网：http://www.nbgs.com.cn
VOL(60,5) VOL:46481.78 MA:6784.27 MA:26849.64
6000
4000
2000
X10
2005年
4
2005/04/29/五
日线

图 103

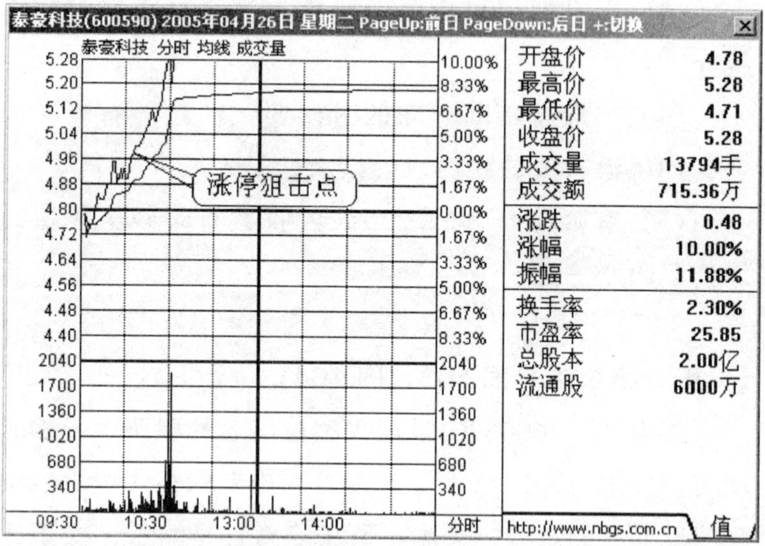
泰豪科技(600590) 2005年04月26日 星期二 PageUp:前日 PageDown:后日 +:切换
泰豪科技 分时 均线 成交量
涨停狙击点
开盘价 4.78
最高价 5.28
最低价 4.71
收盘价 5.28
成交量 13794手
成交额 715.36万
涨跌 0.48
涨幅 10.00%
振幅 11.88%
换手率 2.30%
市盈率 25.85
总股本 2.00亿
流通股 6000万
09:30
10:30
13:00
14:00
分时
http://www.nbgs.com.cn
值

图 104

追买，通常短线都会有一定的收益。结果，第二天再次跳空高开攻击涨停。但是，第二个涨停和第一个涨停的意义就完全不一样了。第二个涨停的时候放出了巨大的成交量。这就是主力机构在涨停板价格出货的方式。我们要重点注意，涨停了之后成交量不要太大。如果太大，说明抛盘特别大，行情就不会再这么容易向上了。做为一流的专业实战高手，要清晰地分析出主力的真实意图。涨停放量的判断很关键，如果在底部第一涨停，市场很多抛盘主力还是封住说明主力做多的决心很坚定，我们就要顺应市场主力的方向继续做多。如果是上涨乏力，主力通过对敲达到涨停，把封单撤掉再排在后面，这样盘面是没有什么感觉的，但是，排队的散户跟风盘就排在前面去了。主力只要小单卖出就可以顺利达到涨停出货的目的。为了维持假象，还会不断撤单排在后面，使不断追高的人可以顺利买到。这就是看上去不可能买到的这么大的买单，怎么自己排在后面还这么快就成交了。越容易买到的涨停就越容易亏钱，越难追到的涨停就越容易赚钱。追逐热点操作需要非常专业的职业操盘手才可以去做。如果你是上班一族，只要专注做一种图形特征的股票就可以，完全符合你自己认为准确性最高的图形后，你才开始操作，相信这样的赢利也是非常稳健的。我们通常都是盘后选股，盘中选时机和价格介入。

【实战技术精要】

（1）当出现短期买盘踊跃，没有太大的抛盘时可以跟进。

（2）在大盘上涨行情开始阶段，第一个涨停追比较安全。

（3）股票价格波动是最主要的判断依据之一。

（4）涨停封住后如果换手率很小，而且封单很大，说明短线还有机会。

（5）第二个涨停如果换手太大要注意减仓，通常连续三个涨停或者四个涨停的股票是非常少的。

第三节　套现快速撤退

大资金的运作，当完成自己的既定目标后，如果跟风盘有足够的资金接货的时候，就马上把握机会套现。因为不套现的庄家只有一种结果，像巴菲特成为了上市公司的大股东。而在中国只能像“中科创业”的吕梁、德隆的“三架马车”，最后会出现自己无法控制的情况，被市场的力量击垮。因此，套现不能有任何的含糊，速度要快，撤退要及时。因为，短线的波动是资金快进快出的结果，并没有可以操纵股价的庄家行为。深刻理解这些法规，才不至于出现犯规之后的被动处境。做任何股票，不要进入十大股东，不要干扰股价波动，只有利用庄家的意图，配合大盘的趋势快速做出反应，相信一定可以把握住一些主要的利润。看了很多历史事件之后，人对分析事物的本质问题会比较清晰，因为这些都是经验，别人成功和别人失败的经验都是我们可以借鉴的。成功一定有方法，失败一定有原因。因此，在获得胜利之后要坚决执行之前制定的操作策略，快速套现，成功运作，实现利润现金化。

不管你从事什么，一定要加速你的行动，缩短做任何事情的时间，在做事情的质量和效果提高的同时把时间缩短，这样你的绩效才会有重大的改变。如果还是保持原来的习惯行事，你只会得到原来的结果。当你认识到这一点的时候，就要立刻改变。马上行动带来的正面效果是明显的，快速判断不是说有了速度就没有准确性的质量。要在很短的时间内做更多的事情就会有所突破。当你把时间用到最有生产力的事情上的时候，你的收入就会不断增加了。守住财富的关键就是研究失败的规律，避免同样的失败。获取收益的关键就在于方法正确。如果我们比别人了解的知识多，比别人的行动快，在相同的机会来临的时候，总是第一时间判断正确，立刻采取行动，那么，你就一定能够逮住机会。当然，在失误的时候，要在第一时间快速卖掉手上的股票，以减少亏损。你看到宝钢权证一天64%的波动幅度时，就会知道什么叫做短线快速赚钱和撤退。

【看图分析解密】(图105、图106)

四川长虹(600839)是典型的大盘指标股之一，大盘股一般波动幅度不是很大，但是一旦形成趋势就很难改变。因此，做大盘股最好是在趋势形成的时候买入，赚8%到15%就卖掉比较安全。通常股票都是经过暴涨过后就是暴跌。因为行情的涨跌是由政策主导的。当需要上涨的时候很多资金都会涌向股市。当股票市场没有行情甚至亏损很多的时候，主观地想一下子就把资金引导进入股票市场，我们相信也是一厢情愿。这个过程就会出现很大的分歧。差价也是在牛熊转折的时候最大了。缩量缩到极点，跌不下去了在底部横盘，然后出现小阳，带动5日均线往上翘。当股票价格连续三天到五天在5日均线上方波动的时候就是大家重点关注的时候，通常买入之后会有机会上涨。只要目标不贪，而且设定止损点，操作如果成功率高，经过多次的循环操作，可以得到出色的收益。针对大盘股的特点，我们可以采取趋势操作原则，就是等到趋势形成的形态出来之后才采取行动。等这种趋势的力量改变方向的时候才卖出。这样做虽然没有赚到最大的

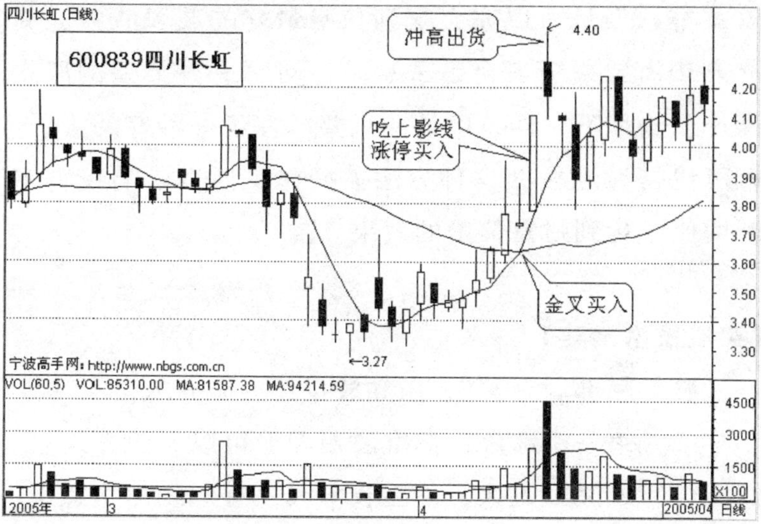
四川长虹 (日线)
600839四川长虹
冲高出货
4.40
吃上影线
涨停买入
金叉买入
←3.27
宁波高手网：http://www.nbgs.com.cn
VOL(60,5) VOL:85310.00 MA:81587.38 MA:94214.59
4.20
4.10
4.00
3.90
3.80
3.70
3.60
3.50
3.40
3.30
4500
3000
1500
X100
2005年
3
4
2005/04
日线

图 105

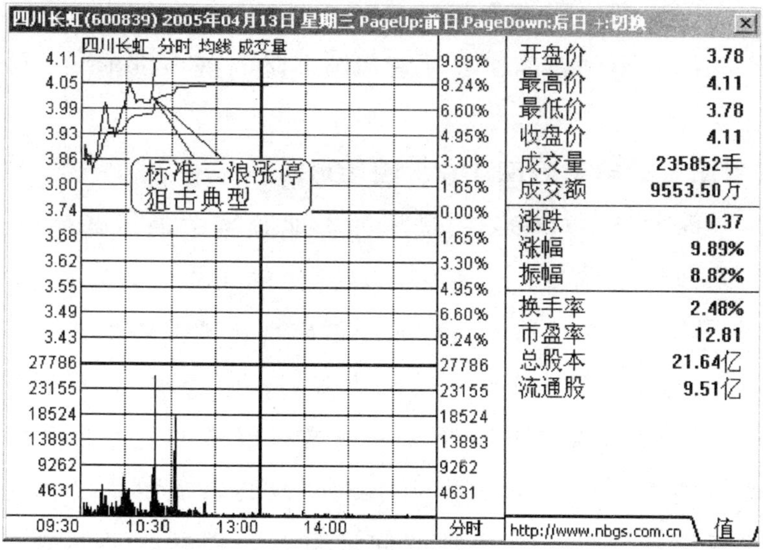
四川长虹(600839) 2005年04月13日 星期三 PageUp:前日 PageDown:后日 +:切换
四川长虹 分时 均线 成交量
标准三浪涨停
狙击典型
4.11 9.89%
4.05 8.24%
3.99 6.60%
3.93 4.95%
3.86 3.30%
3.80 1.65%
3.74 0.00%
3.68 1.65%
3.62 3.30%
3.55 4.95%
3.49 6.60%
3.43 8.24%
27786
23155
18524
13893
9262
4631
09:30 10:30 13:00 14:00
分时
开盘价 3.78
最高价 4.11
最低价 3.78
收盘价 4.11
成交量 235852手
成交额 9553.50万
涨跌 0.37
涨幅 9.89%
振幅 8.82%
换手率 2.48%
市盈率 12.81
总股本 21.64亿
流通股 9.51亿
http://www.nbgs.com.cn
值

图 106

收益率，但是可以完全吃到鱼身最好的波段收益。新的方法需要投资者自己去总结，对每一种类型的股票操作方法都不一样，但是，只要掌握了一种好的方法，就可以持续地按照这种方法去操作，使自己的投资不断增值，达到财富倍增的效果。

【实战技术精要】

（1）底部“金叉”，温和放量，大胆介入。

（2）第一个涨停、标准波浪图形可以大胆介入。

（3）成交量过大，不能收阳线，有短线出货嫌疑，卖出观望。

（4）高位形成头部形态可以卖出空仓。

（5）不创新高，要注意风险，随时准备逃顶。

【看图分析解密】(图 107、图 108)

深桑达 A(000032)是深圳本地股当中最活跃的电子元器件股票之一，经常出现涨停的走势。在不断震荡下跌的大盘行情中，该股经常出现快速涨停的表现。这种特点使该股的群众基础比较好，愿意参与短线操作，因此，我们可以经常关注这只股票的短线操作。在行情不断向上的过程当中，该股的表现更加突出。上海本地股和深圳本地股向来就有很强的联动效应。在本地股的炒作当中，有一些品种是长线机构介入，

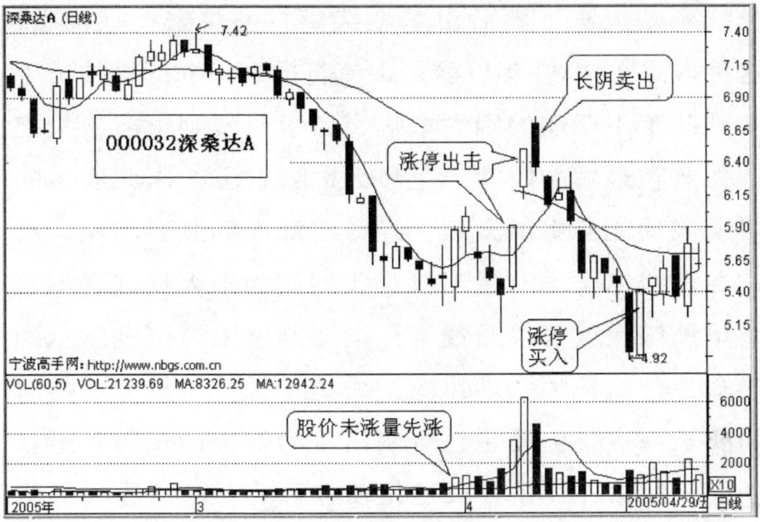
深桑达A (日线)
7.42
000032深桑达A
长阴卖出
涨停出击
涨停买入
4.92
宁波高手网: http://www.nbgs.com.cn
VOL(60,5) VOL:21239.69 MA:8326.25 MA:12942.24
股价未涨量先涨
7.40
7.15
6.90
6.65
6.40
6.15
5.90
5.65
5.40
5.15
6000
4000
2000
X10
2005年
3
4
日线

图 107

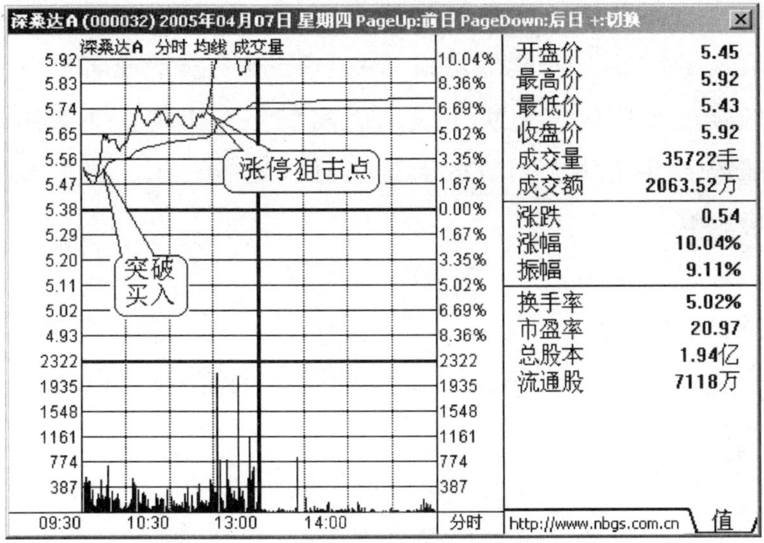
深桑达A (000032) 2005年04月07日 星期四 PageUp:前日 PageDown:后日 +:切换
深桑达A 分时 均线 成交量
涨停狙击点
突破买入
开盘价 5.45
最高价 5.92
最低价 5.43
收盘价 5.92
成交量 35722手
成交额 2063.52万
涨跌 0.54
涨幅 10.04%
振幅 9.11%
换手率 5.02%
市盈率 20.97
总股本 1.94亿
流通股 7118万
09:30
10:30
13:00
14:00
分时
http://www.nbgs.com.cn
值

图 108

长线不断上涨，然后由基金接货，使庄家大赚特赚。这种模式在2002年以前是很流行的。目前的机构由于受到政策不明朗的因素影响，所以只看到眼前，只把精力放在最短的时间产生最大的效益上。因此股票的短期波动就会更加激烈，经常有涨停的股票出现。机构在短线完全占有主动权。我们作为个人投资者不是简单地跟庄就可以赚钱了，还要观察主流资金制造的热点是什么板块，炒作的主线是什么。虽然分析的时间要长一点，但是一旦看明白主力资金的意图和最新动向，相信抓住主升段是比较容易的。深桑达A经常出现异常波动，机构活动非常明显。我们可以在长下影线过后的第一个涨停阳线介入，这样可以轻松回避市场的风险。连续涨停过后一旦出现大换手或者高开低走的大阴线，坚决短线出局离场。在出现实体大阳涨停吞并实体大阴线的组合时可以短线介入，赚取差价利润。

【实战技术精要】

（1）低部出现长下影线的探底针信号可以密切关注。

（2）出现双底突破颈线位可以短线介入。

（3）成功大单锁死涨停价格可以大胆持有。

（4）涨停价格出现不断的大抛压，要注意是否会打开，谨慎防止主力涨停卖货。

（5）快速适应主力资金的操作手法，随机应变。

【看图分析解密】(图 109、图 110)

潜江制药(600568)是非常突出的异动股票之一。在不断大幅波动的股票当中寻找巨大的差价利润是目前职业投资者主要的操作模式，因为只有多差价才可以产生利润。当我们把精力集中在一个股票上的时候，可以看出主力的操作意图和操作手法。挂单的技巧等等都是在平时的分时走势当中可以看到的。主流资金经常采取偷袭的方法把握早盘和尾盘的行情。当早盘还没有人关注的时候，突然大幅快速拉升股票价格，直接挂涨停板封住。次日跟风盘涌进的时候从容获利卖出。还有一种就是专门在 14 点 30 分和 14 点 45 分突然出击，快速封住涨停，速度是成功的关键。当大家都还没有反应过来的时候已经大单封住涨停，想卖的人都等明天再说，结果次日低开就错过了卖出的机会了。我们认为早上开盘后 15 分钟内攻击涨停的股票是比较强的。如果出现“火凤凰狙击点”的信号就是短线最好的买入点位。均线价格跟随股票价格快速平衡向上，就是我们说的均价跟上主力成本提高。当有大资金封住涨停后，为了把不坚定的人震出来，主力经常撤单，让抛盘打开涨停一个缺口，让那些不看好后市的人先

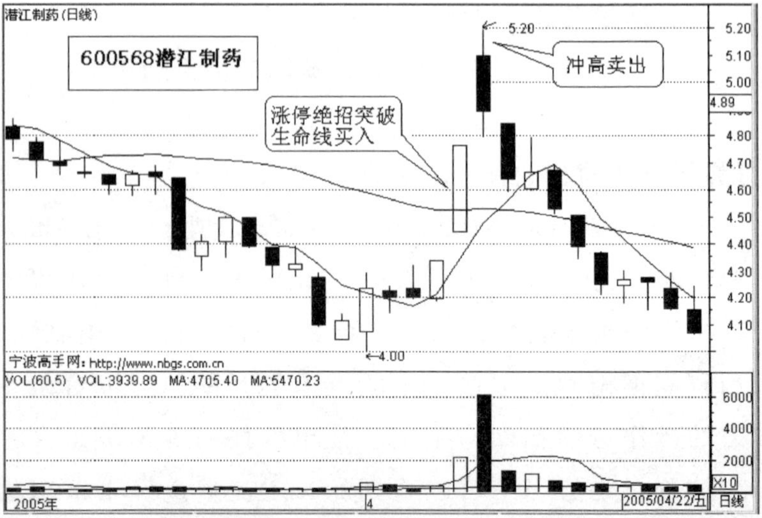
潜江制药(日线)
600568潜江制药
冲高卖出
涨停绝招突破生命线买入
宁波高手网：http://www.nbgs.com.cn
VOL(60,5) VOL:3939.89 MA:4705.40 MA:5470.23
2005年
2005/04/22/五
日线

图 109

潜江制药(600568) 2005年04月07日 星期四 PageUp:前日 PageDown:后日 +:切换
潜江制药 分时 均线 成交量
火凤凰狙击点
开盘价 4.45
最高价 4.77
最低价 4.45
收盘价 4.77
成交量 22530手
成交额 1067.64万
涨跌 0.43
涨幅 9.91%
振幅 7.37%
换手率 4.18%
市盈率 112.50
总股本 1.09亿
流通股 5392万
http://www.nbgs.com.cn

图 110

出来，以免明天再冲高的时候成为抛压。震出来之后就会把撤掉的封单再次挂在涨停价格。股票通常次日还是能够继续向上拓展更大的空间，但是，连续开盘缩量涨停的股票才是最强的股票。当在高位主力不想拉高的时候，就会出现巨大的成交量，等散户买到的时候就已经一下子被套住了。因此，狙击涨停不是什么股票都可以去操作的。需要对短线非常熟悉的有把握的专业操盘手才可以做得更加好。

【实战技术精要】

（1）低位出现整数关见底后注意是否机构介入。

（2）当5日均线开始往上翘的时候就是短线介入的时机。

（3）出现“火凤凰狙击点”买入信号的时候要大胆介入。

（4）高位冲高放量过大，回落的时候要短线卖出观望。

（5）见顶后跳空低开低走不要手痒，坚决空仓观望。

下 篇

宁波高手升华篇

聚焦"涨停"通吃大黑马

每一次"井喷"，都是重大机会和财富的高速成长期。您想赶上这趟航班吗？

在这个新的时代，财富的获得是非常不可思议的。当浙江又出现了第二个首富盛大网络的时候。你就要专注做一件事，而这件事就是你最喜欢做的事，你不成功都难。

专注做一件事捕捉涨停，只做涨停黑马，想不赚都难。

做中国最权威的涨停板专家，要做就做第一名。

记住：每一分私下的努力都会有倍增的收获。

第九章 发财就在一瞬间

其实很多机会都是在大部分人还不是很清楚的时候就来了，97%的普通人并没有这个悟性，因此一些千载难逢的机会都没有抓住。要做别人不敢做的事情和做别人做不到的事情，当然要有一定的智慧和胆略。有时候错过了那一瞬间就再也没有机会了！要感悟市场的节奏，用自己的直觉感应市场的波动，提前一两天感觉到市场有机会来临了。这种特殊技能是通过长期的磨练才可以判断出来的。培养果断的决策性格也是非常重要的。有时候就是因为你的性格决定了你的决策，才给你带来赢得财富的机会。如果你对大盘判断准确，但是对于个股却经常“踩地雷”，那么，你完全可以抛开个股炒指数，如指数基金 510050 等。做你最擅长做的事，你成功的机会才会更高。如果你认为赚指数的钱太少，你可以抛开指数炒个股，抓住翻倍大牛股，短线出击涨停黑马。反正没有人注意你怎么炒股，别人只看到你有没有赚钱的结果。如果结果比较好，那么你的方法是正确的，请继续使用，如果结果不太好，请马上改变你的操作方法，最好用我们证明比较有效的方法。我们最好的短线涨停技术就是“火凤凰”狙击法，用全部资金攻击底部启动的涨停黑马，直到封住为止。

第一节 发掘机会

赚钱的机会是可以通过努力发掘出来的，研究成功的关键所在是通向财富的快车道。其实很多机会都是在人们面前的，只是很多人没有把握住这些机会而发财，结果越来越不适应社会的发展，最后被淘汰。如果不学习新的知识，就一定会落后挨打。作为新一代的投资者应该是新工具、新知识的代表。如果你不会应用电脑查询资料，如果你不会上网，如果你没有好的工具，不敢想像你可以成为一个成功的投资者。任何刻苦学习的人都是知道如何应用最新工具的人。就像赛车，你开的是法拉利，别人开的是桑塔纳，可以肯定你会占据先机。问题就在于，很多人不愿意接触新的事物，特别是自己不熟悉的事物。结果是孤陋寡闻，不知道别人是如何赚钱发财的。特别是股票具体操作，很多方法投资者是没有使用的。明明出现大好机会了，就是被以前亏损太多亏怕了，以至明明看对行情却没有抓住黑马，轻易就放弃了。

【看图分析解密】(图 111、图 112)

甬成功 (000517)是非常活跃的一只股票，如图所示，底部到了 5 元不再创新低，然后就出现了向上的行情，温和放量是行情启动的前夜。我们把握这个机会就可以在很少的风险下去发现很好的操作机会。当出现明确的 5 日移动平均线上穿 24 日 “生命线” 时就是最好的加仓买入机会。股票价格随后出现了连续的飙升，2004 年 9 月 24 日跳空高开之后放量飚升攻击涨停，使行情进入高潮。次日再冲高，出现 “避雷针” 的短期见顶卖出信号，我们可以当天获利卖出。短期股票价格的波动是跟随资金的推动方向而波动的。当买盘比卖盘多的时候就会出现向上的行情。当卖盘大于买盘的时候就会出现下跌的行情。我们要做的事情就是判断什么力量占据优势，然后顺势而为。做股票要提前预测好并且做好一些战术上的准备，这样才可以在市场当中长期生存，获得利润。

【实战技术精要】

(1) 底部出现不创新低的走势就有可能已经见底了。

(2) 出现明确的买入信号 5 日线上穿 24 日 “生命线” 时，重点关注。

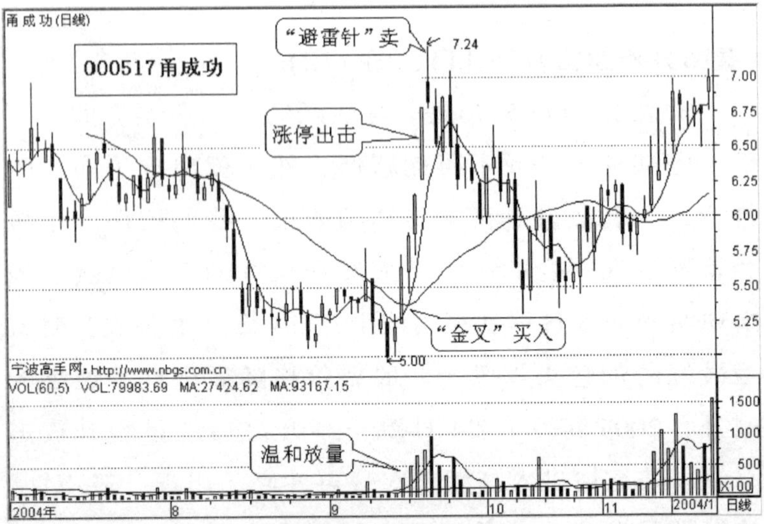
甬成功(日线)
000517甬成功
“避雷针”卖
7.24
涨停出击
“金叉”买入
5.00
宁波高手网：http://www.nbgs.com.cn
VOL(60,5) VOL:79983.69 MA:27424.62 MA:93167.15
温和放量
7.00
6.75
6.50
6.25
6.00
5.75
5.50
5.25
1500
1000
500
X100
2004年
8
9
10
11
2004/1
日线

图 111

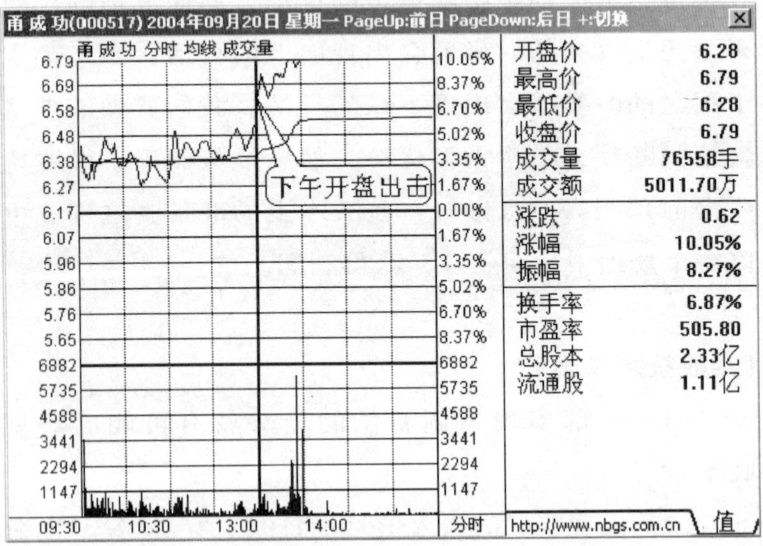
甬成功(000517) 2004年09月20日 星期一 PageUp:前日 PageDown:后日 +:切换
甬成功 分时 均线 成交量
下午开盘出击
6.79
6.69
6.58
6.48
6.38
6.27
6.17
6.07
5.96
5.86
5.76
5.65
10.05%
8.37%
6.70%
5.02%
3.35%
1.67%
0.00%
6882
5735
4588
3441
2294
1147
09:30
10:30
13:00
14:00
分时
开盘价 6.28
最高价 6.79
最低价 6.28
收盘价 6.79
成交量 76558手
成交额 5011.70万
涨跌 0.62
涨幅 10.05%
振幅 8.27%
换手率 6.87%
市盈率 505.80
总股本 2.33亿
流通股 1.11亿
http://www.nbgs.com.cn
值

图 112

(3) 短线攻击涨停的股票通常都是突然放量飙升，快速脱离盘整期，突破均价的时候就是介入的短线时机。

(4) 出现“避雷针”信号要谨慎操作。

(5) 做完一个上升波段要主动休息，在安全时才操作。

【看图分析解密】(图 113、图 114)

白猫股份(600633)是一只明显的庄股，该股的股性非常活跃，经常有庄家关照，逆市飙升也是家常便饭。在该股底部出现“探底针”信号之后要重点关注，2005 年 3 月 29 日出现了快速的缩量涨停。这个涨停就是最好的买入机会，最快飙升的股票有可能是波段行情的龙头。果然，次日该股再次放量快速攻击涨停，股票价格在连续放量的情况下出现了快速不断上涨的行情。在高位出现长长的上影线之后股票价格就很难向上了，这个时候，我们就要注意庄家是在利用宽幅震荡来出货。第一时间在盘中高点卖出筹码，胜利出局。这只股票的短线经常出现可操作性很强的市场机会，我们从技术形态可以轻松发现机会所在。做好一只股票的每次波段就是最好的赚钱方法，有赚就走，不参与短线的调整。行情总是在演绎着相似的形态和波动的习惯。这些都是主力的弱点，作为个人投资者

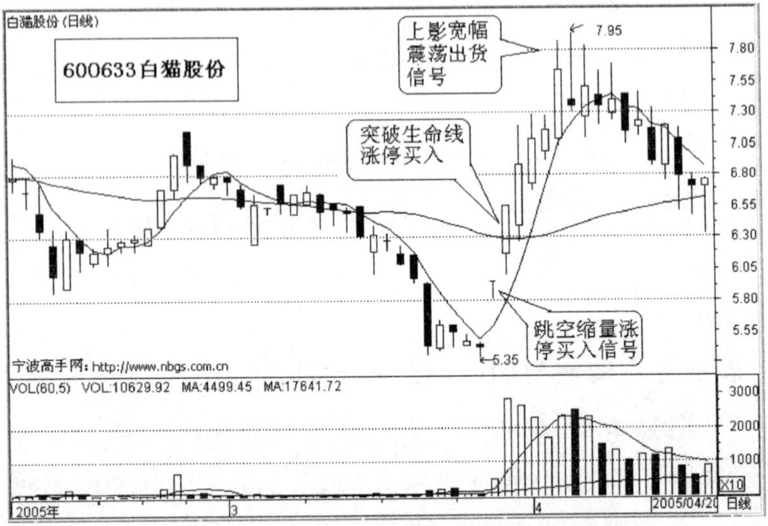

白猫股份(日线)
600633白猫股份
上影宽幅震荡出货信号
7.95
突破生命线涨停买入
跳空缩量涨停买入信号
5.35
宁波高手网：http://www.nbgs.com.cn
VOL(60,5) VOL:10629.92 MA:4499.45 MA:17641.72
2005年
2005/04/20 日线

图 113

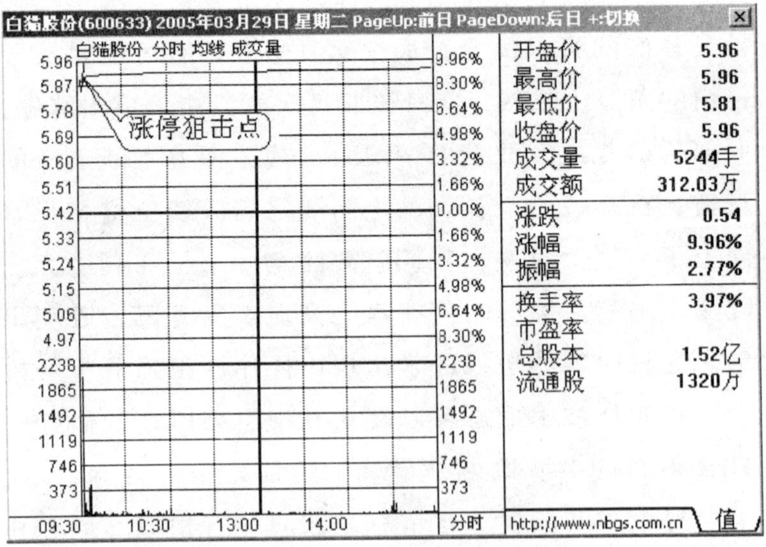

白猫股份(600633) 2005年03月29日 星期二 PageUp:前日 PageDown:后日 +:切换
白猫股份 分时 均线 成交量
涨停狙击点
开盘价 5.96
最高价 5.96
最低价 5.81
收盘价 5.96
成交量 5244手
成交额 312.03万
涨跌 0.54
涨幅 9.96%
振幅 2.77%
换手率 3.97%
市盈率
总股本 1.52亿
流通股 1320万
http://www.nbgs.com.cn

图 114

只要盯住主力的操作习惯，果断进行运作，相信一定可以取得不菲的收益。不管你用什么方法来做股票，只要你是在合法的前提下进行，我们只看结果。成功赚钱不管你做很多股票还是只做一只股票，只要赚钱就是正确的。坚持下去，成功一定是属于你的。

【实战技术精要】

（1）底部出现连续四天的盘整，然后出现“探底针”信号，要密切关注。

（2）出现跳空缩量涨停形成缺口反转信号，大胆介入。

（3）连续快速涨停，不需要急着卖出，主力目标远大，不想别人买到筹码。

（4）股票价格在 5 日移动平均线支撑下飙升可以继续持有。

（5）出现高位三天不创新高，“避雷针”信号提示要及时出局。

【看图分析解密】(图 115、图 116)

长春高新(000661)出现快速飙升的行情非常多，可以经常关注在技术形态出现买入信号的时候操作。成功的机会比较多，该股出现 5 日移动平均线上穿 24 日“生命线”时是非常好的买入机会，可以重点关注。“金叉”

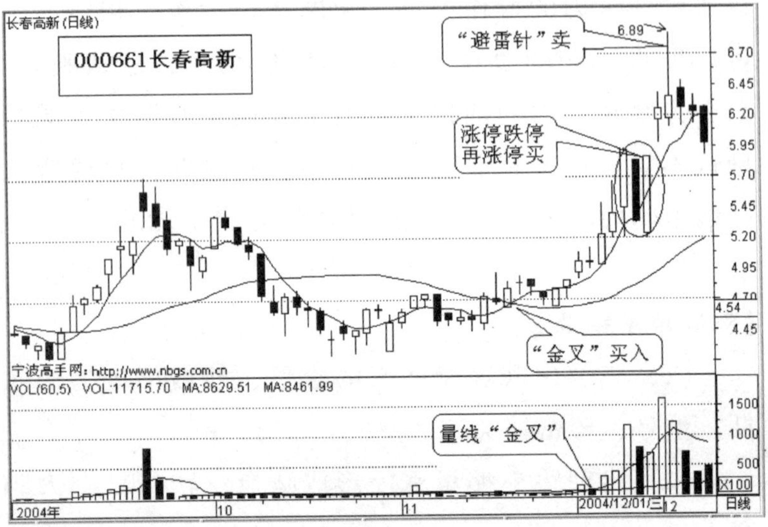
长春高新(日线)
000661长春高新
“避雷针”卖
6.89
涨停跌停
再涨停买
“金叉”买入
宁波高手网：http://www.nbgs.com.cn
VOL(60,5) VOL:11715.70 MA:8629.51 MA:8461.99
量线“金叉”
6.70
6.45
6.20
5.95
5.70
5.45
5.20
4.95
4.70
4.54
4.45
1500
1000
500
X100
2004年
10
11
2004/12/01/三
12
日线

图 115

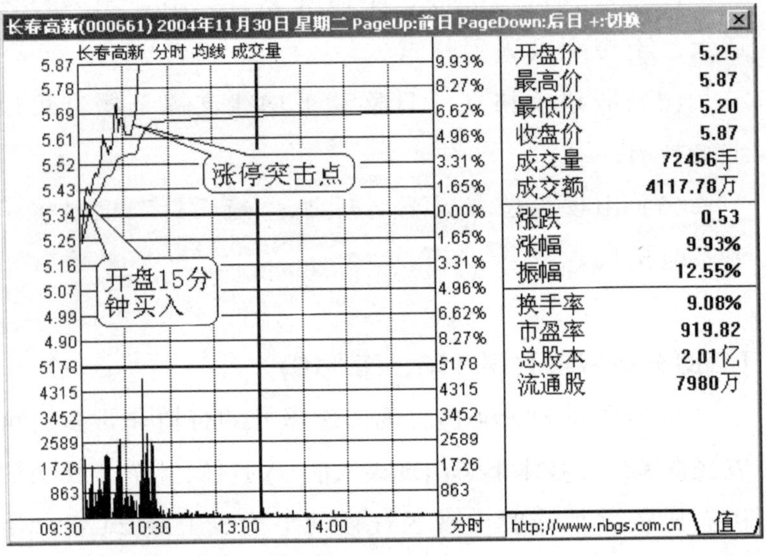
长春高新(000661) 2004年11月30日 星期二 PageUp:前日 PageDown:后日 +:切换
长春高新 分时 均线 成交量
涨停突击点
开盘15分钟买入
5.87
5.78
5.69
5.61
5.52
5.43
5.34
5.25
5.16
5.07
4.99
4.90
9.93%
8.27%
6.62%
4.96%
3.31%
1.65%
0.00%
5178
4315
3452
2589
1726
863
09:30
10:30
13:00
14:00
分时
开盘价 5.25
最高价 5.87
最低价 5.20
收盘价 5.87
成交量 72456手
成交额 4117.78万
涨跌 0.53
涨幅 9.93%
振幅 12.55%
换手率 9.08%
市盈率 919.82
总股本 2.01亿
流通股 7980万
http://www.nbgs.com.cn
值

图 116

买入信号出现之后，一但5日移动平均线往上翘起，就会推动股票价格快速上涨，这个时候就是我们通常所说的加速上涨阶段，这个阶段是买入股票赚钱的最好时机。出现两个涨停夹着一个跌停的实体“双阳夹一阴”K线形态是短线强势特征，短线还有高位出现。股票价格在两天内从5.80元附近上涨到6.89元，可以说是短线暴涨行情。我们要在行情向上的时候把握好卖出的时机，这个时机就是在盘中出现明显的直线上涨行情但是又没有封住涨停，却留下长长的上影线的时候。这个时候就是卖出的最佳时机。在“避雷针”信号卖出是不会后悔的，因为短线行情已经接近尾声。鱼尾虽然美味，但是有很多骨头。要有舍得的心态，放弃有风险的利润，你的财富才会更加稳健增长。

【实战技术精要】

（1）股票低位温和放量是上涨开始阶段，可以介入。

（2）出现“金叉”明确的买入信号，果断出击。

（3）单日出现低开一路飙升攻击涨停的实体阳可以快速跟进。

（4）牛股一般有60%以上的波段涨幅，出现滞涨要小心。

（5）出现“避雷针”见顶信号要快速空仓，不要犹豫。

第二节 重锤出击

赚钱的机会是可以实现的，只要你把握住最大的趋势，然后果断地重锤出击。暴利面前，你不把握机会就是笨！当然，我们说的暴利机会是在合法的前提下的。如果别人没有发现或者发现了还在犹豫，你却已经判断出成功率非常非常高，这个时候就是战士攻城掠地的时候，动作要麻利，速度绝对要快人一步。这样的效果就是当你介入之后，一些先知先觉却没有行动的人介入时为你抬轿，一些后知后觉的人为你推高。

我们经常用一句话来代替我们的风格，股票市场反复无常，投资人看准和看错都是非常正常的，关键在于当你分析正确的时候是否全力以赴，全部资金重锤出击，奠定胜局。如果没有全力以赴，你根本没有办法得到你本来可以得到的发财机会。当你看错的时候，千万不要做错。在最短的时间里把亏损的股票卖掉，不要让亏损扩大。这也是国际投机大师索罗斯的投资心法。

为了达到帮助一些读者快速翻倍的目标，我们使用的方法和结果是任何投资者都没有想到过的，那就是疯狂狙击涨停。用最好的分析软件和公式选出最好的品种。让所有俱乐部的读者疯狂买进。当读者每人都买进的时候，每天都是涨停，每天都有机会，都是开心的一天，因为自己买进的股票封在涨停板上。其实，要解套只有一种方法，用目前的市值赚回十倍。相信你一定可以解套了。只要用 1 万元成功操作 72 次，你就是千万富翁。

也许，很多人不敢想像，每天都抓涨停黑马，难道市场都是你抓的吗？其实，只要选择得好，又有资金推动，只要有一次性买下整个股票的流通总市值所需要的资金，我相信，任何股票都一定可以短线封住涨停。如果你用的选股方法不好，那么，动用大资金去操作是非常冒险的。

在行情非常之低迷的市道，通常不需要太多的资金就封住涨停了。超跌股的“缩量涨停”换手率都是在 5%以下，有时候甚至不超过 200 万元的成交金额。股票市场就是这样的，不管如何成交都非常少。

【看图分析解密】(图 117)

交大博通(600455)是很典型的短线飙股。我们可以从股票不断创出新低后看到机会，一旦爆发就是快速向上攻击，等成交量放大就结束了。因为资金的强烈买入，使股票价格开盘就是涨停开盘。通常单边下跌的股票没有出现过明显的反弹，11 个阴线很可能会

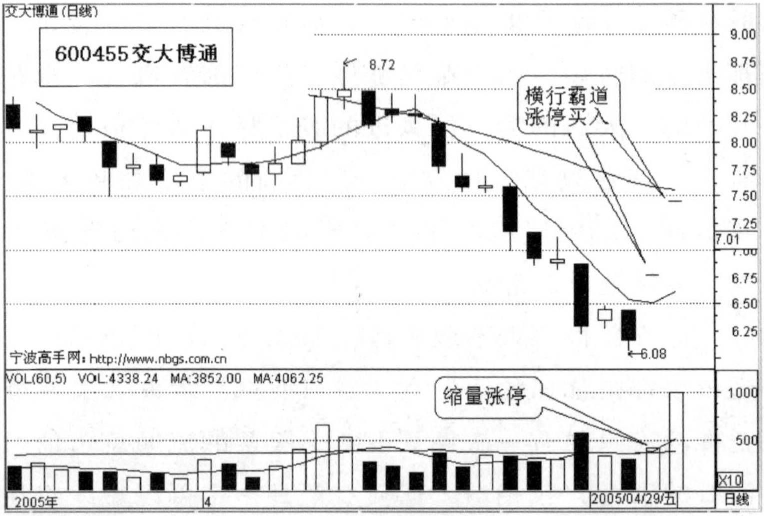

图 117

出现反弹行情。当有机构资金推动的时候，就会出现短线快速的上涨行情。涨停板和跌停板制度加上 T+1 制度可以说是庄家和机构操纵股票价格的很好功能。涨停板后大单封住，你想买也买不到，只有第二天早点排队买。当真正买到的时候就是被套的时候。因此，不要眼红别人涨停，不要眼红别人赚钱。做好自己的研究工作，静心选股，赚自己稳赚的钱。这就是成功的操作心法。懂得放弃有风险的机会，把握那些风险很小的机会，你将快速富有。涨停的魅力就是让投资者兴奋。越是没有买到就越眼红，结果大多数尝试追涨停的人都是以失败告终。到底为什么呢？其实行情的变化是比较复杂的，有时候热点只能持续一天，结果追进去的刚好是第二天就低开大跌。这样操作几次，什么人都不会再去做了。因此，方法是要不断总结和检讨，同时要借鉴已经成功的胜利者的方法，才可以做得更好。高校概念本身就是一个独特的题材，高科技在人们心中永远有想像的空间。因此，不要在别人绝望的时候，在黎明到来之前最黑暗的时候倒下。坚持到底，我们要用物极必反的原理指导自己的操作。这样就可以在别人不敢买，却是价格最便宜的时候买进。等主力连续逼空涨停拉高的时候，你已经赚钱。成功者买好等着赚钱，失败者以为可以不断操作就赚钱。所有人都认为这是最牛的股票的时候，在连续涨停之后，大部分股票都是短期的顶部。

【实战技术精要】

(1) 严重超跌，偏离24日生命线越远就越有反弹机会。

(2) 当第一个开盘涨停有大资金挂单时，可以马上排队买。

(3) 短线操作一定要关注有机构重点关注的板块。

(4) 量能是决定涨跌的重要因数。

(5) 反弹还是反转是趋势决定的。

【看图分析解密】(图 118)

三佳科技(600520)是非常典型的超跌股反弹案例。连续下跌 8 个交易日没有一天反弹。在最低位出现见底组合图形。“蜻蜓十字星”后“平底阳”。再来一个穿头破脚带长下影大阳线突破向上。这样的 K 线组合是明显的短线见底信号，可以大胆买入。果然，在 4.07 元见底之后，次日就快速拉升攻击涨停！这样的短线机会如果再次到来，一定要好好把握机会，让自己的市值快速飙升。做股票的目标要很明确，买进目标股涨到什么位置会有压力，如果涨不动了是否要第一时间先卖出，让自己的资产快速增值。只有这样，投资的意义才会体现出来。很多人把投资和投机区分得很清楚，我们认为没有必要。只要是能让自己赚钱，而且是稳健地赚钱，都是很好的方式。量能释放出来就意味着行情基本已经到达目标位，要随时准备以最快的速度套现。只会买进不会卖出是很多投资者最后亏损的最直接操作模式。在大盘不断跌和跳水的行情中，能逆市而涨的股票多数都是短线行为。没有人可以与真正的趋势做斗争。市场总是会教训那些违背它的原则的投资者。

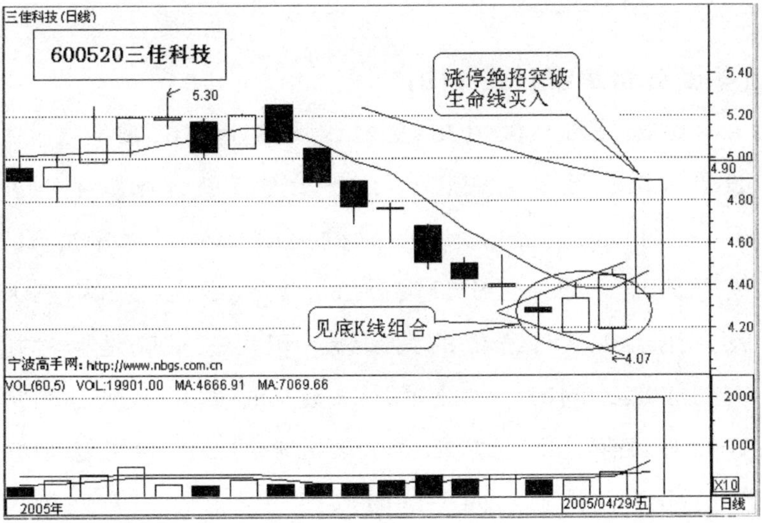

图 118

【实战技术精要】

(1) 股票价格到达低点之后经常会出现相同的特征，那就是“探底针”、“平底阳”。

(2) 成交量是行情的决定因素之一，有行情是资金推动的结果。

(3) 当有机构开始推动股票上涨的时候，通常都会快速放量上涨。

(4) 当股票价格快速飙升的时候通常都会在 5 分钟涨幅榜第一位出现。

(5) 股票价格只要到达涨停就会刺激跟风盘出现。

【看图分析解密】(图 119)

中国玻纤 (600176)是短线快速上涨的典型之一。股票价格连续三次探底到 3.80 元附近就开始跌不下去了。三重底之后出现了明确的见底信号："平底阳"买入信号。结果，次日突破 5 日均线的压力。第三天就开始出现实体涨停的大阳线。可见三重底是非常扎实的底部，同时，"平底阳"过后的放量上涨是非常好的 K 线形态，通常都会出现大阳线。这种方法是非常适用于行情转折向上的时候使用的。如果我们想做到在主力出击之前或者出击的同时介入，就要对绝对价格比较低的股票进行反复研究。在跌不下去的股票当中精选一些技术指标好的股票来操作，相信会比主力更加轻松。因为主力还要策划题材，对敲股票价格，而我们只要选出来，低点买好，等待主力精彩表演，在散场的时候卖掉就是了。要做到心中有数必须全面掌握主力做盘的每一个细节。当你清楚每一根 K 线的内在含义的时候，会恍然大悟。原来如此，就是这么简单。跌到底部出现启动的明确信号时行动，就可以快速把握短线行情，精准打击涨停黑马。最主要的是操作的时候要果断，在突破"生命线"涨停短线追买的时机，把握住量能的变化就等于稳赚了次日的大阳。当量能快速萎缩的时候就要注意风险，退出观望是比

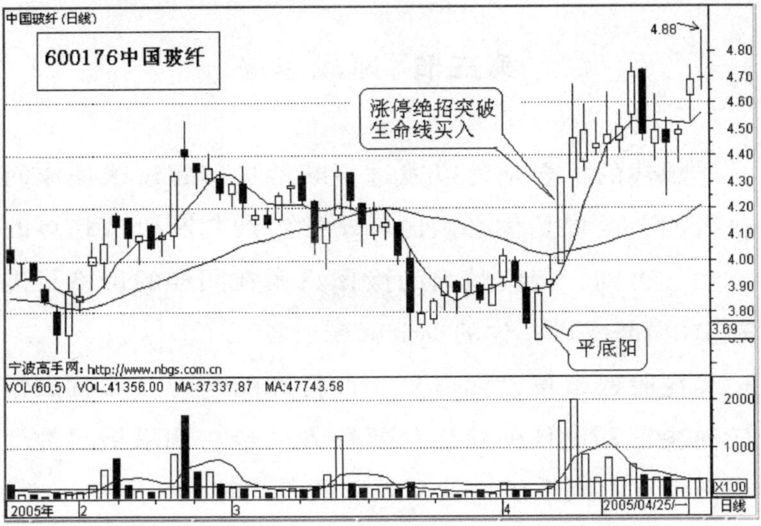

图 119

较稳妥的操盘手法。

【实战技术精要】

(1) 出现三重底后的“平底阳”见底信号，可以买入。

(2) 出现洗盘过后的第一个涨停，可以追买。

(3) 出现 5 日均线上穿“生命线”金叉，可以买入。

(4) 出现 5 日均量线“死叉”60 日均量线，股价涨卖出。

(5) 高位出现长上影“避雷针”信号，坚决卖出空仓。

第三节　速战速决

赚钱的机会是可以通过不断地进行超短线操作而获得的，前提是你必须已经掌握短线判断股价趋势的方法。否则，短线频繁的操作只要在同样的价格买进和卖出68次后，你的资金就变成零元了！

在股票市场，你需要一种特殊的精神，那就是做任何决定和做任何操作都要快人一步。如果早起的那只鸟没有吃到虫子，就会被别的鸟吃掉。

好的股票，特别是短线飙股，都是市场热点追逐的对象。不管是你判断决策慢了一点，还是下单买进的速度慢了一点，都有可能被发现同样短线机会的人买走了上面的挂单。可能你发现黑马的时候已经来不及下单买，就已经被别人快速地去封住了涨停板。也许只是你挂的单低了一点，或者是你挂的单慢了一秒，连续涨停的机会就是别人的财富了。速战是成败的关键，速度是制胜的法宝。

在高手云集的股票投资市场，你必须跑得比兔子还要快，又要比乌龟还要有耐力。股票操作每一个阶段都与人的心态有着密切的关系。要用最快的速度瞄准财富，同时也要有很强的忍耐能力。不该出手的时候决不出手，控制好自己的资金风险。否则，行情会轻易把自认为技术过硬的你给修理得一点脾气也没有。

最强大的团队、最快的速度和最稳健的赢利模式都是超级赢家的追求。以小博大，以快博慢，市场永远只相信强者，而不是什么挂在嘴边的所谓最大的某某基金机构。最大不等于最强，最强就一定会被市场的投资者相信。我们认为最强的股票就是缩量疯狂涨停的股票，这是创造神话的关键股票。我们认为短线最快发财的人就是要留意最快涨停的那一只股票。《孙子兵法》中有“兵贵胜而不贵久，”速战速决是作战的好方法。

【看图分析解密】(图 120)

华联超市(600825)是有长庄运作的股票，明显有主力常年操作，不管行情如何，该股都是短线操作的目标股之一。长庄的操作风格比较娴熟和果断。对于这样的庄家，投资者想在他身上赚取钞票是比较困难的，但是，由于长期运作，主力经常通过媒体来操纵股票价格。当主力底部吸好筹码之后，就会公开推荐，也就是要卖出的时候了。该主力经常通过周六的报纸推荐。周一拉个大阳线出货，买进的人全线被套。跌下来之后又开始折磨人，不涨，横盘不动。等别人割肉出来之后就开始又低吸完毕，再次在报纸上推荐。结果，新的一批股民又被高位接货。循环操作，已经

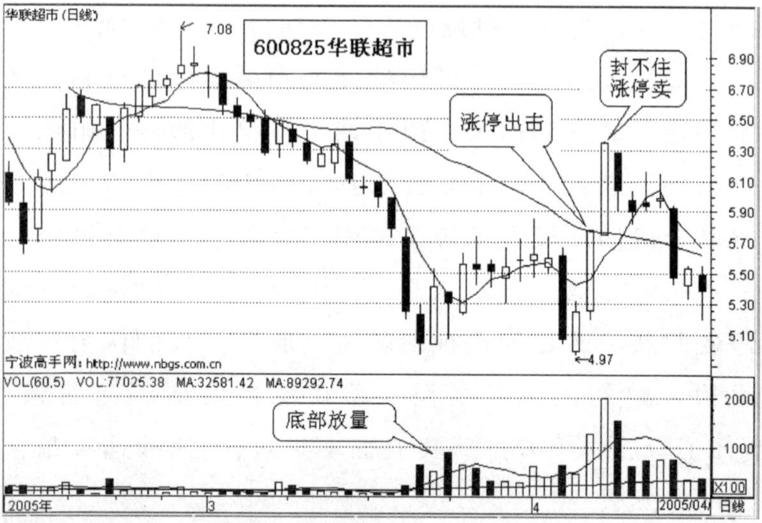

图 120

有很多年了。主力对基本面非常了解，对行情的把握比较清晰。所以，当大盘见底的时候，吸纳该股是很好的方法，到高位要出货的时候，就可以看到报纸推荐，然后上演放量拉高出货的精彩一幕。该主力最常用的方法就是拉到涨停价格，在涨停板卖货。所以，当出现涨停老是放量的时候，你一定要果断卖出，很可能次日就低开，套你没有商量。

【实战技术精要】

（1）对于长庄运作的股票要在最恐慌、最难看的K线形态出现后重点关注。

（2）突破平台涨停，第一时间介入。

(3) 第二个涨停封不住，坚决卖出。

(4) 高位大阴线，放量，坚决卖货。

(5) 大幅上涨过后的股票调整时间会过长，不要轻易马上介入。

【看图分析解密】(图 121)

四川路桥 (600039)是典型的超跌反弹股，该股在连续下跌之后出现最后加速一跌，最低打到 2.82 元。第二天 2005 年 3 月 15 日出现双底，最低也是 2.82 元，下午出现快速攻击涨停的走势，吞并前面的实体大阴线，出现光头涨停大阳。当天在突破 24 日“生命线”的瞬间就可以大胆买入。如果没有付出时间盯盘，也许不会有机会知道股票是如何波动的，很多人只是看看而已。到底为什么会出现这样的情况，根源是什么？都不是很清楚的。作为专业投资者，就一定要对瞬间的机会把握住，让自己的财富倍增。不要眼红比你成功的人，也不要眼红别人抓住了涨停黑马，只要是比自己成功的人，就一定是他付出的努力比我们多很多倍，知道的东西比我们多，看问题的深入和观点的清晰，还有超前的意识，透彻的洞察力，看到别人看不到的内在规律，看到被别人忽视的本质。要在理性、准确地分析后采取果断行动。“避雷针”信号出现一定要果断当天卖出，不贪心、不侥幸等反弹再卖。

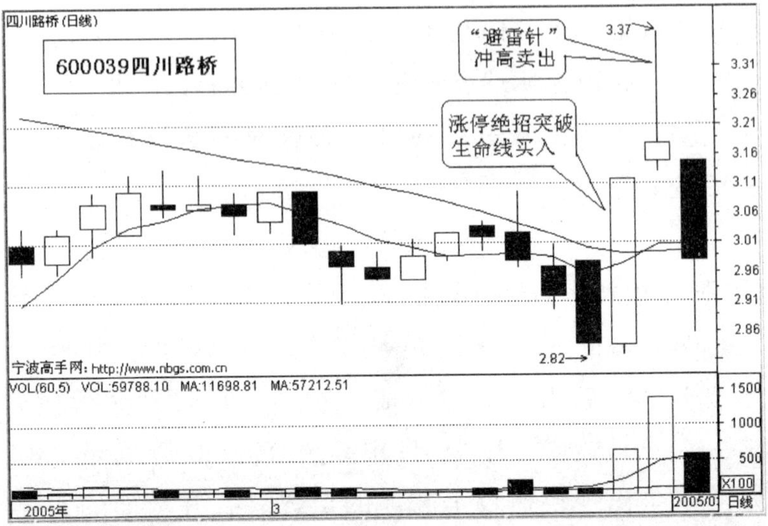

图 121

果断的操作性格才可以保住自己的本金。

【实战技术精要】

（1）出现双底涨停吞并线的时候要当日短线追买。

（2）出现反弹的时候要看空间有多大。

（3）只要是做反弹，就一定要在弹不动的时候卖出。

（4）快速上涨的时候，若在启动阶段可追，在高位则卖。

（5）出现明确的"避雷针"见顶信号，短线卖出。

【看图分析解密】(图 122)

维维股份（600300)是典型的连续阳线上攻黑马。在底部区域出现长下影最低探到 5.31 元后连续横盘，股票价格在连续五天不破新低后以跳空高开的启动缺口 K 线起飞。这个时候是突破底部买入信号，短线就可以介入了。第二天出现更加强烈的上涨欲望，跳空放量攻击涨停，这个时候就是主升段行情，是要重点把握的上涨阶段。“三阳开泰”之后就出现了连续 10 个交易日都收阳线的行情，从最低 5.31 元开始，在短短十个交易日就到达了 7 元以上的高点。在市场环境一般的情况下，能够连续收阳的股票是非常少的，因此，要多注意那些经常逆市上涨的股票，当大盘跌到一定阶段低位时就可以介入活跃的股票。因为活跃的股票涨跌都比较厉害，产生的差价利润就比较高。作为专业投资者当然要重点分析、重点把握，只有把差价赚到手了才有投资的意义。在不断地摸索过程当中，我们认为只有那些有大资金关照的股票才会有潜力飙起。如果是那些没有大资金参与的股票，通常持续上涨的能力都是非常短暂的。因此，学会在弱市当中保存自己的实力，在牛市当中才有说话权。

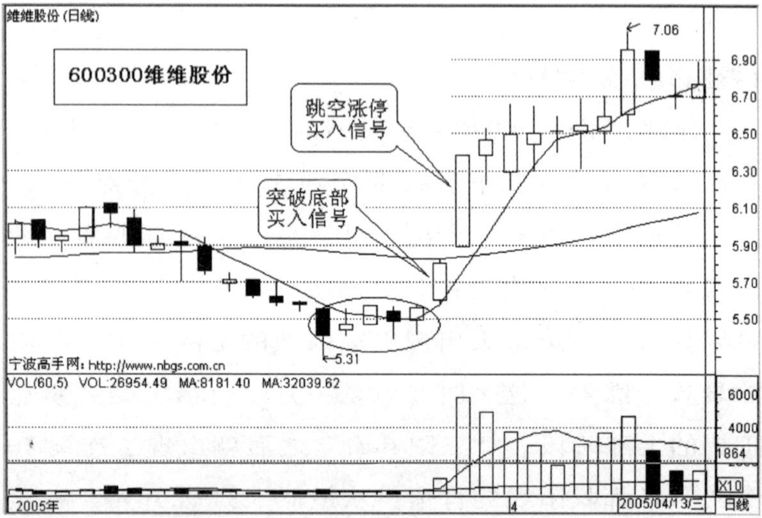

图 122

【实战技术精要】

(1) 低位横盘不破新低就要提前开始关注。

(2) 一旦有上涨的苗头就要重点关注。

(3) 当股票短期确立上涨趋势后就可以短线快速买进。

(4) 股票价格沿 5 日均线不断向上就要大胆持有。

(5) 当股票价格连续上涨后出现长上影或者不再创新高的时候要注意风险。

第十章 无敌王者风范

如何成为最顶尖的投资者呢？我们认为实战是检验人能力的一个重要标准。因此，如果你要证明你是可以的，技术过硬的，那么你可以参加全国投资比赛，拿下冠军的丰厚奖金和荣誉。当然，如果你已经是一个非常成功的高手了，就不需要在别人面前证明些什么，相信自己就已经足够了。真正莫测高深的人就是神秘的人。任何市场感觉都是需要训练出来的，没有天生的股票天才。所谓的股票神童都是别人制造出来的神话，对于“奇迹”的出现和“神话”的故事我们不必要那么认真对待。

“世界上没有救世主，除了自己，你无可依靠，而且，更重要的是，你的属下在等待你的号令，唯你马首是瞻。在本章里，你会看到在磨难的时期屹立不倒的英雄，他们就是你的榜样。”当看到这样的文字的时候，笔者完全感受到了股票市场的艰辛，更加敬佩那些急流勇退、成功转型实业的投资家的智慧，更加佩服在激流中屡败屡战、永不退缩的最终成为一等一弱市赚钱的那些高手。

新的时代、新的形势，要使用全新的思维来操作，只有具备巨大的空间，股票才具有上涨的潜力。使用新的方法来决战涨停，这就是新主力的模式。攻击涨停，实现利润，不怕熊市，稳步介入中线潜力短线爆发股，相信你一定可以成为无敌的股票高手。

第一节 信步闲庭心

如果你真的想成为实战高手，你必须全力以赴。所有想在某个领域成为行业的顶尖的人，就一定要比别人努力，先思考后行动。当你已经深刻地理解股票投资和股票市场是怎么一回事的时候，就要注意心态的锤炼。当一个人面对市场的涨跌都可以平常心对待的时候，操作就一定有更加高的成功率。心态决定了你是否成功，拥有成功的心态做股票就会有信步闲庭的感觉，比较轻松，一切都来得很自然。不管行情怎么变化，自己的操作都马上可以采取最适合的方法来应变。用最简单、最有效的方法进行适当的操作，保持冷静、平和、静谧的心态，这就是高手的心态。

虽然高手也有失手的时候，但高手的风格是当机立断，立即行动，而普通投资者多耽于拖延，所以两者的区别是非常大的。没有更多的准确性的操作是非常可怕的，一个没有规划的操盘手是一个失败的操盘手。我们认为所有的读者都能成为自己最专业的分析师，不是基本面的分析师也一定要成为技术面的高手和实战的决策高手。

【看图分析解密】(图 123)

海油工程（600583)是最典型的长牛大黑马。从走势图大家可以看到周K线是标准的三浪大波段黑马图形。在漫长的下跌过后横盘形成了一个非常标准的底部形态。在股票价格突破下降通道之后我们就认为是开始新的行情了，意味着主力机构经过充分的准备已开始发动行情。第一根大阳线放量上涨我们叫“龙抬头”。这就是说一条沉睡已久的龙就要一飞冲天了。黑马启动图我们取名为“龙抬头”。短线日K线分时走势图出现快速的上涨，直线攻击涨停并且大买单牢牢封住涨停，我们就叫“凤展翅”。大机构快速拉升是最典型的飙股王，我们要盯住那些大资金拉升的股票短线快速操作。等别人认为不可能的时候我们已经赚钱卖掉了。等很多人都不敢相信这是真的时候，我们已经全面介入疯狂的短线操作，等所有人都要去参与的时候我们已经空仓观望在等待。短线和中线的区别就是对于参与股票炒作资金的判断。如果这些资金是可以长期操作的，大规模波段操作就要耐心观察，选择

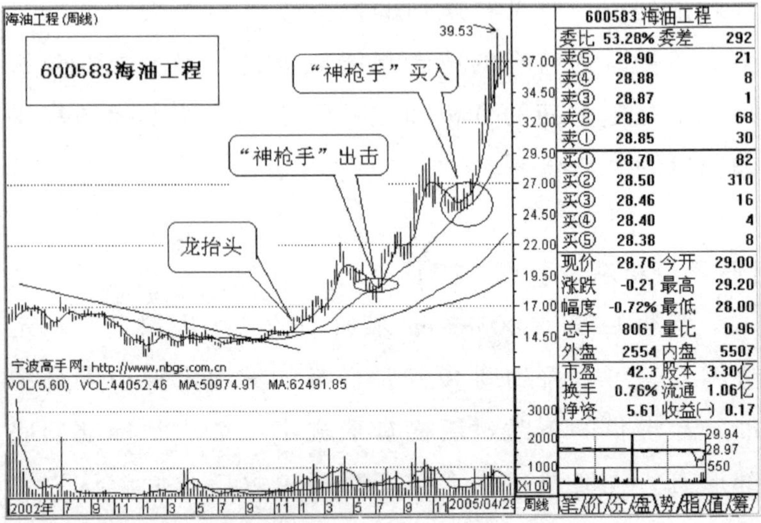

图 123

最佳的加速点介入。如果是短线资金所操作的股票，就要见好就收，不必长时间持股。海油工程就是大资金长线操作的品种。从周线图可以知道主力是多么有耐心和毅力。"神枪手"出击信号出现之后连续上涨了很多个月才出现调整，在 24 周"生命线"受到支撑后发出"神枪手"买入信号。我们要在这个时候大胆介入，赚取巨大的主升段行情。复权后从 15 元附近上涨到 39 元是非常大的运作，该机构的资金是相当雄厚的。两年的运作时间实现翻倍宏图，如果不是大资金在背后推动是不可能实现的。三浪上涨的大形态从周 K 线图可以清晰地看到主力的意图。

【实战技术精要】

(1) 底部越扎实的股票空间越巨大。

(2) 关注有大资金长期吸货的品种。

(3) 中长线牛股在启动前关注，在启动点介入。

(4) 在出现“神枪手”出击信号或者出现“神枪手”买入信号时，买进。

(5) 完成三浪上涨的股票要注意主力是否已经成功出货。

【看图分析解密】(图 124)

云南白药 (000538)是典型的长线大牛股，在证券市场非常有名。该股在大盘出现熊市的时候逆市走出了一波强劲的上升行情。四波清晰的上升浪让人感觉到行情的强大被主力完全掌控。业绩的优良是药业股出现长线大牛股的重要因素。一般有大资金的机构都是比较喜欢长线运作医药类的股票的。我们可以从行情的启动点开始关注，一路进行短线波段操作。锁定黑马频繁按照技术分析操作是获取超额利润的有效方法。前提是所选的股票必须是长线走牛的股票。选股是非常重要的工作，必须做到细致，每一个细节都不能随意。只有专注去分析好的股票来操作，赚钱的机会才会大。我们需要的就是这样超前捕捉主力要发动

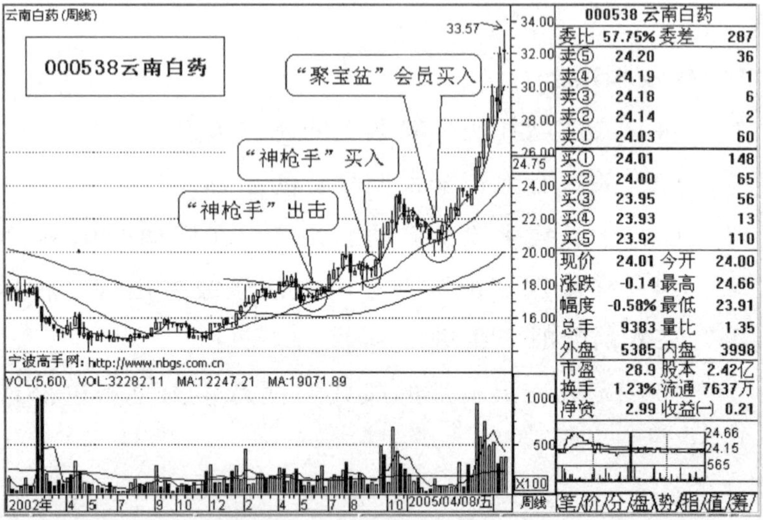

图 124

的黑马短线快速操作。云南白药在出现明确的"神枪手"出击和"神枪手"买入信号的时候图形走得相当不错，在上涨的途中是最好的买入机会。当不断上涨出现了更加明确的加速上涨信号"聚宝盆"会员买入信号的时候，就是我们大胆介入的时候。快速赚取10元以上的利润是波段高手的最好表现，只有赚钱的结果才可以证明这种操作方法是真的有效。在股票不断上涨的过程当中，投资者最容易过早地卖出手上的黑马。当股票翻倍之后就后悔自己的股票原来是一匹黑马，换成了不断下跌的股票。认真分析行情的演变，准确判断市场的大趋势，精准把握具体飙股的打击点位，行情将为您带来无限的快乐和倍增的财富！

【实战技术精要】

（1）中长线黑马要从基本面分析具有长期优势的价值股。

（2）底部启动初期要提前发现，及早布局，先人一步，等待利润。

（3）上升图中只要没有破坏上升通道，就可以继续持有。

（4）重点出击主升浪波段大行情。

（5）股票大波浪完成三浪主升后，在高位出现十字星为变盘见顶信号，卖出为主。

【看图分析解密】(图 125)

双汇发展(000895)是典型的异动强势股之一。在月 K 线图当中大家可以看到清晰的三波主升浪行情。底部出现 T 字 K 线图形，是转折信号。放量跳空突破“生命线”之后开始改变原来缓慢的运行规律，行情变得激烈，多头在修正技术指标之后出现明确的“平底阳”买入信号，股价快速飙升。连续大阳过后出现带下影吊颈线，股价出现回落。连续下跌 7 根阴线后到达“生命线”受到强大支撑，拔地而起，喷出长虹，成交量伴随着股票价格的上涨而不断放出。双汇发展得到主力的大资金关照，大行情翻倍，牛股就诞生了。

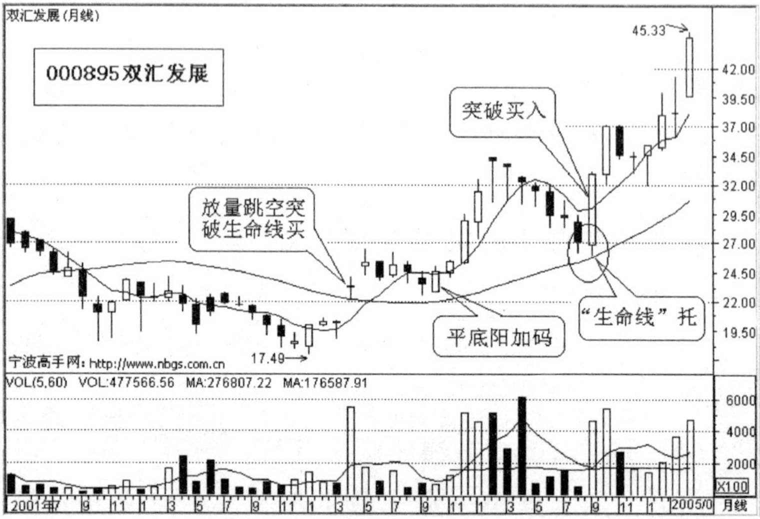

图 125

生命线是行情的重要支撑点，如果行情跌破生命线不能马上回稳、重新上去，很可能就会开始下跌了。一般波段操作的原则是以买入价格以下6%为止损出局。如果在做错的时候不及早止损的话，可能要招致更大的损失。当做对的时候一定要赚到大钱。真正的利润是从几次重大的战役中去获得的。把握好每一次重大的机会就可以把自己的资金做大。当保证金大增之后，自信就更加被强化了。市场与每个人的心理有关，对于行情的判断，多数人总是错的。因此，要不断总结行情的特点，把自己的经验变成理论，指导自己以后的行动。经验是非常重要的，成功的庄家怎么运作，我们只要跟着做就可以快速成功了。

【实战技术精要】

(1) 放量跳空是行情转折的信号之一。

(2) 平底阳是行情加速的重要信号。

(3) 在“生命线”受到支撑后买入是比较安全的。

(4) 连续阴线后出现放量阳线突破 5 日线是买入信号。

(5) 5 日均线的方向是股票操作的重要指标。

第二节　独步操盘术

操盘手一定要形成自己独特的操作风格。这里所说的风格是建立在稳健的前提下的，稳健是赢家的必备素质。

要有独特的见解才可以成为市场的领跑者，做股票永远要有一种危机感，才可以立于不败之地。有一个非常有名的故事让我们感受到很大的启发。以前，沙丁鱼从北美运到欧洲，因为路途遥远，天气炎热，每次到达欧洲的时候，活的沙丁鱼总是所剩无几，而死沙丁鱼和活鱼比起来，价格相差甚远。为此鱼商们伤透了脑筋。后来，一个鱼商把一条小鳄鱼放在渔船上，一起从北美运到欧洲。鳄鱼最喜欢吃沙丁鱼，同船的沙丁鱼都十分恐怖，拼命在水里游来游去，避免成为鳄鱼腹中的美食。到了欧洲后，居然有一半以上的沙丁鱼活着！原来，没有鳄鱼这个压力，所有的沙丁鱼都躺着不动，而现在鳄鱼这一天敌的存在，沙丁鱼感觉到危机重重而拼命游动，以避免被吞噬的厄运，这种残酷的竞争反映了自然界的优胜法则。我们作为投资者，在股票市场上操作，没有危机感则很容易成为庄家或者基金的美食，有紧迫感、危机感，自然就可以做到见好就收，成为不断赢利的少数赢家。要有超人的耐心，要坚持自己的原则，赚自己能力所及范围内的钱，不要有任何贪婪的冲动，珍惜自己的财富。

【看图分析解密】(图 126)

风帆股份（600482)是明显的短线资金运作的品种。在连续下跌到 4.29 元之后，出现了一个关键的信号——“底部十字星”，次日再出现实体大阳，构成了一个转折信号。股票价格不断小幅度向上，出现“见底阳”信号，之后就开始加速向上。在短暂的洗盘后，出现了超强势上攻信号“横行霸道”缩量涨停板。中途经过高开低走的洗盘动作之后，再次出现下影实体大阳。在突破前面高开大阴线的最高价格时是短线买入的时机。第二日出现跳空高开冲高低走、带长上影线“避雷针”的见顶信号，股票价格最高达到 6.56 元。成交量巨大，当日换手率达到 33%。成交量后来

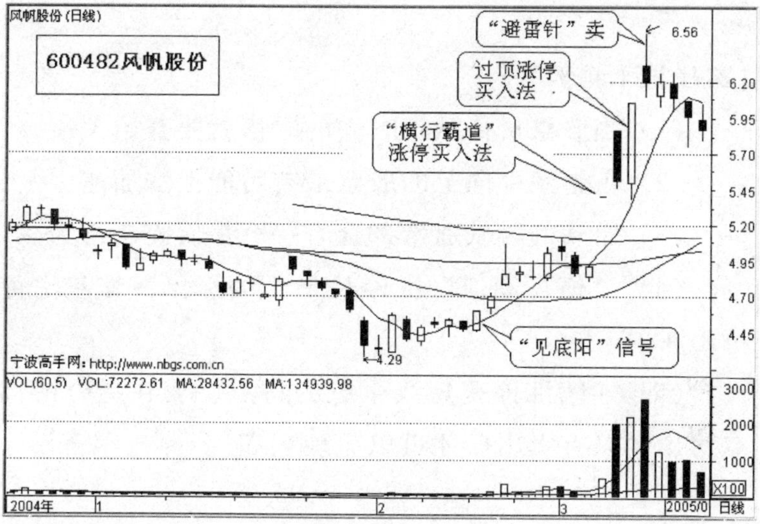

图 126

跟不上了，股票价格在量能不断萎缩后，行情短线也就开始走弱。当一只股票被短线炒作之后，低位筹码在高位换手卖给了散户投资者，一般一两个月都不会有什么大的行情了。只有等到在高位套牢的投资者不断割肉，股票价格在底部横盘很久，才会出现另外的情况，就是高位的筹码低位割肉给了新的主力，主力资金又在底部悄悄建仓，筹码就是这样的一个循环过程。等到主力吸货够了之后就会跌不下去了，然后又会出现新的机构推荐或者新的短线资金狙击。财富就是在这样一个筹码聚散过程中流动。

【实战技术精要】

（1）当股票价格跌不下去的时候就要开始关注。

（2）盘整慢牛向上的股票最有可能上涨加速。

（3）启动的时候通常都会有一个最后震仓行为。

（4）“横行霸道”涨停是最牛的涨停，缩量涨停可追买。

（5）连续涨停是短线牛股的特点，要在适合的高点卖出，只有卖出后才可以兑现利润。

【看图分析解密】(图 127)

北方股份（600262)出现短期快速波动的行情，在底部出现实体小阴，然后出现转折实体大阳线吞并前面的阴线，而且温和放量，这个形态就是短线买入信号。实体大阳突破生命线是买入的有效信号，次日再次放量实体涨停攻击向上，行情在连续阳线之后加速涨停。后一个阳线比前面的一个阳线大，渐渐加速的阳线是很好的赚钱图形，快速攻击涨停的时候可以继续加码买入。但是出现高位下影 K 线掉颈线的时候要注意风险，连续出现不能创新高的情况就要谨慎，行情可能出现转折向下。成交量不能放大之后，不能推动股票价格的继续上涨，我们认为这个时候要坚决卖货了。

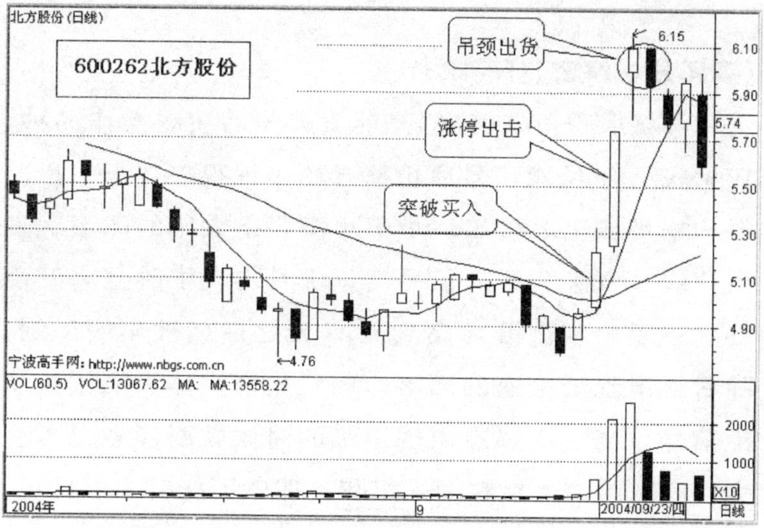

图 127

【实战技术精要】

（1）底部出现越多长下影 K 线或者“十字星”就越容易被主力相中。

（2）短期突破是买入信号，行情在短线操作中一定要看成交量。

（3）快速涨停是很好的买入信号，越早越快涨停就是好股票。

（4）价格提前反映题材，成交量不是买方决定的。

（5）抛盘越大，一旦涨不动就越快速暴跌。

【看图分析解密】(图 128)

洪城股份（600566)是非常典型的短线操作品种。在见底组合K线信号后价格开始出现很多“十字星”，温和放量加速之后出现小阳小阳踢出大阳的图形，发出均线“金叉”买入信号后，次日出现了跳空高开涨停。然后出现高开冲高到6.27元之后就被年线压制，随后就出现了快速的回落。高位出现实体大阴线是卖出信号。当一个热点出现退潮的时候就要注意是否主力彻底退出，如果答案是出货，那就不能有一点犹豫，马上卖出是最明智的操作。很多投资者是在拖延中错过了最好的卖点。只要是投资，就一定会出现失误的时候，但是，失误不是一定意味着失败，因为，失误的时候可以及时地改正、马上决策并且第一时间操作，以减少损失，再进行下一次的交易。理性的投资是很重要的，直面自己的错误，并且专业地去操作。判断可能出现失误，但操作不能失误。该买和该卖一定要明确自己的依据是什么。如果能够长期持续地赚钱，那么坚持下去，不要因为一次的意外而放弃。

【实战技术精要】

(1) 见底K线组合是行情启动的信号之一。

(2) 底部金叉是买入的重要信号之一。

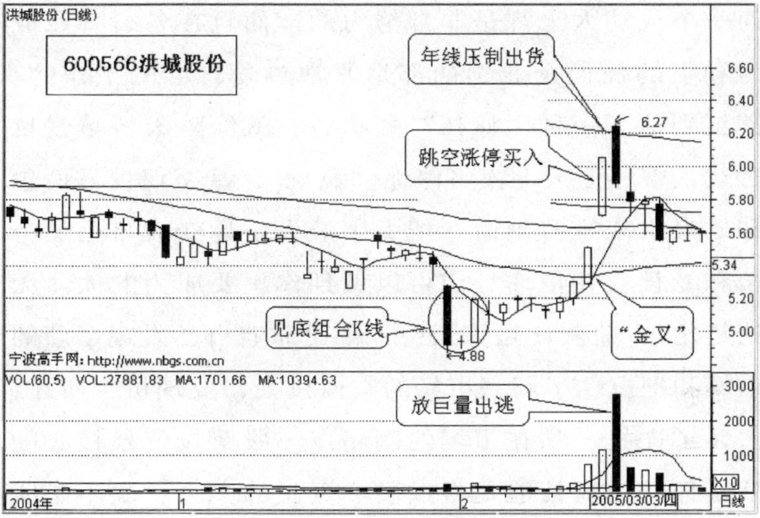

图 128

(3) 跳空突破重要均线是卖入的信号。

(4) 快速涨停是短线狙击的目标。

(5) 高位放出巨量说明抛压严重，注意风险，先卖出比较明智。

第三节 无敌王者魂

最大的失败是放弃，
最大的敌人是自己，
最大的对手是时间。

想成为最强大的高手，你首先要收敛自己的傲气，并且以最勤奋的股票投资者作为自己的行动榜样。任何一个成功人士都是非常努力的，而且在各行各业成为霸主的任何企业领袖都是非常热爱自己的工作的，甚至到达了一种“疯狂”的状态，就像陈天桥热爱玩游戏，曾经七天七夜不停地“疯玩”，甚至仅仅靠面包和矿泉水来维持生命。把人生最大乐趣变成自己的特长和专长，相信你一定可以做到你想要成为的人。无论是比尔·盖茨还是陈天桥，都是靠着自己发现了新的市场和把握住了新兴市场的空白机会，发现机会所在，占领了先机，站在市场的制高点。股票投资最核心的就是你的看盘技能是否过硬。真正的实力，决不是所谓的资金和背景，而是在于你的眼光，是否发现未来的最大趋势。

成功的人告诉我们：一个人看似一无所有的时候，他其实拥有许多——一个强烈改变命运的欲望，一个向命运挑战的勇气，一个梦想。不管你的出身，不管你的社会基础，如果要在股票市场上占有一席之地，并且取得成功，一定是因为他们具有一颗不甘平庸的心，有向上攀升的愿望，有坚忍不拔的意志。证券市场、金融市场的王者才是真正的最顶尖的王者。企业家做的实业，一般都不重视金融，但是，所有世界第一的富翁都是与金融市场分不开的。最难的是在金融市场永立潮头，屹立不倒，这就需要长时间专一的思想明确的目标和无敌的王者魂。

【看图分析解密】(图 129)

浦发银行（600000）是大盘指标股的典型个股。在股票价格连续出现下跌、探到 10.46 元之后，有一个小幅反弹，然后又回落出现下影“十字星”，小双底形态出现涨停向上突破，在股票价格突破生命线出现“金叉”当天就可以买入了。连续放量之后又出现了缩量回档，在 72 日“决策线”受到支撑，然后展开第二波上涨行情。由于成交量不是很大，所以股票上涨的幅度没有非常巨大的表现。从最低点 10.46 元到短期高点 12.97 元也就上涨了 20%多。对于银行大盘股来说，大资金操作是比较容易进出方便的，但是，一定要看趋势。如果趋势判断失误，大盘股也可能损失惨重。短期趋势是投资者必须学会把握的行情，因为每次大行情都是由不断地上涨产生的。我们在行情启动的初期要详细分析真正能够推动指数上涨的主流是什么？还要把最精确的领涨绝对龙头找出来。只有真正能够大幅向上的黑马股票才会引领大盘改变原来的走势，爆发新的翻倍牛市行情。行情一般是以 200 日均线作为年线，这条线也是大盘和个股的牛熊分界线。牛市来临了，就一定可以突破年线的压制，如果不是真的有行情，一般都不会突破，就算突破了也不会站稳。行情一般以三天为确认，股价突破一般以 16%涨

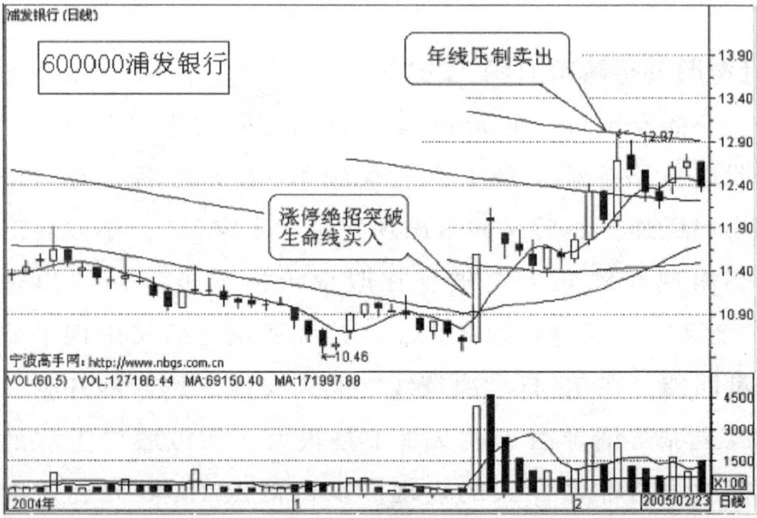

图 129

幅为有效突破。

【实战技术精要】

(1) 大盘股短线操作要在明确信号出现之后才做。

(2) 在前一日出现十字星后，再出现大阳涨停，一般为短线买入点位。

(3) 只要保持强势特征就可以大胆操作。

(4) 要顺应趋势来买卖，最好不要逆市操作。

(5) 在股票价格到达关键的压力位时要注意随时套现观望。

【看图分析解密】(图 130)

鄂武商 A (000501)是商业股当中具有鲜明特点的股票之一，在很多机构的操作过程当中都是由强大的资金推动的图形结果。这些虽然成为了历史，但是还是值得大家研究借鉴。每一步的操作和成交量的变化都是市场资金推动的结果，量能的大小直接影响到股票量度涨幅的高度。如果连续上涨的过程当中出现缩量，则行情持续上涨的概率比较大，说明抛盘非常小，有连续上涨的需求。如果成交量很大，则说明抛压很大，股票价格将很难再向上攻击。特别是出现巨量后不能收阳的，累计涨幅过大非常容易导致抛盘疯狂卖货，股票价格将快速回落。短线运作的时候就是要仔细观察量的变化，微小的变化都会产生不同的结果。股票投资者多数只关注价格的波动，对成交量的变化却不怎么去研究，只知道看表面，却没有详细分析真正影响股票价格波动的资金力量，这就是导致失败的重要原因之一。形态分析配合价量关系是最有效的短线操作分析。在形态出现“探底针”信号之后，往往都会出现反弹行情，而成交量则是反弹高度的测量器。每个人对相同的图形和成交量都会产生不同的感觉，所以，每个人都应按照自己的分析去操作。不能说谁就一定是对的，只有资金推动的方向才是我们跟随的

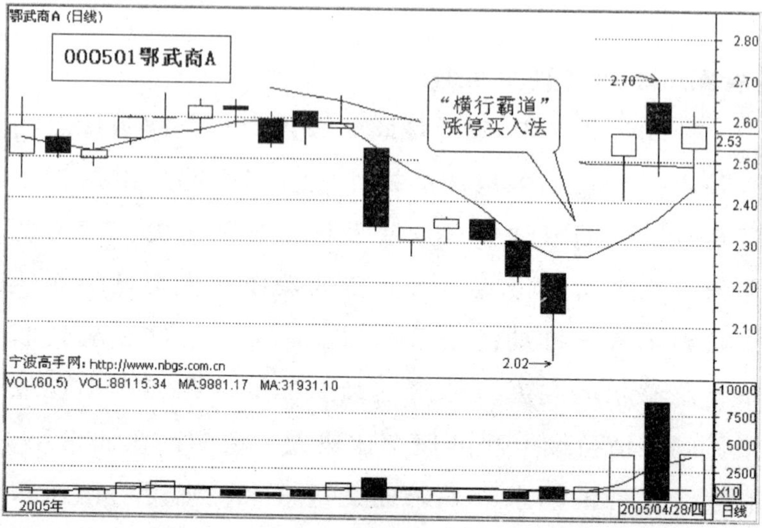

图 130

方向。如果你对资金波动的方向判断准确、对量能的判断准确，理论上是可以做到稳赚的。鄂武商 A 从 2.02 元涨到 2.70 元，近 33%的涨幅所用的时间只是 4 个交易日。可以肯定地说，爆发的时间是主力的意图说了算。对于具体的高点则是市场最后认同的表现，主力也会刻意去画图，让大家认同他的力量和方向。做股票就是要清楚地分析主力的动向和具体的做多能量。

【实战技术精要】

（1）连续下跌后出现探底针要密切关注。

（2）出现"横行霸道"涨停板要大胆追买。

（3）越是难买到的股票就越是强劲。

（4）连续涨停之后放量过大就要注意风险。

（5）在高位出现长下影 K 线或者长上影 K 线都不好。

【看图分析解密】(图 131)

冠农股份(600251)是农业股当中比较活跃的股票之一，我们在分析短线黑马的时候经常发现这个股票有出众的表现。行情往往都是在大家犹豫当中出现飙升，当大家都很认同的时候，已有非常多的资金在买卖的时候进入了高潮。一旦成交量不能放大，就会出现快速回挡的行情。我们发现一个非常重要的信息，就是经常涨停的股票最容易出现涨停的走势。只有大量地研究涨停的股票，才可以熟悉涨停需要的条件是什么，共同的特点是什么，然后，我们就按照这个思路去操作。只有采取成功涨停股票的策略去操作，才是最为正确的策略。热点只是主流资金炮制出来的。我们认为行情最本质的东西就是股票本身的波动方向。当市场出现机会的时候，最为领先的股票就一定是平时表现比较出色的股票，每次有行情，这些股票都会表现一番。当出现“量线金叉”的时候就要开始注意了，行情启动之前的信号量能已经反映出来了。冠农股份是农业股当中比较活跃的领头黑马股，表现总是比较出色，是专业投资者可以经常关注的短线机会。

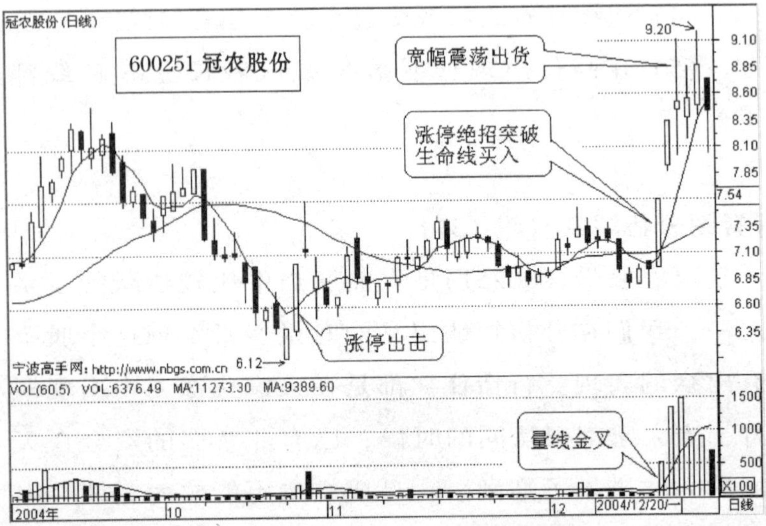

图 131

【实战技术精要】

(1) 底部反转信号后涨停突破第一个停板可以追买。

(2) 均线突破“生命线”金叉后，股票快速攻击涨停是重要买入信号。

(3) 跳空高开缺口不回补，快速攻击涨停可以坚决持有。

(4) 股票价格宽幅震荡是短线卖出信号。

(5) 股票短期涨幅过大见顶，一定要第一时间先卖货。

第十一章　赢家理念升华

很多投资股票市场的投资者都是为了赚钱，但是，天天想着如何赚钱是没有任何帮助的，亏损是很多投资人的经历。有人亏了保证金就不能再起来了，有人总结经验教训，把自己的技术训练到第一名，分析的准确性达到非常惊人的概率，结果后面这种人刚好就是最后的赢家。当投资者把目标的焦点放在研究炒股的技术和判断上的时候，已经更加进了一步；当把注意力放在涨停黑马的研究和决策套路的思考和训练的时候，自己已经不知不觉间进入了高手的行列；当成功的概率达到90%以上的时候，就是靠研究提升理念的超级火枪手了。

专注于技术，才可以让自己的投资业绩倍增。每天浪费在听股评和看电视节目的时间如果是用来好好看书、自己学习技术分析、掌握技术指标，不断总结实战可行的方法，这样，成功就会越来越接近你了。

当你成为技术分析的顶尖高手的时候，钱财是取之不尽的，股票市场里的钱是赚不完的，但是，投资者的钱是可以亏完的。特别是不懂技术、不停听消息、打听内幕的投资者亏钱更加快速。买了股票却不懂什么叫破位的广大股民结果都是雪上加霜地陷入不可自拔的境地。

要成为真正的赢家，就一定要技术过硬！经得住市场风雨的考验，总结赢家的技术，融会贯通，为己所用，你就是赢家。

第一节 一锤定音黑马法

通过对实战操盘高手操作的研究，我们认为，所有成为股票投资高手的人都是非常具有耐心的人，而且行动都是非常果敢的。也许正因为有果敢的操作行动力，才造就了一些勇敢的投资人。伟人都是在关键的时候做出果断的决策，使局势得到很好的发展。作为普通投资者，如果没有认真研究自己的心理弱点，是很难成功的。只有克服自己的弱点，发展自己的特长，并且使这个特长变成自己的竞争力，才能领先于其他人。

股票操作是一定要严格遵守纪律的，否则就会依赖市场的涨跌。人总是主观地看待市场，即当你空仓的时候总是看空后市，当你满仓的时候总是看好后市。当出现与自己的看法相反的时候，行为习惯总是告诉我们立刻操作，或者止损或者买入。如果自己的判断已经失误了，却还死要面子，就只好向市场掏银子了！

干脆利落的性格是短线操盘手的主要特征，鲜明而简单。我们认为黑马一旦跑出来，特别是正如我们事先所预测的那样的时候，果断决策、及时买进是非常重要的。

【看图分析解密】(图 132、图 133)

诚志股份(000990)是清华系股票当中波动幅度比较大的股票，股票价格在连续下跌之后出现了跌幅收窄，然后有长下影 K 线。特别是出现“双针探底”的见底信号，由于明确的信号告诉我们，股票短期见底，所以，在这个时候就要大胆买入，等待短线飙升。作为专业投资者，必须把自己的资金专注地投资到必胜的股票当中去，不要有任何不确定因素，完美的操作、快速地赚钱是成功投资者要坚持的工作。只在明确信号出现后并且有必胜的绝招指引时才果断地出击。连续攻击涨停的股票都具有相同的技术特征，而且有明确买入信号的股票才是更加好的股票。2005 年 5 月 11 日星期三上午，该股出现连续放量飙升的行情，在“涨停狙击点”快速买进是最好的短线买入实战时机。在上午 10 点 30 分过后快速攻击涨停。这种快速上涨的股票就是短线重点关注的股票，通常在飙股当中都

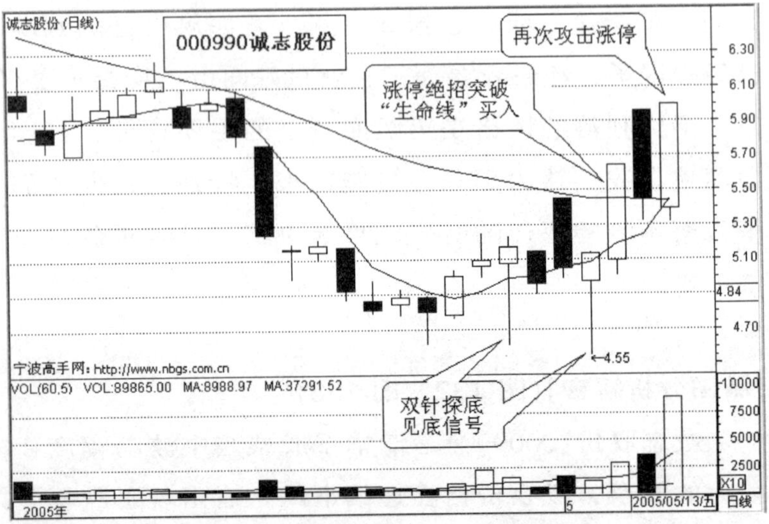
诚志股份(日线)
000990诚志股份
再次攻击涨停
涨停绝招突破
"生命线"买入
6.30
6.10
5.90
5.70
5.50
5.30
5.10
4.84
4.70
4.55
宁波高手网：http://www.nbgs.com.cn
VOL(60,5) VOL:89865.00 MA:8988.97 MA:37291.52
双针探底
见底信号
10000
7500
5000
2500
X10
2005年
5
2005/05/13/五
日线

图 132

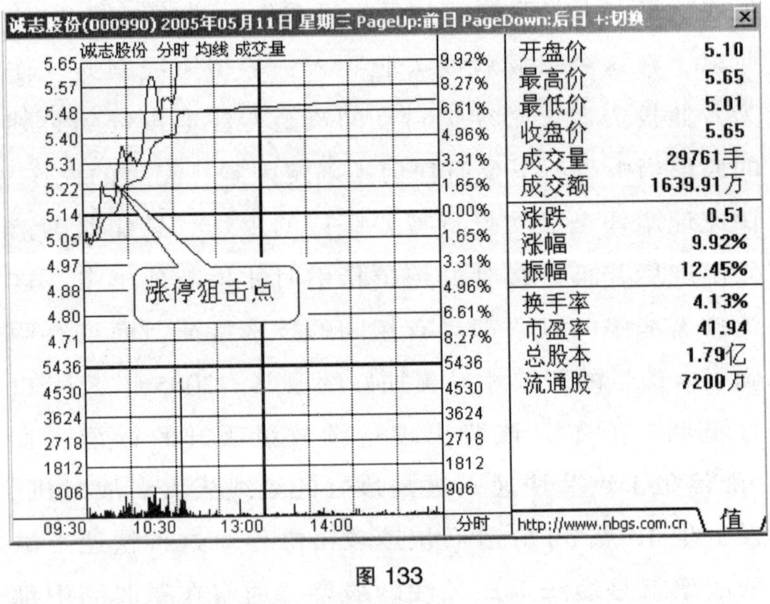
诚志股份(000990) 2005年05月11日 星期三 PageUp:前日 PageDown:后日 +:切换
诚志股份 分时 均线 成交量
5.65
5.57
5.48
5.40
5.31
5.22
5.14
5.05
4.97
4.88
4.80
4.71
9.92%
8.27%
6.61%
4.96%
3.31%
1.65%
0.00%
涨停狙击点
5436
4530
3624
2718
1812
906
09:30
10:30
13:00
14:00
分时
开盘价 5.10
最高价 5.65
最低价 5.01
收盘价 5.65
成交量 29761手
成交额 1639.91万
涨跌 0.51
涨幅 9.92%
振幅 12.45%
换手率 4.13%
市盈率 41.94
总股本 1.79亿
流通股 7200万
http://www.nbgs.com.cn
值

图 133

是带量上涨的。要实现超额利润，就必须密切关注有能力不断上涨的股票，只有这样的股票才可以让我们快速获利。

【实战技术精要】

（1）在连续下跌之后出现“双针探底”或者“三针探底”见底信号要特别关注，机会可能已经来临。

（2）“涨停狙击点”是短线在最佳的时机切入的最精确信号。

（3）以涨停形式突破24日“生命线”是绝佳买入点。

（4）短线操作的目的就是获利，有赚就走永远是对的。

（5）涨停板之后出现抛压巨大或者换手率非常大时要注意风险，先卖货是很好的选择。

【看图分析解密】(图134)

海鸟发展（600634)是非常活跃的股票之一。2004年11月17日出现“十字小阳”过度，次日平底阳涨停加速向上，这种加速的爆发力度更加强劲，短线资金聚集，快速运作，连续拔高股价，连续两个涨停之后盘旋一天，小阳后再次攻击涨停。四天三停，可以想像当时的主力做多的意愿是多么强烈。成交量平量

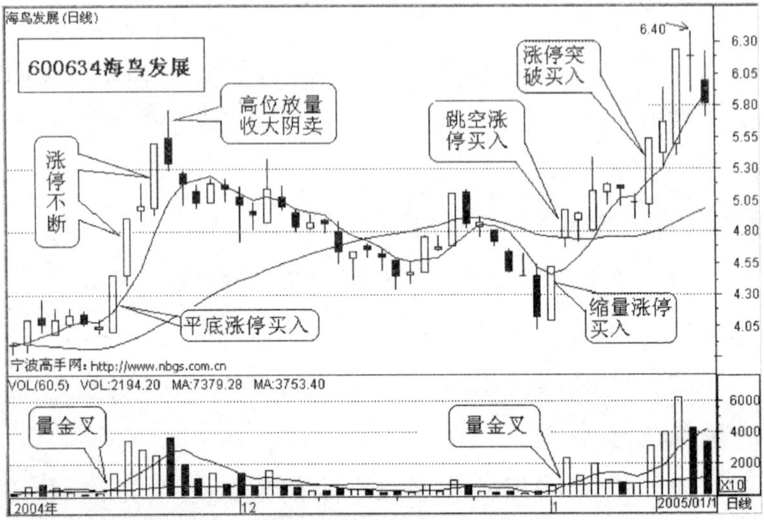

图 134

过顶后，2004 年 11 月 24 日出现冲高回落，同时成交量快速放大，说明主力趁行情火爆，短线对敲卖货，第一攻击浪就在成交量达到高点后结束了。随后成交量一路萎缩，进入了漫长的调整行情。到了 2005 年 1 月 4 日，出现了平底阳实体涨停吞并前面的大阴线反转信号，再次以涨停作为突破信号。缩量涨停是最好的买入时机，短线进入快速上涨阶段。任何股票只要进入了主升段，都是由主力的意愿和市场的合力共同推动的。当然，主力的资金实力是股票具体量度涨幅的决定性因素。2005 年 1 月 5 日跳空高开攻击涨停板，形成快速封锁双涨停的超强态势。成交量出现 5 日均量线上穿 60 日均量线的“量金叉”买入信号。这个时候行情的启动已经完全确立，主力的意图也是清晰可见的。主要的做法就是快速跟随主力的操作思路，马上跟进，享受股票快速飙升的主升浪涨停快感。做股票需要有耐心的等待，在非常明确的信号出现之后采取果断的操作是职业操盘手的作风。

【实战技术精要】

（1）量能是判断股价量度涨幅的关键。

（2）底部出现“量金叉”是股价启动的前提条件。

（3）涨停本身就是一种强大的力量，给人震撼。

（4）能够连续涨停让我们赚钱的股票就是好股票。

（5）高位放量或者出现“避雷针”或者“十字星”都是卖出信号。

【看图分析解密】(图 135)

东盛科技（600771)是典型的庄股。我们可以看到在成交量不断地缩小到极端的时候，股票也不断下跌，形成了偏离 24 日“生命线”非常远的距离。短线操作不在于时间有多短，而是对短线的把握精准度是否适合短线操作。东盛科技在 5 日移动平均线不能突破 24 日“生命线”后反压股价，股票连续不断下跌，被 5 日均线压得没有涨升的力量。5.91 元成为了短期的长上影线“避雷针”最高点，连续急挫到达 4.41 元才见

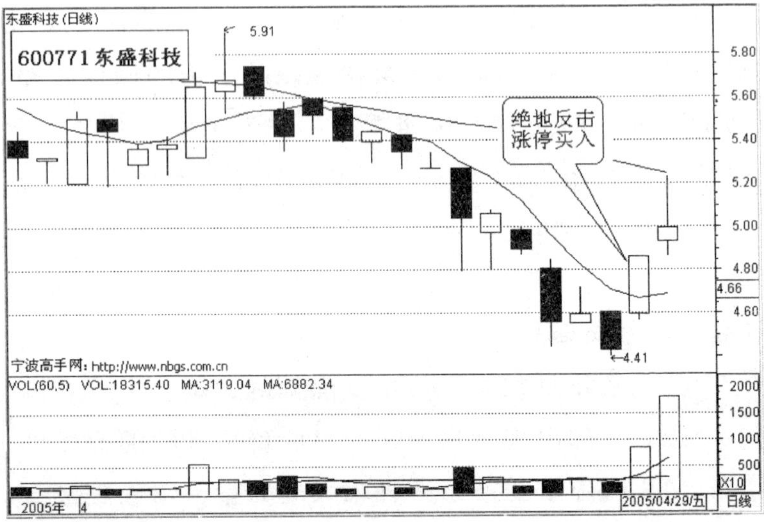

图 135

底，反身以跳空实体涨停，扭转短期下跌 5 日线压制。攻击涨停时成交量不是很大，抛压不多决定了股票价格短线多头买盘控制了局面。第二天跳空高开快速上涨 7.60%后冲高回落。短线虽然突破了 5 日移动平均线，但是没有突破 24 日“生命线”的长期压制，短线上影线过长，成交量也太大，前一天介入的资金快速获利涌出，这个时候第一时间就是当天收盘前先获利卖货。短期的走势比较容易受到短线资金的影响，但是长线的趋势不一定会因此而改变，所以投资者在做操作决策的时候一定要事先分析自己是短线操作还是中线持有。如果是中线持有，最好选择均线多头排列趋势明显向上的股票来运作，这样可以实现巨大的波段利润。对于短线操作，对操作者的敏感度和洞察力要求比较高，同时要具备果断的性格。

【实战技术精要】

（1）严重超跌会引发报复性反弹，在末端值得关注。

（2）缩量实体涨停突破5日线，短线出击。

（3）成交量出现“量线金叉”短线关注。

（4）24日“生命线”反压，上影线过长，短线获利卖。

（5）总结筹码的转换与成交量的变化，每次短线的快速波动都是资金推动的结果，注意短线资金的节奏。

【看图分析解密】(图136)

宏盛科技(600817)是经常异动的小盘科技股，在主力资金长期运作的背景下该股的机会特别多，其形态和技术指标信号是非常明确的。大家如果注意到这个股票的具体盘势波动就会很好地把握赚钱的机会，每次高位长上影线的信号后都会出现调整的走势。连续下跌之后出现底部“倒锤头”见底信号，而且连续出现两次。10.80元见底之后以直接开盘涨停的“横行霸道”涨停板来展开主攻的行情，次日跳空高开再次

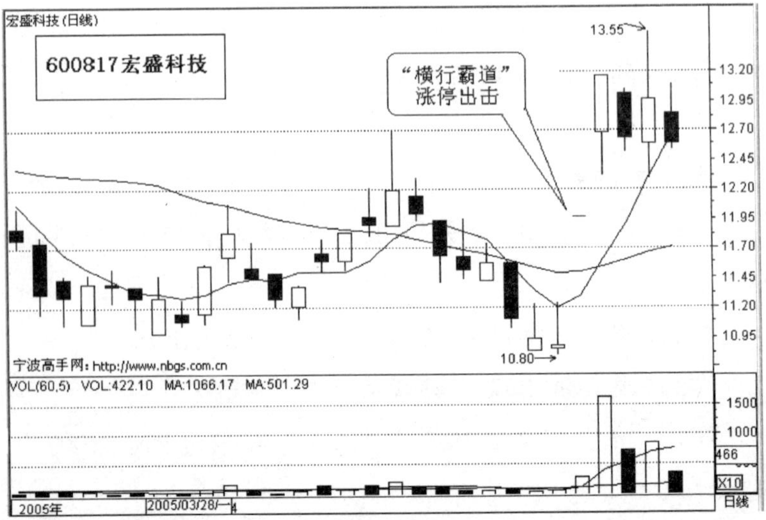

图 136

攻击涨停。经过两个涨停之后调整了一个交易日，然后再次放量攻击 13.55 元。由于股票价格创出反弹新高，但是成交量并没有有效放大，同时 K 线图形的上影线太长，有“避雷针”的迹象，短线就要第一时间获利卖出。一次完美的操作就是这样快速介入、快速撤退，实现了保本获利的目的。成交量的变化是价格变化的提前反映，只要我们把握好“价量背离”的实战关键点位，就可以成功地擒获涨停飙股。股票操作的关键就是提前介入，提前获利，成为赢在起跑线上的赢家。在最短的时间获取最大的利润是专业投资者追求的目标。既然是要来投资，就一定要把握好什么股票可以让自己获取暴利。只有认真研究短线飙股的

K线特征和成交量背后的本质，才能成为投资冠军，才能持续地获得暴利。

【实战技术精要】

（1）在最底部连续两个并列上影线K线就是“倒锤头”攻击形态，短线行情一飞冲天。

（2）最强的行情就是“横行霸道”涨停板切割下降通道，形成新的趋势。

（3）5日均线的波动速度和方向是短线的重点操作指导信号。

（4）跳空是股票运动趋势转折的重要信号。

（5）高位出现“避雷针”，同时成交量不能放大，不能继续推动股价上涨，就是短线卖出时机。

第二节 呕心沥血霸春秋

想雄霸股坛不是一件容易的事情，财力、人力、智慧，一样都不能少。很多时候真正的高手已经不出来比赛了，比赛的作秀对很多人来说也许是普通老百姓想凑热闹。如果不是比赛出来的实战高手，投资者不会承认他们的实战能力。人们看到的是业绩，相信的是结果。社会观念在改变，一些有真正实力的操盘手为了壮大自己，也会出来一战成名。然而，通常都是时世造英雄，没有良好的大盘趋势作为前提基础，很多参赛者都是取不到良好的收益的。

呕心沥血研究股票的运行规律，通过大量的案例研究可操作性的股票与成功的概率，这个研究成果在市场上给予我们丰厚的金钱回报就是对我们所付出智慧和辛勤汗水的回报。突袭就要拉升的庄家是最快的获利方法，很多投资者之所以没有抓住主升浪，是因为不懂得分析股票，不知道股票到底什么时候涨，目前盘面主力的意图是什么，处于什么阶段。如果是出货阶段，就要放弃那些高风险利润的诱惑，才能保住自己本金的安全。

在争霸股坛的所谓高手当中，有一些短线快枪手是不管大盘炒个股的，但是熊市里真正的牛股比例自然非常少，从投资正道来说当然是不要轻易操作。不看大盘方向的投资者或者媒体股评分析师都在媒体上高唱多头歌，结果自然是伤痕累累，割肉放血出局。没有专业知识的普通股民境况悲凉。

想成为真正的高手，必须自己勤快学习技术，技术分析和策略是很重要的。不管是判断对还是错，该如何处理，用什么对策都是专业投资者必须掌握的知识和技能。

股票操作是一种技能，股票分析是一种艺术，不是实战出身的人是不会体会到自己资金在股票市场上是渺小的。经常想通过主观的动议来影响市场，但是结果都是错误的。用错误的方法来操作，不管你判断是否正确，都是没有必胜的把握的。

有时候庄家是活跃股市的润滑剂，短线游资是股票市场的重要组成部分，市场太过平静，就不会有太多的人参与，如果短线游资频繁攻击涨停，就会出现赚钱效应，跟风的资金也就开始活跃于这个市场了。

我们做一个阶段的行情要掌握两种法宝：一是短线技巧，二是中线分析。长线就很难预测了，一般我们看不到一年后的行情。如果有谁说可以看到一年后的涨跌，那一定是个彻底的“算命先生”。我们都是通过策略来获胜，以资金为推动才可以战胜弱市。行情活跃只要资金推动够果断、够大，短线50%的机会是经常有的。

【看图分析解密】(图 137)

攀渝钛业（000515）是短线波动非常激烈的股票。如图所示：在高位不断放出巨量，股票价格在6.38元见顶后就快速跌破5日移动平均线，不断沿着5日线急速下跌，成交量也快速萎缩，跌破24日“生命线”后就更加跌得快了，一直到达4.22元出现小阳止跌，然后不断以低开高走的阳线展开向上，并列实体阳后股票终于止跌回稳，站稳在一直压制股票上涨的5日

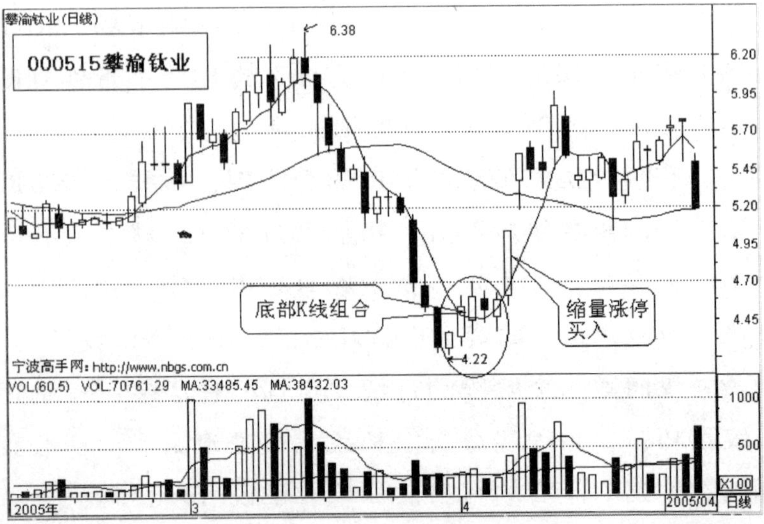

图 137

移动平均线上面。快速缩量涨停是明显的转折信号，第二天再次以跳空高开向上攻击锁死涨停。这种连续攻击涨停的力量非常强大，股价到达了前期成交量密集的股价区域。6元以上的套牢盘不断涌出，使股价很难再创出新高，这就是短线要卖出的信号。不能突破前期巨量的价格区域就是到达了压力位，应该以短线卖出为主。这种价量分析是比较适合长期做短线的投资者的。任何大成交量的价格区域都有可能成为重大压力位，一旦突破成功，就会变成支撑点。做股票最关键的操作就是要在该买的时候买，该卖的时候去卖出，在适当的时候做适当的决策和操作。成功者都是把握了一个关键的机会和掌握了实战的技巧，懂得股票价格的涨跌规律是资金推动的结果，当资金不能再推动向上的时候，抛盘就会以倍数增加。所以，多空的对垒是由价格的认同程度决定的，资金是导致多头赢还是空头赢的关键。涨不动就要跌，跌不动就要涨，本身是很自然的规律，只是很多投资者自己去给自己设了局限，老是去想像股票的价格波动，而不是顺应资金的流动方向去做。

【实战技术精要】

（1）缩量大跌之后会出现技术上的反弹，要短线关注。

（2）出现5日移动平均线翘起是多头转强的信号。

（3）快速缩量攻击涨停是短线买入信号。

（4）成交量出现“量线金叉”要重点关注。

（5）最近高点成交密集区就是最新短线反弹压力位。

【看图分析解密】(图 138)

桂林集琦(000750)是典型的庄股，经常有资金关照，股性也比较活跃。在“禽流感”比较严重的时候，该股有出色的表现。我们可以在该股出现资金推动的时候介入短线操作。只要不贪心，涨停都是可以把握的。如果经常研究这类涨停的方法，就可以在启动当

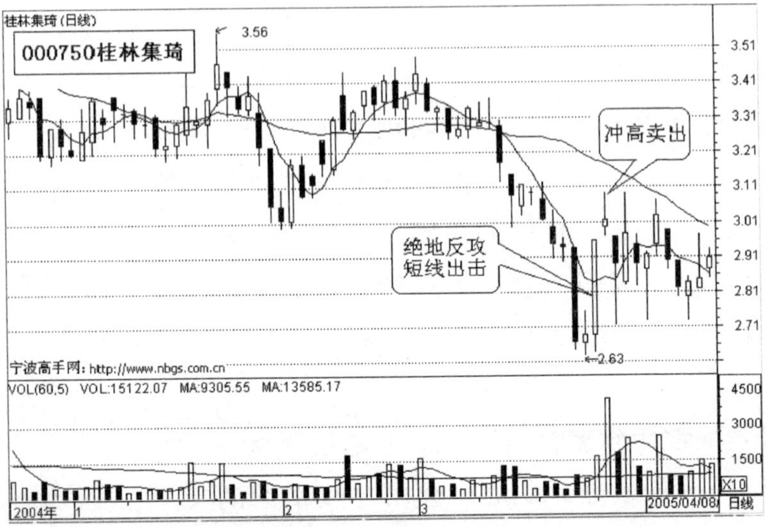

图 138

日介入，次日冲高卖货。短线快进快出，获利一定非常丰盛。在市场并不是很活跃的情况下，对于涨停并且次日能够高开冲高的股票，若能快速攻击，就算不错的了。通常低迷市道涨停的股票封单都不是很大，次日很可能低开低走，跟进的人根本没有机会卖货就被套住了。因此，选择那些经常涨停的股票，同时要看次日是否可以顺利出局。如果是每次都可以顺利卖出的，那么，安全性可能就更高一点了。做短线超跌反弹时要注意的是，在反弹之后弹不动的时候要卖货，不可纠缠太长的时间。

【实战技术精要】

（1）超跌反弹要注意成交量的变化，增量转折点买入。

（2）在短线买点确认之后，要果断操作，不可拖延。

（3）恰当的时机操作就是在该买的时候大胆去买，在该卖的时候毫不犹豫就卖出。

（4）冲高长上影不能在放出成交量就要卖货。

（5）超跌反弹短线赚钱卖货之后最好观望，等待下一次机会。

【看图分析解密】(图 139、图 140)

亚星化学（600319)是典型的短线资金黑马股。经常有资金来回波段运作博取差价。我们经过详细的研究，该股经常在下午 2 点 30 分后出现快速的拉高行情。只要在短线见底之后介入，就可以获取回升的利润，从一个低点到一个高点一般持续的时间都有一个星期左右，这样的波动就非常适合短线操作了。一个中等流通盘的股票适合 5 个亿左右的资金进行操盘运作，主力进入比较方便。如果在行情快速飙升的时候可以先短线卖货，等待回落之后再介入。亚星化学在 2005 年 4 月 22 日出现长下影阴线之后，再以一个下

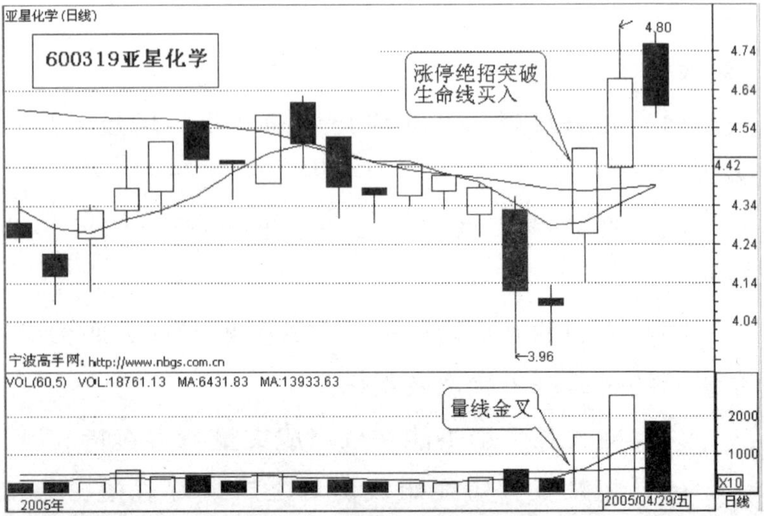
亚星化学(日线)
600319亚星化学
涨停绝招突破生命线买入
4.80
3.96
宁波高手网：http://www.nbgs.com.cn
VOL(60,5) VOL:18761.13 MA:6431.83 MA:13933.63
量线金叉
2005年
2005/04/29/五
日线

图 139

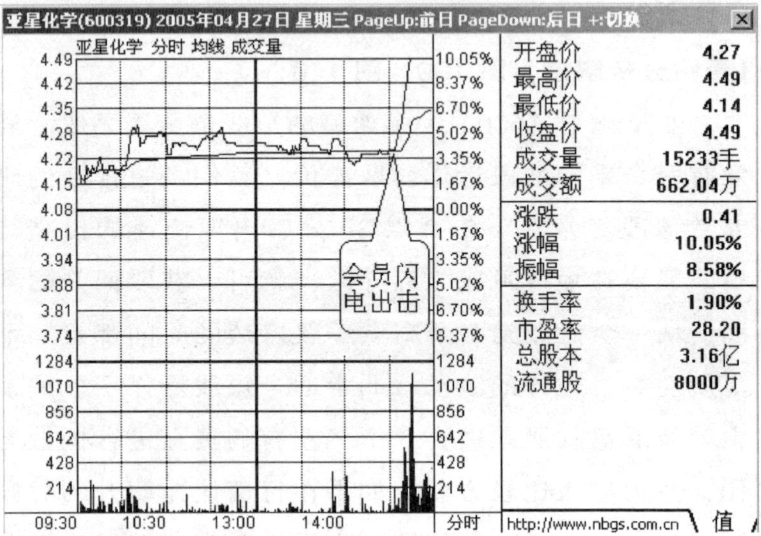
亚星化学(600319) 2005年04月27日 星期三 PageUp:前日 PageDown:后日 +:切换
亚星化学 分时 均线 成交量
会员闪电出击
开盘价 4.27
最高价 4.49
最低价 4.14
收盘价 4.49
成交量 15233手
成交额 662.04万
涨跌 0.41
涨幅 10.05%
振幅 8.58%
换手率 1.90%
市盈率 28.20
总股本 3.16亿
流通股 8000万
http://www.nbgs.com.cn

图 140

影阴十字星过度，给出明显的下跌受到支撑的信号，“十字星”又是一个转折信号。果然，2005 年 4 月 27 日跳空高开后不回补跳空缺口，在涨 3%到 5%之间横盘强势波动，经过半天的横盘确定了强大的支撑，在下午 2 点 40 分左右出现快速攻击涨停的走势。这种直线攻击涨停的力量是非常大的，给投资者以强庄介入的感觉，方便主力顺利出货。第二天 2005 年 4 月 28 日再次大涨 5.79%，成交量有效放大，这样，昨天涨停介入的资金就可以顺利卖货。每一次成功获利都会增强自己的信心。在行情不是非常火暴的情况下能够得到涨停的收益也是比较不错的了。

【实战技术精要】

（1）底部出现“双针探底”见底信号，要密切关注。

（2）强势股要在启动点快速介入，顺势操作。

（3）好的股票也要选择好的买点，还要注意卖出的关键时机。

（4）出现 10 万手买单扫货是短线飙股的重要特点。

（5）涨停过后涨不动的时候可以获利卖出，见好就收。

第三节　赢家宝鉴快狠准

很多人看了报纸和电视节目的股评，受到的影响非常大，笔者遇到过很多这样的问题：会员是否包括资金分配的管理、持仓结构的调整？我觉得，这些问题都是很难回答的。你说专业吗，一会资金管理，一会结构调整，其实，有这么复杂吗？简单的会员操作就是按照可靠的“涨停战法”买进就必涨停，还要有什么分配和结构调整吗！什么是涨停战法当中“必涨停”的买进信号呢？那就是突破“生命线”涨停，这种信号成功率非常高。我们为了达到100%涨停的成功率，就动用大资金把股票直接打到涨停价格后大单排在涨停买一的上面锁住，直到收市不撤单。这就是我们宁波高手实战策略中的“资金推动”。

要成为真正的一等一的实战高手，一定要拥有良好的心态和一流的技术。技术是反复练习才可以熟练应用的，股票的波动是客观的、有规律的。赢家的看家本领就是把握住主流资金动向，掌握个股的主力心态和操作思路，做到行动上的一剑封喉，“快”、“狠”、“准”。

由于所有的判断都来源于市场，所有的反应速度都是从实战中总结提炼出的精华，最后浓缩成几个要诀："快"、"狠"、"准"。中国股票市场波动的幅度是比较巨大的，而且非常频繁的价格变动会带来非常好的短线利润机会。

以小博大是一种策略，更是一种操作，它回避的是"大"与"小"，讲究的是"强"与"弱"，或者准确地说，是相对的，甚至是局部的稍纵即逝的"强"与"弱"。

每一个真正能够在市场站起来的人都是意志坚强的人。接住迎面而来的苦难和不幸，就相当于给自己的人生多增加了一副盾牌；带着盾牌上战场的斗士虽然会沉重些，但往往是最终的胜利者。所有的股票投资大师都是因为他们比你承受过大压力和失败的次数都比你多，所以他门懂得总结经验，让自己更加强大。最后，还是这些屡败屡战的人，相信自己是成功者，过去的事情已经过去，过去不代表未来。当坚信自己一定可以成功的信念已经刻入了意志坚强者的骨髓里的时候，胜利一定会到来的。没有一个坚持到底、认真寻找方法的人是不成功的。我们看到的人只是放弃的人，所以失败的多。坚持就是胜利，也许很多人不理解，但是，对于还在市场上做股票的人来说，牛市通常都是在很长很长的熊市过后才到来的。你没有来得及度过熊市的周期而在牛市来临前倒下的话，你永远都会后悔的。

只有市场赢家的经验才是你最需要学习的知识。你身边没有一个赚钱的环境和群体，所以你不敢相信你看到的、听到的东西。当宁波高手的涨停黑马被牢牢地钉在涨停板的价格上的时候，你不会相信在股票连续熊市中还有这么勇的团队依然生存得很好。在市场一片哀鸣中，有一个闪亮的团队，他们就是市场最大赢家“涨停游资”。这个私募基金的游资代表着宁波最牛的短线高手，他们以涨停作为自己攻击的目标，以自己的行动带给市场新的血液，活跃在每天的“龙虎榜”上，其绝招当然是大家都知道的最简单的“快”、“狠”、“稳”、“准”、“猛”。虽然简单，但是实用，没有什么华丽，但是很务实，只要是真的想在股票市场有出色表现的股票投资者，一定有机会学习到涨停函授的实战技法的。

【看图分析解密】(图 141、图 142)

交大科技（600806)是非常活跃的科技股，高校概念是市场经常炒作的板块。在熊市的尾段都会出现不断阴跌的走势，而且跌幅加大，把做空的力量释放出来之后就会出现见底的走势。2005 年 4 月 25 日出现了最低 3.06 元的长下影线 K 线形态，短期见底之后出现反弹一日，然后，次日再次以实体大阴线震仓，成交量萎缩到了极端，没有破前面的 3.06 元的最低价

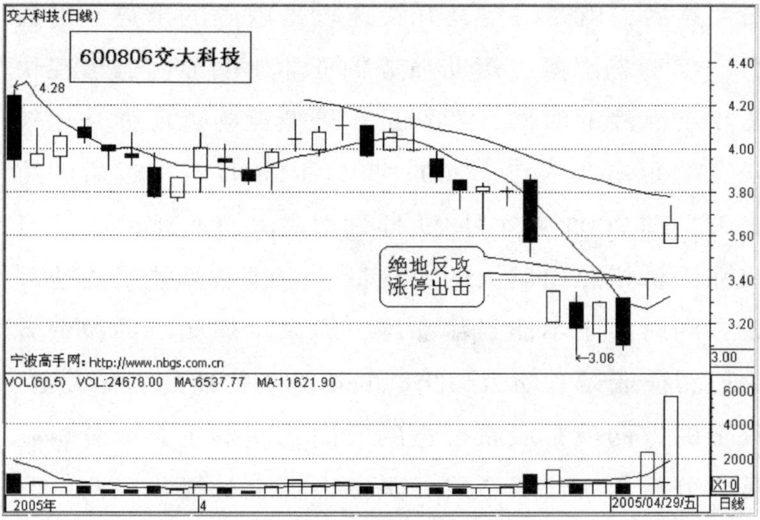
交大科技(日线)
600806交大科技
4.28
绝地反攻
涨停出击
3.06
宁波高手网：http://www.nbgs.com.cn
VOL(60,5) VOL:24678.00 MA:6537.77 MA:11621.90
2005年
2005/04/29/五
日线

图 141

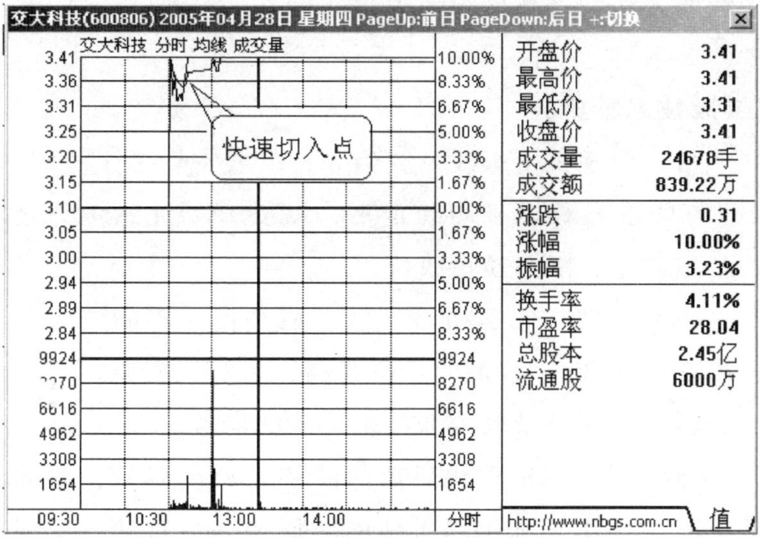
交大科技(600806) 2005年04月28日 星期四 PageUp:前日 PageDown:后日 +:切换
交大科技 分时 均线 成交量
快速切入点
开盘价 3.41
最高价 3.41
最低价 3.31
收盘价 3.41
成交量 24678手
成交额 839.22万
涨跌 0.31
涨幅 10.00%
振幅 3.23%
换手率 4.11%
市盈率 28.04
总股本 2.45亿
流通股 6000万
09:30 10:30 13:00 14:00 分时
http://www.nbgs.com.cn
值

图 142

格。然后，就是跳空高开快速攻击涨停的走势，形成“T”字形态涨停，短期强势特征非常明显。当出现快速攻击涨停的时候，特别是在最低点附近反弹是比较安全的狙击买入点。2005年4月28日涨停过后的第二天，即2005年4月29日跳空高开攻击涨停，并且在涨停价格放出巨大的成交量。短线做多能量快速释放，同时由于不能封住涨停，原来不想卖货的投资者快速转换成做空动力。能量的转换是行情的变化关键。资金的方向就是股票价格的方向，我们主要的分析就是要分析出主流资金或者是主力资金的操作风向。当准确判断市场主力的操作方向之后，作为个人投资者最快的方法就是直接跟随买卖就是了。

【实战技术精要】

（1）出现长下影线见底信号，就要密切关注。

（2）5日移动平均线走平，就要开始注意主力是否开始做多，准备拉抬股价。

（3）股票在底部横盘下跌，成交量在不断放大并且出现“量金叉”，说明量价背离，有短线机会。

（4）快速缩量攻击涨停是买入的信号。

（5）累计一定涨幅后攻击涨停，放出巨量，要非常小心，当出现涨停封不住的时候要马上行动，获利卖出。

【看图分析解密】(图 143)

捷利股份 (000996)是典型的短线黑马，该股的波动是非常异常的。在暴跌之后出现长下影 K 线 3.30 元最低点后就不再创新低了，横盘之后出现快速攻击涨停的“横行霸道”涨停法。该模式是主力资金快速涨停强行抢筹码，次日通常还是要继续攻击涨停的。由于有了涨停板的交易，就开始有机构重点去研究如何利用这个交易进行操作。当研究出一种快速赚钱的模式之后，就会不断地重复做着这个短线赚钱的最有生产力的事情。也许很多人没有赚钱的原因就是没有做让自己赚钱的事。什么能够让自己持续不断地赚钱，就不断加强这个关键。我们在长期的研究当中，发现股票的本质就是资金推动。谁的资金力量大，在正确的理念引导下他就可能快速地增长。主力经常采取一种心理战术，以实体阴线最后打垮投资者的持股信心，然后采取横盘消磨投资者的意志。当没有信心持有、很想卖出的时候，就出现了快速的拉升行情。拉高的速度非常之快，封住涨停，让想买的人买不到。然后，等大家都能在涨停价格买到的时候，已经到达了出货的阶段。普通股民在最专业的操盘手面前只能成为牺牲品。当你还梦想着明天涨停的时候，股票价格已经跳空低开低走了，进入漫漫的调整行情。果断出击，

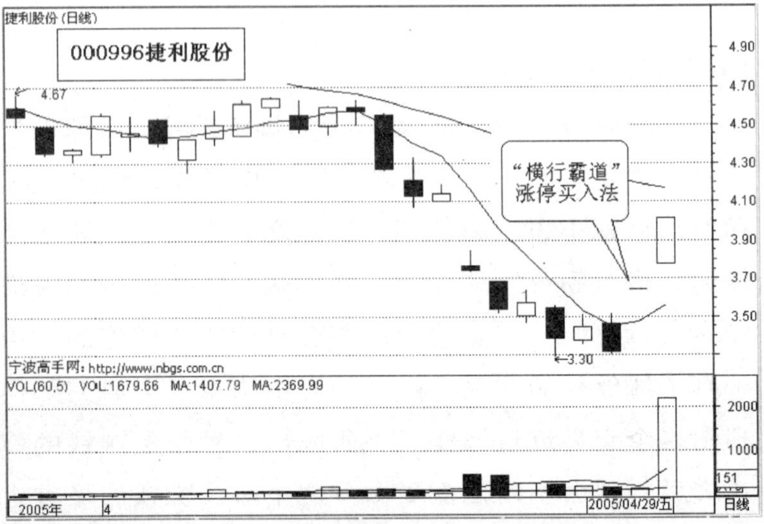

图 143

快速撤退是短线高手的保命原则。

【实战技术精要】

(1) 连续暴跌之后出现跌不下去的形态后要关注。

(2) 短线密切关注调整到末段、缩量到极点的股票。

(3) 反弹攻击的黑马多数出现在偏离 24 日“生命线”非常远距离的股票，只有这样，反弹的空间才大。

(4) 反弹第一步一定是突破 5 日移动平均线。

(5) 涨停后放巨量，消耗的多头力量很多，卖货为主。

【看图分析解密】(图 144、图 145)

深发展 A (000001)是非常经典的一只指标股。曾经有非常辉煌的涨幅，后来也经过了熊市漫长的调整。不管怎么样，深发展 A 是非常具有影响力的股票。在跌到 5.05 元见底之后突破 5 日均线开始盘升，股票走出底部就快速向上攻击了。成交量温和放大，股票价格在 2005 年 4 月 7 日经过标准的三浪上涨之后出现了涨停。同时，5 日移动平均线突破 24 日平均线发出“金叉”买入信号。换手率越低的涨停黑马就越有上涨潜力和空间。攻击涨停的时候，封单越大越有爆发力。如果没有准确的判断和完善的应对策略，是很难在股票市场上赚钱的。对于资金推动的力量相信大家已经能够接受，所有股票的上涨不是因为大多数人的意愿，其最根本的原因是资金的推动，资金的方向才是投资者需要判断的方向。黑马之所以能够不断攻击涨停，是因为有大资金在大量地购买，推动了价格的上涨。供求出现重大的单边态势最容易出现涨停或者是跌停。如果只看跌得厉害的股票，相信抓到的都是跌得猛的股票。这就是人类的心理因素，看多了就会行动，进而产生幻觉，幻想自己在买到后大幅上涨。其实，股票的投资是比较简单的事情，那就是多看涨停的股票，多买涨停的股票。经常涨停的股票就是牛股，经常大幅度飙升的股票就是最牛的飙股。投资的魅力就是抓

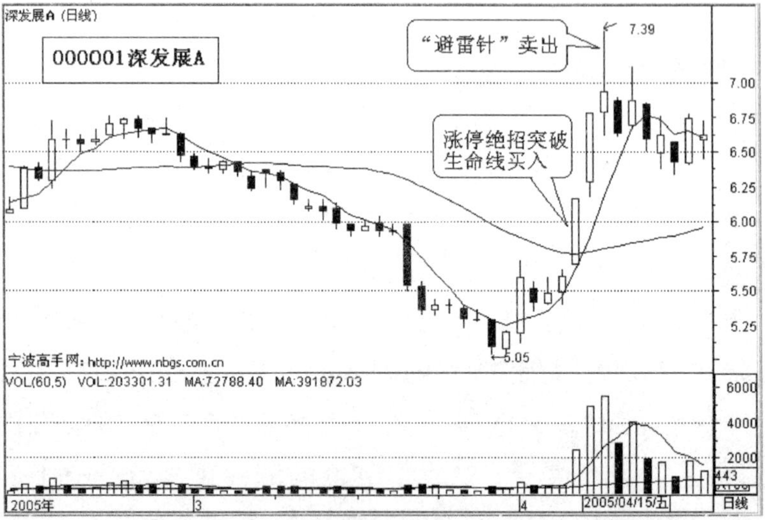
深发展A (日线)
000001深发展A
"避雷针"卖出
7.39
涨停绝招突破生命线买入
5.05
宁波高手网: http://www.nbgs.com.cn
VOL(60,5) VOL:203301.31 MA:72788.40 MA:391872.03
2005年
2005/04/15/五
日线

图 144

深发展A (000001) 2005年04月07日 星期四 PageUp:前日 PageDown:后日 +:切换
深发展A 分时 均线 成交量
标准三浪涨停狙击点买入典型
开盘价 5.70
最高价 6.17
最低价 5.70
收盘价 6.17
成交量 250415手
成交额 1.52亿
涨跌 0.56
涨幅 9.98%
振幅 8.38%
换手率 1.78%
市盈率 19.47
总股本 19.46亿
流通股 14.09亿
09:30
10:30
13:00
14:00
分时
http://www.nbgs.com.cn
值

图 145

到飙股、赚到钱，给人以成就感。深发展连续快速涨停给人的震撼是很大的，大盘也会受到影响。

【实战技术精要】

（1）底部出现均线“金叉”买入信号，可以重点关注。

（2）出现标准三浪涨停图形可以大胆介入。

（3）跳空高开再攻击涨停可以大胆持股。

（4）成交量温和放大可以继续持股待涨。

（5）出现长上影线的高位见顶“避雷针”信号，坚决卖货。

后记 果断致富 马上行动

如果每次操作时你都严格按照《宁波高手④涨停秘笈》的方法，则巨大的成功将永久陪伴着你。

从此，股票市场就是你的聚宝盆，巨大的财富将取之不尽、用之不竭，你成为百万、千万、亿万富翁只是时间问题，而不再存在技术上的困难了。

没有不成功的事只有不成功的人，一切成败均在于你自己。

一切成功的最关键就在于你是否马上行动。去争取实现你的梦想，下定决心去做最有生产力的事。相信自己，我可以成功。你也一定可以的。认真研究学习《宁波高手》系列图书。

天道酬勤

我们都是坚信真理的唯物主义者，在物质世界中，我们内心深处一直有一个理念，就是天道酬勤。勤奋的人，努力的人，运气和机会一定比别人多。同等的智慧下，愿意多做一点的人，为了实现目标而放弃一些什么的人成功的机会比别人多。因此，想获得比一般人更好的结果，只有用正确的方法，用先进的工具，大量地采取行动，我想上帝对每一个人都是公平的。人本身就是独一无二的，一定有其存在的原因和价值。当找到自己的价值的时候，人也就开始迈向辉煌。本章是对我们的投资思想的延续，敢于挑战现实，没有人认为在 2001 年到 2005 年之前还会有什么人可以在暴跌的市况中获得投资良好的收益，然而，" 敢死队" 的理念得到升华，给全国认为不可能的人一记重创。我们认为没有不可能，只要你想，办法总是有的。改变自己的习惯想法，适应市场的状况，并利用庄家的弱点，以及理念的共鸣。一切都会变得有可能。到底什么支持着我们迈向更成功呢？首先，是有梦想，所以特别勤奋。其次，是有信心，一切都变得美好。技术和财富都会给有爱心和勤奋的人而准备着的。“荣誉”和“财富”一定属于那些比别人更勤奋的“超人”。

为使命而工作而不是为金钱，这样你一定可以找到真正的自我，宁波高手涨停兵团就是不为熊市而屈服的典范。

因为有梦想，要特别勤奋

不管你是什么行业的人，只要有梦想，就要付出更多的努力，比别人勤奋才会有更多的收成，这就是成功的秘诀。

我们相信任何投资股票的技术都是可以通过自己的实践，并且努力学习思考才可以得到提升。

经济学上有一种“懒蚂蚁理论”。在人们的印象中，蚂蚁是勤劳的，但有位生物学家发现在勤劳的蚂蚁中，有一种不勤劳的懒蚂蚁，如其它的蚂蚁都在啃一块骨头，而有少数蚂蚁却在袖手旁观，一会儿这里瞧瞧，一会儿那里看看，却不参加啃食活动，结果在那些勤劳的蚂蚁把骨头啃完，仍感到饥饿绝望的时候，这些懒蚂蚁就成了领军人物，开始带领那些正处于饥饿中的勤劳蚂蚁转移战场，把它们带到自己在´这里瞧瞧，那里看看´时发现的食物场所，使那些勤劳的蚂蚁佩服不已。据生物学家研究表明，这些懒蚂蚁和那些勤劳蚂蚁的比例刚好是2:8，这正好符合富人和穷人的比例，人们称这些懒蚂蚁就是企业家。真正的企业家不应该是勤劳的蚂蚁，而应该是“懒蚂蚁”，企业家主要是用脑而不是用手，用手是职工的事，不是企业家的事。如果一个企业家整天像勤劳的蚂蚁一样忙个不停，哪有精力来研究战略上的问题呢？如果说职工是埋头拉车的人，那么企业家就是抬头看路的人。从表象来看，看路的人肯定要比拉车的人要轻松多了。有句话叫，会者不忙，忙者不会。

如果你还没有找到一种可以让自己轻松赚钱的股票投资方法，还在瞎忙看电视听股评的情况，可能你不会成为那3%比较成功的赢家。

财富再分配，勤者多得

在众多行业中，不一定每一个行业赚的钱都是一样多的。股票市场刚好提供了一个这样的场所。社会的财富在这里得到再分配的机会。不分阶层，不分贵贱，只要有技术有本事，都可以在这里得到您想要的。

赚钱开心快乐的心情，亏钱的痛苦，谁都会经历这些生活中的情绪。股票投资更加是人的意志力的重大磨练。能看到政策意图的人不多，所以赚钱的人永远只是少数人。果断的性格是短线出击的重要素质。

在这个瞬息万变的商业世界，灵活变通乃成功的关键。

股市行情变化莫测，稍有不慎就可能倾家荡产，而大多数投资者只会买入股票不会卖，一段行情的操作可能从底部抱着股票到高价，然后有希望能有更好的价格卖出，但是行情通常已是高价不再，最后又回到起涨点甚至跌破底板价深度套牢！有感于此，特别提醒投资者看好自己的钱袋的同时学会如何判断卖出股票的时机。

果断致富

看清前路，把握时间，马上行动，果断致富。在顺应国家的大趋势下坚持使用有效的方法。研究市场存在的漏洞，把握时机，快速行动，把自己激励成积极的人，当你用积极的心态去面对生活的时候，任何问题都可以轻松找到解决的方法。

虽然笔者都早已经超过千万自有资产，不用为钱财而忧愁！之所以继续熬夜写作，通宵达旦奋起挥笔疾书，是因为一直爱戴和支持我们的真挚读者朋友，网员们的来电来信感动了我们。看到无数亏损严重的股友经历了漫长熊市的煎熬，处于极度无助而且对前途渺茫无尽伤悲的伤痛心情困惑之中！

当笔者看着那些平时连早餐都不舍得吃，买菜还斤斤计较，但在股票市场中却大把大把地割肉放血之人时，大凡还有同情心的人都不会安坐家中！本来想完成第三册《宁波高手③发现翻倍黑马》之后停止再写的，笔者还是不能只为自己而工作。使命一次次呼唤着笔者的心。

“倘若夜以继日工作，一天累了24小时，却只是为了扩充自己的财产，那么他就是最不幸的可怜虫了。”

资本市场向来都是慷慨的。但她只惠及那些善于利用别人智慧的人！

投资股票，高手云集，竞争激烈，需要胆识和智慧。没有争第一的精神是不行的。

下定决心，全力以赴！用正确的方法来投资，不管你只剩下2万元还是亏损超过80%，我相信，只要你愿意看《宁波高手》系列图书，愿意付出努力。成功一定是属于你的。

雪峰　小美

2005年12月10日